SCHÄFFER
POESCHEL

Peter Albrecht

Finanzmathematik für Wirtschaftswissenschaftler

Grundlagen, Anwendungsbeispiele, Fallstudien, Aufgaben und Lösungen

unter Mitarbeit von Sören Jensen / Christoph Mayer / Marcus Roel / Patrick Schneider

3., überarbeitete und erweiterte Auflage

2014
Schäffer-Poeschel Verlag Stuttgart

Autor
Prof. Dr. Peter Albrecht, Lehrstuhl für ABWL, Risikotheorie, Portfolio Management und Versicherungswirtschaft, Universität Mannheim

FSC® www.fsc.org
MIX
Papier aus verantwortungsvollen Quellen
FSC® C019821

Gedruckt auf chlorfrei gebleichtem, säurefreiem und alterungsbeständigem Papier

Bibliografische Information der Deutschen Nationalbibliothek
Die Deutsche Nationalbibliothek verzeichnet diese Publikation in der Deutschen Nationalbibliografie; detaillierte bibliografische Daten sind im Internet über <http://dnb-nb.de> abrufbar.

ISBN 978-3-7910-3369-3

www.schaeffer-poeschel.de
info@schaeffer-poeschel.de

Einbandgestaltung: Melanie Frasch
Layout: Ingrid Gnoth | GD 90
Satz: Johanna Boy, Brennberg
Druck und Bindung: C. H. Beck, Nördlingen

Printed in Germany
Juli 2014

Schäffer-Poeschel Verlag Stuttgart
Ein Tochterunternehmen der Haufe Gruppe

Vorwort zur dritten Auflage

Auch die zweite Auflage des Lehrbuchs Finanzmathematik für Wirtschaftswissenschaftler ist von der Leserschaft dankenswerterweise freundlich aufgenommen worden, so dass eine weitere Neuauflage notwendig wurde. Dies ist auch eine Bestätigung der grundsätzlichen Konzeption, so dass der mit der ersten und zweiten Auflage eingeschlagene Weg konsequent weiter beschritten wurde. Neben der theoretischen Fundierung finanzmathematischer Sachverhalte wurde weiterhin besonderes Augenmerk auf die Praxisbezogenheit und Alltagsrelevanz des vermittelten Stoffs gelegt. Hierzu wurden für jeden theoretischen Sachverhalt Anwendungsbeispiele entwickelt, die in Form von Beispielen, Aufgaben (mit zugehörigen Lösungsskizzen) und teilweise auch Fallstudien behandelt werden. Nach wie vor wird der Schwerpunkt auf Finanzinvestitionen (Investments) gelegt und Sachinvestitionen werden nur gestreift, da diese üblicherweise ausführlich in Veranstaltungen zu »Investition und Finanzierung« behandelt werden. Nach wie vor beschränken wir uns des Weiteren auf den Fall der Sicherheit, d. h. es wird stets von sicheren Zahlungsgrößen und ebenso von sicheren Verzinsungshöhen ausgegangen.

Die gesamte Präsentation ist für die dritte Auflage noch einmal sprachlich und didaktisch sorgfältig überarbeitet worden. Aufgrund des großen Interesses haben wir eine Reihe von Materialien, die begleitend zur zweiten Auflage zum Download zur Verfügung gestellt worden sind (und für deren Erstellung wir durch Herrn Dr. Sören Jensen und Herrn Marcus Roel besondere Unterstützung erfahren haben), in den Text integriert. Es sind dies die Kapitel 5 (zusätzliche Übungsaufgaben mit Lösungen) und Kapitel 6 (Elemente der mathematischen Propädeutik mit Aufgaben und Lösungen).

Inhaltliche Erweiterungen haben primär die Anhänge erfahren (beispielsweise neue Anhänge zum Verhältnis von nominellen Zinsen und Realzinsen, zu Dividendendiskontierungsmodellen und zur BVI-Methode zur Messung der Performance von Fonds), um der interessierten Leserschaft einen erweiterten Ausblick bieten zu können.

Zur Unterstützung des Services für Dozenten, die mit unserem Lehrbuch arbeiten bzw. arbeiten wollen, haben wir ferner Folienvorlagen für die Inhalte des Buchs erarbeitet, die unter www.sp-dozenten.de (Registrierung erforderlich) abrufbar sind.

Auf der Internetseite www.finanzmathematik-buch.de werden wir weiterhin zeitnah uns bekannt gewordene Druckfehler (die trotz allem Bemühen eine offenbar unausrottbare Spezies darstellen) einstellen. Unsere geneigten Leser bitten wir herzlich, uns per Mail (aber auch auf jedem anderen Wege) an **risk@bwl.uni-mannheim.de** über entsprechende Druckfehler zu informieren.

Bei der Vorbereitung und Ausarbeitung der dritten Auflage des vorliegenden Lehrbuchs haben wir wiederum vielfältige Unterstützung erfahren dürfen, wofür wir zu herzlichem Dank verpflichtet sind. Für ihre Unterstützung bei der Durchführung der Veranstaltungen danken wir insbesondere unseren Tutoren, den Damen und Herren Vasilios Anatolitis, Eva-Maria Beck, Mahmoud Bedoui, Tanja Brieden, Lea Daub, Florian-Marco Fengel, Marina Friedrich, Tobias Friedrich, Lorenzo Prieto Gil, Johannes Götz, Olivia Gwinner, Felix Hache, Fabian Heitfeld, Jasmin Hennig, Alexandra Hermann, Christoph Hochstein, Dennis Hummel, Gloria Koepke, Niklas Kreft, Laura Kükenshöner, Dominik Kunze, Tatjana Menze, Alina Mutschal, Frédéric Optiz, Katrin Poschen, Bernice Ruban, Stefan Scharnowski, Michael Schmitt, Katharina Schramm, Martin Sermann, Inken Töwe, Anna van Meegen, Hendrik Vetter, Marie-Thérèse von Buttlar, Raphael Weiland sowie Sylvia Wuttke. Des Weiteren bedanken wir uns bei zahlreichen Teilnehmern dieser Veranstaltungen für vielfältige Anregungen.

Besonderer Dank gebührt, wie bereits bei der Erstellung der ersten und zweiten Auflage, meinem früheren Sekretariat, Frau Traudel Walther. Herrn Katzenmayer sowie Frau Adelheid Fleischer vom Schäffer-Poeschel Verlag schulden wir einmal mehr großen Dank für die aufmerksame und engagierte Begleitung dieses Buchprojekts.

Mannheim, im März 2014 *Peter Albrecht*

Vorwort zur ersten Auflage

Finanzmathematische Fragestellungen und Zusammenhänge durchziehen nicht nur die wirtschaftswissenschaftliche Praxis, sondern auch den privaten Alltag. Die Verzinsung von Sparkonten, Formen der Vermögensanlage, der Ratenkauf, die Automobilfinanzierung, generell die Aufnahme und Tilgung von Darlehen und Krediten sowie die Verrentung von Kapital sind nur einige Beispiele hierfür.

Aufgrund dieser besonderen Relevanz finanzmathematischer Grundlagen wurde im Rahmen der neuen wirtschaftswissenschaftlichen Bachelorstudiengänge der Universität Mannheim eine eigenständige Veranstaltung in Finanzmathematik konzipiert, die diese Grundlagen vermittelt. Das vorliegende Lehrbuch dokumentiert die Inhalte dieser Veranstaltung, arrondiert um einige weitere Lehrinhalte. Neben der theoretischen Fundierung finanzmathematischer Sachverhalte wurde besonderes Augenmerk auf die Praxisbezogenheit und Alltagsrelevanz des vermittelten Stoffs gelegt. Hierzu wurden für jeden theoretischen Sachverhalt Anwendungsbeispiele entwickelt, die in Form von Aufgaben (mit zugehörigen Lösungsskizzen) und auch Fallstudien weitergeführt werden.

Gemäß dem einführenden Charakter der Veranstaltung war eine Beschränkung des Stoffs unumgänglich. Zum einen wird der Schwerpunkt auf Finanzinvestitionen (Investments) gelegt, Sachinvestitionen hingegen werden nur gestreift, da diese üblicherweise ausführlich in Veranstaltungen zu »Investition und Finanzierung« behandelt werden. Zum anderen beschränken wir uns auf den Fall der Sicherheit, d.h. es wird stets von sicheren Zahlungsgrößen und ebenso von sicheren Verzinsungshöhen ausgegangen.

Zur Verbesserung der Interaktion mit unseren Lesern werden wir auf der Internetseite **www.finanzmathematik-buch.de** eine Rubrik »Korrekturen« einrichten, auf der wir dann zeitnah uns bekannt gewordene Druckfehler (die trotz allem Bemühen eine offenbar unausrottbare Spezies darstellen) einstellen werden. Unsere geneigten Leser bitten wir herzlich, uns per Mail (aber auch auf jedem anderen Wege) an **risk@bwl.uni-mannheim.de** über entsprechende Druckfehler zu informieren.

Bei der Vorbereitung und Ausarbeitung des vorliegenden Lehrbuchs haben wir vielfältige Unterstützung erfahren dürfen, wofür wir zu herzlichem Dank verpflichtet sind. Hervorzuheben sind hier insbesondere die Herren cand. rer. oec. Simon Hilpert und cand. rer. oec. Frank Schilbach, die eine Vielzahl von Aufgaben und Lösungen konzipiert haben, die in das vorliegende Lehrbuch aufgenommen wurden. Besondere Verdienste bei der Entwicklung und Optimierung der Veranstaltung in Finanzmathematik haben sich auch Herr Dipl.-Kfm. Cemil Kantar, MBA sowie Frau cand. rer. oec. Julia Hämmerle und Frau cand. rer. oec. Juliane Moldenhauer erworben, unser großer Dank gilt des Weiteren Herrn cand. rer. oec. Maxim Beizerov, Herrn stud. rer. oec. Samir Irzayev,

Herrn cand. rer. oec. Sören Jensen, Herrn cand. rer. oec. Christopher Kanitz, Frau stud. rer. oec. Anna Knaub sowie Frau cand. rer. oec. Dianne Rauschenbusch. Schließlich bedanken wir uns bei zahlreichen Teilnehmern dieser Veranstaltung für vielfältige Anregungen.

Besonderer Dank gebührt des Weiteren unserem Sekretariat, geleitet von Frau Traudel Walther, für den stets bewährten und nie nachlassenden Einsatz. Herrn Katzenmayer vom Schäffer-Poeschel Verlag schulden wir großen Dank für die aufmerksame und engagierte Begleitung dieses Buchprojekts.

Last but not least at all, dankt PA seiner Ehefrau Maja Sommer und seiner Tochter Sarah Anthea Albrecht für vielfältige außerfachliche Anregungen und vor allem für ihre Zuwendung. CM dankt seinen Eltern für ihren liebevollen Rückhalt und ihre uneingeschränkte Unterstützung.

Mannheim, im Mai 2007 *Peter Albrecht/Christoph Mayer*

Inhaltsverzeichnis

1 Grundlagen

Lernziele

- Die Finanzmathematik analysiert zeitliche Entwicklungen finanzieller Größen. Hierfür lernen Sie Zahlungsstrommodelle kennen.
- Die Zinsrechnung ist das Fundament der Finanzmathematik. Sie können mit den grundlegenden Zinsmodellen umgehen.
- Sie beherrschen die Konzepte Barwert und Kapitalwert als Basis für die Bewertung von Zahlungsströmen.

1.1 Einführung

1.1.1 Finanzmathematische Problemstellungen

Bevor wir uns näher mit grundlegenden Fragen finanzmathematischer Problemstellungen befassen, betrachten wir zur Einführung zunächst zwei motivierende Praxisbeispiele.

Beispiel 1.1 Festgeldanlage

Festgeldanlage

▸▸▸ In t = 0 werde eine Festgeldanlage bei einer Bank mit einer Laufzeit von 6 Monaten getätigt. Angelegt werden 10 000 Euro, die Rückzahlung betrage 10 200 Euro. Der resultierende Zahlungsstrom aus Sicht des Anlegers lautet (Periode = 1 Monat):

Z = {–10 000, 0, 0, 0, 0, 0, 10 200}.

Aus Sicht der Bank lautet der Zahlungsstrom entsprechend

Z = {10 000, 0, 0, 0, 0, 0, –10 200}. ◂◂◂

Wir benutzen die Ergebnisse des vorstehenden Beispiels noch, um ein erstes Beispiel zur Illustration eines Zahlungsstroms zu geben. Unterstellt wird dabei die Sicht des Anlegers. Illustriert wird der zugehörige Zahlungsstrom in Abbildung 1-1.

Abb. 1-1

Illustration Festgeldanlage (Anlegersicht)

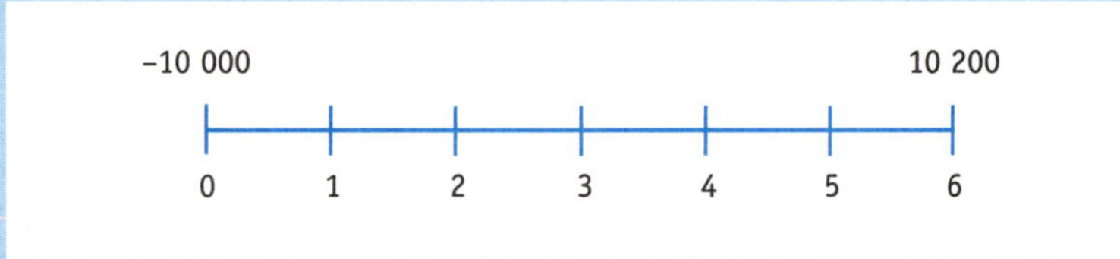

Beispiel 1.2 **Endfälliger Bankkredit**

Bankkredit

▸▸▸ In t = 0 werde ein Kredit von 100 000 Euro bei einer Bank aufgenommen und nach 5 Jahren zu einem Betrag von 133 822.56 Euro (inklusive aufgelaufener Kreditzinsen) endfällig getilgt.

Der resultierende Zahlungsstrom aus Sicht des Kreditgebers (Bank) lautet:

$Z = \{-100\,000, 0, 0, 0, 0, 133\,822.56\}$.

Der resultierende Zahlungsstrom aus Sicht des Kreditnehmers ist entsprechend

$Z = \{100\,000, 0, 0, 0, 0, -133\,822.56\}$. ◂◂◂

Der Zahlungsstrom des Beispiels 1.2 lässt sich aus Sicht des Kreditnehmers wie in Abbildung 1-2 dargestellt illustrieren.

Abb. 1-2

Illustration endfälliger Bankkredit (Sicht Kreditnehmer)

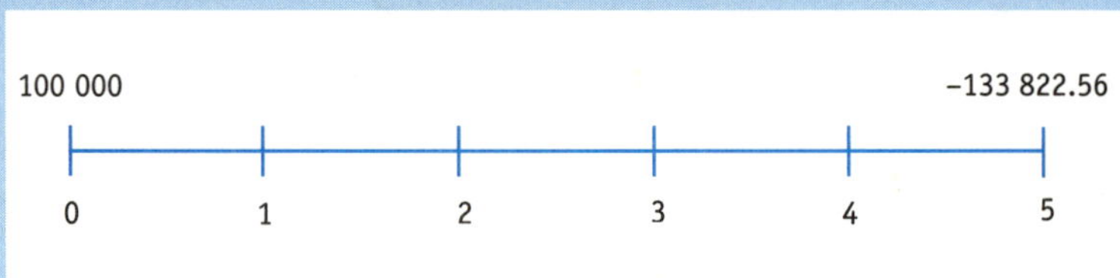

Die vorstehenden einführenden Beispiele sind grundsätzlich zwei erste einfache Beispiele für finanzwirtschaftliche Vorgänge. Die Analyse solcher finanzwirtschaftlichen Vorgänge ist der zentrale Gegenstand der Finanzmathematik. Typische Beispiele für finanzwirtschaftliche Vorgänge sind:

- Sparprozesse
- Formen der Kapital-/Geld-/Vermögensanlage (Immobilien, Aktien, Zinstitel, Investmentfonds)

- Formen der Kapital-/Geld-/Kreditaufnahme (Bankkredit, Konsumentenkredit, Automobilfinanzierung, Emission von Zinstiteln)
- Verrentung von Kapital.

Zahlungsströme, Wertentwicklungen

Finanzwirtschaftliche Vorgänge sind grundsätzlich mit zeitlichen Entwicklungen finanzieller Größen (verzinsliche Ansammlung von Kapital, Vermögensentwicklungen, Entwicklung von Einkünften, Entwicklung von Schulden/Verpflichtungen) verbunden. Sie lösen Zahlungsströme (Folgen von Zahlungen oder Folgen von Wertgrößen) aus.

Bewertung

Zentrale Problembereiche der Finanzmathematik sind daher die Analyse der zeitlichen Entwicklung finanzieller Größen sowie die Bewertung (Ermittlung eines Wertes bzw. Preises, Ermittlung einer Rendite) solcher finanzieller Entwicklungen. Dies geschieht etwa zu Zwecken der Ermittlung von Kauf-/Verkaufspreisen (wie hoch ist der faire bzw. angemessene Preis?), der Vermögensbewertung oder als Basis der Entscheidung über eine Vermögensanlage bzw. Kapitalaufnahme (welche Anlage besitzt die höchste Rendite bzw. welcher Kredit die geringsten Kreditkosten?).

Finanzinvestitionen

Hinsichtlich der wirtschaftlichen Anwendungen befassen wir uns im vorliegenden Text dabei primär mit Finanzinvestitionen (auch: Investments, Kapitalanlage) und Basisfragen der Kapitalaufnahme (Tilgungsrechnung). Sachinvestitionen, beispielsweise die Anschaffung einer Maschine, werden hingegen nur gestreift. Ihre Behandlung ist Gegenstand der Investitionsrechnung. Gleiches gilt für weitergehende Fragen der Finanzierung, etwa im Kontext der Unternehmensfinanzierung.

1.1.2 Zahlungsströme

Analyse von Zahlungsströmen

Wie bereits ausgeführt, sind finanzwirtschaftliche Vorgänge mit zeitlichen Entwicklungen finanzieller Größen (verzinsliche Ansammlung von Kapital, Vermögensentwicklung, Entwicklung von Einkünften, Entwicklung von Schulden/Verpflichtungen) verbunden. Aus einer mehr formalen Perspektive gesehen, beschäftigt sich die Finanzmathematik daher mit der Analyse von Zahlungsströmen bzw. Wertentwicklungen und stellt Methoden für entsprechende Analysen bereit. Im Weiteren sprechen wir der Einfachheit halber generell von einem Zahlungsstrom (englisch: Cash Flow), auch dann, wenn keine konkreten Zahlungen erfolgen, sondern beispielsweise nur Werte oder Preise zu sukzessiven Zeitpunkten beobachtet bzw. ermittelt werden.

Basis-Zeitmodell

In einem ersten Schritt ist es vor diesem Hintergrund daher erforderlich, Modelle zur Quantifizierung von Zahlungsströmen zu entwickeln. Zu spezifizieren ist dabei zunächst, zu welchen Zeitpunkten die Zahlungen erfolgen. Im einfachsten Fall (*Basis-Zeitmodell*) gehen wir von den Zeitpunkten

$$\{0, 1, 2, \ldots, T\}$$

als Zahlungszeitpunkten aus.

Die Zahlungszeitpunkte sind in diesem Zeitmodell äquidistant, d. h. die Perioden zwischen den Zeitpunkten besitzen alle eine identische Länge. Standardbeispiele für im Weiteren betrachtete Perioden sind Monate und Jahre. Der Zeitpunkt 0 entspricht dabei typischerweise dem Zeitpunkt der Anlage oder dem Beginn der Planungsperiode (beispielsweise dem aktuellen Zeitpunkt, kurz: heute).

Die Zahlungen sind dabei entweder

Ein- und Auszahlungen

- Einzahlungen $ez_t \geq 0$ (Geldfluss mit einem positivem Vorzeichen) zum Zeitpunkt t oder
- Auszahlungen $az_t \geq 0$ (Geldfluss mit einem negativem Vorzeichen) zum Zeitpunkt t oder
- Salden $ez_t - az_t$ von Ein- und Auszahlungen.

Im Rahmen einer allgemeineren Notation unterscheiden wir dabei nicht mehr zwischen Ein- und Auszahlungen oder Salden von Ein- und Auszahlungen, sondern bezeichnen generell mit z_t die Zahlung zum Zeitpunkt t. Gilt zu einem Zeitpunkt $z_t = 0$, so erfolgt zu diesem Zeitpunkt entweder keine Zahlung oder aber Ein- und Auszahlungen bestehen in gleicher Höhe und weisen somit einen Saldo von Null auf.

Zu unterscheiden sind bei Betrachtung der Zeitmenge $\{0, 1, \ldots, T\}$

Vor- und nachschüssige Zahlungen

- *Vorschüssige Zahlungen:* Die Zahlungen $z_0, z_1, \ldots, z_{T-1}$ erfolgen jeweils zu Beginn der Perioden 1, ..., T.
- *Nachschüssige Zahlungen:* Die Zahlungen $z_1, \ldots, z_T$ erfolgen jeweils am Ende der Perioden 1, ..., T.

Abbildung 1-3 illustriert das vorstehend dargelegte Zeit- und Periodenmodell im Falle vor- wie nachschüssiger Zahlungen.

Standardfälle

Ob eine Zahlung vor- oder nachschüssig ist, ergibt sich aus dem jeweiligen Problemkontext. Wenden wir uns einigen typischen Fällen zu.

Fall 1 beinhaltet den Zahlungsstrom $ez_1, \ldots, ez_T$, die entsprechende Investition ist durch nachschüssige positive Rückflüsse gekennzeichnet. Aber auch entsprechende vorschüssige Rückflüsse sind denkbar, etwa die in Abschnitt 2.1 behandelten vorschüssigen Rentenzahlungen.

Fall 2 beinhaltet den Zahlungsstrom $\{-az_0, ez_1, \ldots, ez_T\}$. Zur Durchführung der Investition (bzw. zum Erwerb des Zahlungsstroms $\{ez_1, \ldots, ez_T\}$) ist eine (vorschüssige) Anfangsauszahlung notwendig. Dieser folgen dann nur noch Einzahlungen. Der Fall 2 entsteht aus dem Fall 1, indem man diesen um die anfängliche Investitionsauszahlung bzw. um den anfänglichen Preis der Investition ergänzt.

Standardinvestition, Standardinvestment

Eine leichte Verallgemeinerung von Fall 2 stellt der Zahlungsstrom $\{-az_0, z_1, \ldots, z_T\}$ dar, hier folgen auf eine vorschüssige Anfangsauszahlung nachschüssige Zahlungssalden. Ein zentraler Fall hierbei ist das Vorliegen ausschließlich nichtnegativer Zahlungssalden ($z_t \geq 0$ für t = 1, ... , T), von denen mindestens einer positiv ($z_t > 0$) ist. Wir sprechen in diesem Fall von einer *Standardinvestition* bzw. in unserem primären Anwendungsfall von einem *Standardinvestment*.

Abb. 1-3

Diskretes Zeit- und Periodenmodell

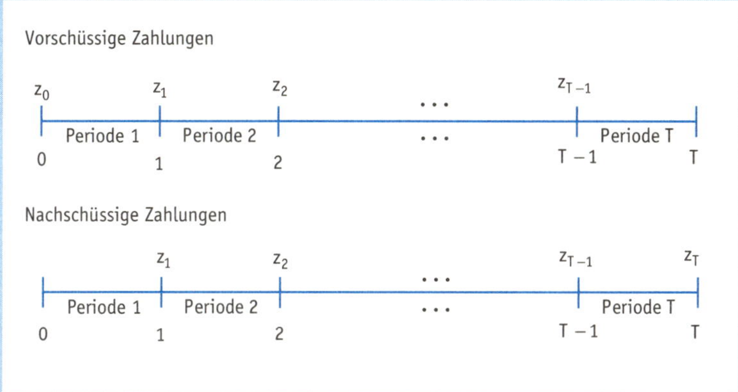

Alle vorstehend behandelten Zahlungsströme sind unter den allgemeinen Zahlungsstrom

$$Z = \{z_0, z_1, \dots, z_T\}$$

subsumierbar, wenn man den Spezialfall $z_0 = 0$ zulässt.

Basis-Zahlungsstrom

Der Zahlungsstrom $Z = \{z_0, z_1, \dots, z_T\}$ ist der *Basis-Zahlungsstrom*, von dem wir im Weiteren zunächst ausgehen.

Eine weitere Konsequenz des diskreten Zeit- und Periodenmodells in Abbildung 1-3 ist es, dass keine unterperiodigen Zahlungen erfolgen. Liegen im Anwendungsfall unterperiodige Zahlungen vor, so muss – zumindest bei Verwendung dieses Zeit- und Periodenmodells – eine Vereinbarung darüber getroffen werden, ob eine solche Zahlung dem Periodenanfang oder dem Periodenende zugeordnet wird.

Wir kommen damit zu einer Reihe von weiteren Praxisbeispielen.

Festzinstitel, Bond

Ein Festzinstitel bzw. Bond (in Abhängigkeit von der empirischen Ausgestaltungsform auch: Schuldverschreibung, Obligation, Anleihe, Rententitel) ist im Standardfall (Standardbond, Straight Bond) gekennzeichnet durch eine feste Laufzeit, jährlich nachschüssige Zinszahlungen (Kupon) in fester Höhe über die gesamte Laufzeit sowie einer Rückzahlung des Kreditbetrags (Nennwert) am Ende der Laufzeit (endfällige Tilgung). Die jährlich gleich hohen Zinszahlungen werden durch Festlegung des sogenannten Nominalzinses des Bonds bestimmt und ergeben sich durch Multiplikation des Nennwerts mit diesem Nominalzins.

Beispiel 1.3 **Festzinstitel**

▸▸▸ In t = 0 wird ein Festzinstitel mit einer Laufzeit von 3 Jahren und mit einem Nennwert in Höhe von 50 000 Euro zu pari (d. h. zum Nennwert) erworben. Der Zinstitel weise einen jährlich nachschüssigen Nominalzins in Höhe von 5% des Nennwerts auf und werde endfällig getilgt.
Zahlungsstrom aus Sicht des Emittenten des Zinstitels:

Z = {50 000, –2 500, –2 500, –52 500}.

Zahlungsstrom aus Sicht des Anlegers (Investor) in den Zinstitel:

Z = {–50 000, 2 500, 2 500, 52 500}.

Aus Sicht des Anlegers in den Zinstitel liegt somit ein Standardinvestment vor. ◂◂◂

Der Zahlungsstrom des Beispiels 1.3 lässt sich aus Sicht des Anlegers wie in Abbildung 1-4 dargestellt illustrieren.

Abb. 1-4

Illustration Festzinstitel (Sicht Anleger)

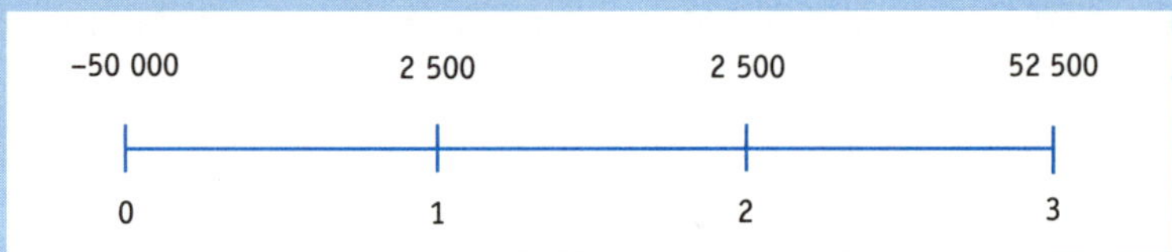

Nullkuponanleihe, Zerobond

Eine *Nullkuponanleihe* bzw. ein *Zerobond* ist ein Zinstitel, bei dem keine Zinszahlungen erfolgen, sondern *nur* eine endfällige Tilgung. Die wegfallenden Zinszahlungen werden kompensiert durch die Vornahme eines Abschlags (Diskont) auf den vom Investor bei Kauf zu entrichtenden Preis. Weist der Rückfluss zum Tilgungstermin die Höhe 1 auf, so spricht man von einem *Einheitszerobond*.

Beispiel 1.4 **Nullkuponanleihe**

▸▸▸ In t = 0 werde die Nullkuponanleihe zu 79 209.37 Euro erworben und in t = 4 zu 100 000 Euro getilgt.
Resultierender Zahlungsstrom aus Sicht des Investors:

Z = {–79 209.37, 0, 0, 0, 100 000}.

Auch in diesem Fall liegt (aus Investorsicht) ein Standardinvestment vor. ◂◂◂

keine Zinszahlung -> Kompensation durch niedrigeren Startpreis

Beispiel 1.5 **Ratenkredit**

Ratenkredit

▸▸▸ Der Kredit aus Beispiel 1.2 werde nun nicht endfällig, sondern in fünf gleich hohen Raten (inkl. anteiliger Kreditzinsen) in Höhe von 23 000 Euro zurückbezahlt. Der resultierende Zahlungsstrom aus Sicht des Kreditnehmers lautet nun

$Z = \{100\,000, -23\,000, -23\,000, -23\,000, -23\,000, -23\,000\}$.

und aus Sicht der Bank entsprechend

$Z = \{-100\,000, 23\,000, 23\,000, 23\,000, 23\,000, 23\,000\}$.

Erneut liegt – diesmal aus Sicht der Bank – ein Standardinvestment vor. ◂◂◂

Der Zahlungsstrom des Beispiels 1.5 lässt sich aus Sicht des Kreditnehmers wie in Abbildung 1-5 dargestellt illustrieren.

Abb. 1-5

Illustration Ratenkredit (Sicht Kreditnehmer)

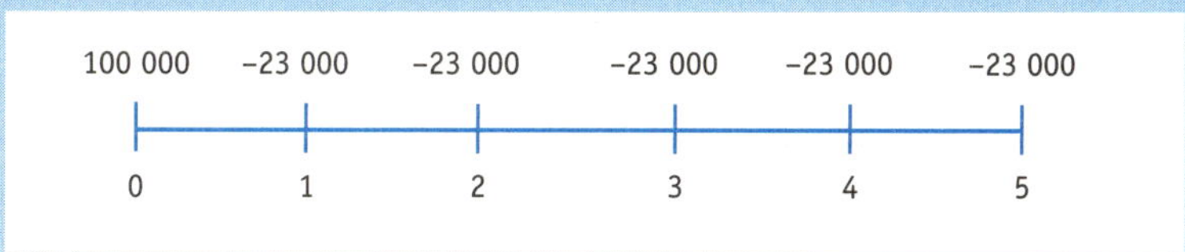

Verallgemeinerter Zahlungsstrom

Wenden wir uns damit einem *verallgemeinerten Zahlungsstrom* zu. Im Rahmen des zugrunde liegenden Zeitmodells wird dabei die Äquidistanz der Zahlungen aufgegeben. Wir gehen dazu allgemein aus von Zahlungszeitpunkten der Form $0 = t_0 < t_1 < \ldots < t_n = T$. Dieser Ansatz erlaubt insbesondere die Erfassung von »unterperiodigen« (z. B.: unterjährigen) Zahlungen. Zum Zeitpunkt t_i $(i = 0, 1, \ldots, n)$ erfolgt nun eine Zahlung der Höhe $z(t_i)$, d. h., der verallgemeinerte Zahlungsstrom hat die generelle Form:

$Z = \{z(t_0), z(t_1), \ldots, z(t_n)\}$.

Zinskonventionen

Geht man, wie in praxi üblich, zu Zwecken der Zinsbestimmung von Jahren als Standardperioden aus, so stellt sich bei unterjährigen Zahlungsvorgängen die Frage nach der Erfassung von Teilperioden. Man spricht von *Tagzählungsmethoden (Day Count)* oder auch von *Zinskonventionen*. Dabei ist sowohl die Anzahl B der Tage eines Jahres festzulegen (Standardbeispiele: B = 365, B = 360) als auch die Anzahl A der Tage der Teilperiode. Man spricht dann von einer Tagzählungsmethode nach der Konvention A / B. Beispiele hierfür sind die Konventionen echt/echt bzw. actual/actual oder 30/360 oder echt/365. Echt (actual) bedeutet hierbei die exakte Bestimmung der Zinstage. Die Konvention 30/360 bedeutet beispielsweise, dass volle Monate zu 30 Zinstagen und das Jahr zu 12 Monaten (360 Tage) angesetzt werden (auch: kaufmännische Konvention). Eine eingehendere Darstellung der 30/360-Konvention befindet sich in Anhang 1A. Die 30/360-Konvention beinhaltet insbesondere die Vereinbarung, dass bei Monaten mit 31 Tagen der 31. Tag kein Zinstag ist.

Bei allen Konventionen gelte im Folgenden grundsätzlich, dass der erste Tag (Tag der Einzahlung) als voller Zinstag gilt, der letzte Tag (Tag der Auszahlung) jedoch nicht, d. h. es wird auf die Anzahl der verstrichenen Tage abgestellt. Alternativ kann man – mit gleichem Resultat – auch vereinbaren, dass der auf die Einzahlung folgende Tag als erster Zinstag gezählt wird und der Tag der Auszahlung als letzter Zinstag.

Beispiel 1.6 **Day Count**

Day Count

▸▸▸ Die Konvention sei echt/echt. Zwischen dem 27.02.13 und dem 10.04.13 liegen 2 + 31 + 9 = 42 Tage. Das Jahr 2013 hat 365 Tage und somit umfasst der Zeitraum 42/365 = 0.11507 Jahre.

Im Falle der Konvention 30/360 liegen hingegen zwischen dem 27.02.13 und dem 10.04.13 4 + 30 + 9 = 43 Tage, das Jahr wird zu 360 Tagen angesetzt und damit umfasst der Zeitraum 43/360 = 0.11944 Jahre. ◂◂◂

Beispiel 1.7 **Unterjähriger Erwerb Zinstitel**

Zinstitel

▸▸▸ Der Festzinstitel aus Beispiel 1.3 werde nicht bei Emission erworben, sondern erst nach 3 Monaten und zwar zu einem Preis von 50 625 Euro, die Konvention sei 30/360.

Zeitmodell: $t_0 = 0.25$, $t_1 = 1$, $t_2 = 2$, $t_3 = 3$.

Zahlungsstrommodell: $z(t_0) = -50\,625$, $z(t_1) = 2\,500$, $z(t_2) = 2\,500$, $z(t_3) = 52\,500$. ◂◂◂

Beispiel 1.8 **Aktieninvestment**

Aktieninvestment

▸▸▸ In t = 0 werde ein Aktieninvestment in Höhe von 10 000 Euro getätigt. Nach 6 bzw. 18 Monaten erfolgt eine Dividendenzahlung in Höhe von 200 bzw. 300 Euro und nach 27 Monaten werde das Aktieninvestment unter Realisierung eines Kursverlusts zu 9 000 Euro aufgelöst. Die Konvention sei 30/360.

Zeitmodell: $t_0 = 0$, $t_1 = 0.5$, $t_2 = 1.5$, $t_3 = 2.25$

Zahlungsstrommodell: $z(t_0) = -10\,000$, $z(t_1) = 200$, $z(t_2) = 300$, $z(t_3) = 9\,000$. ◂◂◂

Thesaurierung

Bei einem thesaurierenden Investmentfonds bzw. einem Performanceindex (Beispiel: Deutscher Aktienindex, DAX) werden die Dividenden nicht ausgeschüttet, sondern reinvestiert.

Beispiel 1.9 **Thesaurierender Investmentfonds**

Thesaurierender Fonds

▸▸▸ In t = 0 werden für 10 000 Euro Anteile eines thesaurierenden Aktienfonds erworben und nach 21 Monaten verkauft, der Verkaufserlös betrage 13 500 Euro. Die Konvention sei 30/360.

Zeitmodell: $t_0 = 0$, $t_1 = 1.75$
Zahlungsstrommodell: $z(t_0) = -10\,000$, $z(t_1) = 13\,500$.
In Termen des verallgemeinerten Zahlungsstrommodells liegen bei den Beispielen 1.7 – 1.9 wiederum jeweils Standardinvestments vor. ◂◂◂

1.1.3 Zentrale Prämisse: Sichere Zahlungen

Entscheidungsmodell unter Sicherheit

Zentrale Prämisse des gesamten vorliegenden Textes ist, dass alle Zahlungen sicher (determiniert, deterministisch) sind, d.h. alle Zahlungen $z(t_i)$ sind hinsichtlich ihres Eintrittszeitpunkts und ihrer Höhe nach vollständig bekannt (*Entscheidungsmodell unter Sicherheit*). Falls der reale Zahlungsstrom jedoch indeterminiert ist, so ist dies eine Annahme zur vereinfachten Abbildung der Realität oder aber auch eine didaktische Vorstufe für komplexere Modellansätze.

Bei der Analyse der praktischen Relevanz sicherer Zahlungen sind zwei Sichtweisen zu unterscheiden.

Ex ante- bzw. Planungsperspektive

Planungsperspektive

Klammert man bei Festzinstiteln das »Ausfallrisiko« (Zahlungsunfähigkeit des Schuldners) aus und hält man den Titel bis zur Endfälligkeit, so resultiert ein solcher sicherer Zahlungsstrom (unsicher bleiben allerdings auch in diesem Fall die künftigen Wiederanlagebedingungen für die erfolgten Kuponzahlungen). Verkauft man den Titel vor Endfälligkeit, so resultiert jedoch ein Kursrisiko (Unsicherheit des Rückzahlungsbetrags zum Marktwert).

Bei Aktien sind die Kursentwicklungen grundsätzlich unsicher, in deutlich geringerem Ausmaß gilt dies für die Dividenden. Die Desinvestitionswerte sind bei einem Aktienengagement somit unsicher. Im Rahmen einer Planungsrechnung kann man sich in diesem Falle hilfsweise mit unterschiedlichen deterministischen Szenarien (z.B.: 3%, 7%, 10% jährliche Kursentwicklung) behelfen.

Ex post- bzw. Kontrollperspektive

Kontrollperspektive

Ex post, d.h. nach abgeschlossener Investition oder bei historischer Betrachtung von Investments (beispielsweise Kurszeitreihen), haben sich alle Zahlungen realisiert und sind damit determiniert.

1.2 Zinsrechnung

1.2.1 Einführung

Zins als Preis

Die Zinsrechnung bildet das Fundament der Finanzmathematik. Aus wirtschaftlicher Sicht erheben Banken (wie auch andere Kreditgeber) für Kapital, das sie als Darlehen oder Kredit ausleihen, *Sollzinsen*. Auf der anderen Seite vergüten sie für

Einlagen ihrer Kunden (beispielsweise Sparguthaben) *Habenzinsen*. Der erhobene bzw. der vergütete Zins kann somit als Preis (pro Zeiteinheit) für die Überlassung bzw. Anlage von Kapital aufgefasst werden.

Aus einer theoretischen Sicht besteht die grundlegende Problematik bei der Bewertung eines deterministischen Zahlungsstroms (beispielsweise) der Form $Z = \{z_0, z_1, \ldots, z_T\}$ oder $Z = \{z(t_0), z(t_1), \ldots, z(t_n)\}$ darin, dass die Zahlungen zu verschiedenen Zeitpunkten erfolgen, d. h. nicht direkt vergleichbar sind. Zentraler Schlüssel zur Vornahme einer Bewertung ist dann die Verwendung eines Modells für den Prozess der Kapitalverzinsung (Zinsmodell).

Wir gehen dabei im Rahmen des weiteren Lehrtexts stets von einem einheitlichen deterministischen Zins aus. Die Modellannahme der Sicherheit erstreckt sich damit gleichermaßen auf die Höhe der angenommenen Verzinsung. Der über die gesamte Periode bestehende einheitliche Zins (bzw. allgemeiner die in den einzelnen Subperioden bestehenden Zinsen) ist (bzw. sind) bekannt.

Vollkommener Kapitalmarkt

Als grundlegendes Zinsmodell betrachten wir im Weiteren das Modell eines *vollkommenen Kapitalmarkts* in diskreter Zeit mit einem Periodenzinssatz $r > 0$. Die Bedingung des vollkommenen Kapitalmarkts bedeutet dabei, dass zu r beliebig hohe Geldbeträge angelegt und ebenso beliebig hohe Kredite aufgenommen werden können. Soll- und Habenzinsen sind somit identisch. Diese nicht realitätskonforme Prämisse (in der Bankenpraxis ist der Sollzins immer höher als der Habenzins) dient der Vereinfachung der im Weiteren durchgeführten Berechnungen. Bei einem gespaltenen Zins wären Einzahlungen mit dem Habenzins zu bewerten und Auszahlungen mit dem Sollzins. Dies ist dem Grunde nach unproblematisch, führt aber zu komplexeren Ausdrücken. Aus diesem Grund verzichten wir im Weiteren auf diese erweiterte Vorgehensweise und arbeiten mit einem einheitlichen Soll- und Habenzins r. Dieser Zinssatz r ist dabei ferner fristigkeitsunabhängig, d. h. unabhängig von der Dauer der Kapitalanlage bzw. von der Laufzeit des Kredits. Der Fall fristigkeitsabhängiger Zinsen wird einführend in Anhang 3G dargestellt.

Soll- und Habenzins

Nominelle Zinsen

Anmerkung: Die im Haupttext betrachteten Zinsgrößen sind ausschließlich *nominelle* Zinsen. Sie bestimmen die nominelle Entwicklung des Vermögens (die Wertentwicklung bspw. in Euro oder US-Dollar). Neben diese rein nominelle Betrachtung tritt eine Analyse der Wertentwicklung in *Kaufkrafttermen* (reale Wertentwicklung), d. h. die Berücksichtigung der Wirkung der Inflation auf die Wertentwicklung des Vermögens. Die Grundlagen für eine solche Analyse werden in Anhang 1E bereitgestellt.

Zinsgrößen

Wir führen zunächst eine Reihe von Standardnotationen ein:

- die Größe p bezeichne den *Zinsfuß* (z. B.: 5),
- die Größe $r = p/100$ bezeichne den *Zinssatz* (z. B.: 5% bzw. 0.05),
- die Größe $q = 1+r$ bezeichne den *Aufzinsungsfaktor* (z. B.: 1.05),
- die Größe $v = q^{-1} = 1/q = 1/(1+r)$ bezeichne den *Abzinsungs-* bzw. *Diskontierungsfaktor* (z. B.: $(1.05^{-1} = 0.9524)$.
- Ferner bezeichne die Größe K_0 im Falle einer Kapital- bzw. Vermögensanlage den anfänglichen Stand eines Kapitals bzw. die anfängliche Höhe eines Ver-

mögens; im Falle einer Kapitalaufnahme (Kredit, Darlehen, Hypothek) entspricht K_0 dem anfänglichen Stand einer Schuld bzw. der anfänglichen Höhe des Kredits.

- Die Größe K_T bezeichne schließlich den Stand des Kapitals (Höhe des Vermögens) bzw. den Stand der Schuld (Höhe der Kreditverpflichtung) am Ende des betrachteten Zeitraums von T Perioden. Die Größe K_T wird auch als *Endwert* bezeichnet.

Der Zinssatz für eine bestimmte Periode spezifiziert dabei den Preis für die Überlassung von Kapital für diese Periode.

Das im Weiteren betrachtete *Basis-Zinsmodell* kann nun wie folgt konkretisiert werden:

Basis-Zinsmodell

- Zeitmodell $\{0,1,\ldots,T\}$, die Standardperiode ist dabei ein Jahr
- nachschüssige Verzinsung zum Per Annum (p. a.)-Zinssatz r (Zinsgutschrift am Periodenende)
- Zinskapitalisierung (die Zinszahlungen werden nicht ausgeschüttet, sondern erhöhen den Anlagebetrag bzw. die Schuld); man spricht in diesem Zusammenhang auch von einem *Zinseszins*.

Die fundamentale Annahme der Zinskapitalisierung führt – wie wir sehen werden – auf Wertentwicklungen, die einer geometrischen Folge entsprechen, d. h. einer Folge der Form $\{q^t\}$. Man spricht deshalb auch von einer *geometrischen Verzinsung*.

1.2.2 Zinseszinsrechnung (geometrische Verzinsung)

Endwertbestimmung

Die Wertentwicklung des anfänglichen Kapitals (der anfänglichen Schuld) K_0 über T Perioden unter Zugrundelegung des vorstehend definierten Basis-Zinsmodells führt dann zu dem folgenden Kapitalstand (Schuldenstand) $K_T = K_T(r)$ zum Zeitpunkt T (*Endwert*):

$$(1.1)\quad K_T(r) = K_0 \cdot \left(1+\frac{p}{100}\right)^T = K_0 \cdot (1+r)^T = K_0 \cdot q^T .$$

Periodenweise Aufzinsung

Zur Begründung dieses Zusammenhangs betrachten wir die Folge $K_0, K_1, \ldots, K_T$ der jährlichen Wertentwicklungen. Die Wertentwicklung zweier aufeinander folgender Jahre ist dabei gekennzeichnet durch

$$(1.2)\quad K_t = K_{t-1} + K_{t-1} \cdot r = K_{t-1} \cdot (1+r) = K_{t-1} \cdot q .$$

K_{t-1} ist dabei der Kapitalstand am Anfang der Periode t und $K_{t-1} \cdot r$ der am Ende der Periode t gutgeschriebene Zinsbetrag. Dieser grundlegende Zusammenhang wird illustriert in Abbildung 1-6.

Abb. 1-6

Periodenweise Aufzinsung

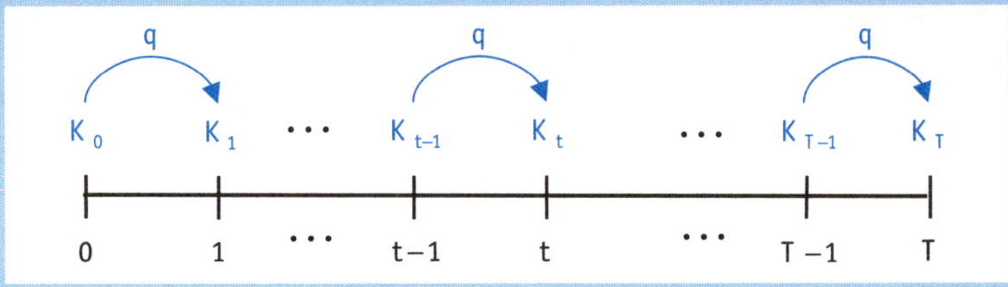

Periodenübergreifende Aufzinsung

Aus der Verknüpfung der einperiodigen Wertentwicklungen resultiert:

$K_1 = K_0 \cdot q$
$K_2 = K_1 \cdot q = (K_0 \cdot q) \cdot q = K_0 \cdot q^2$
$K_3 = K_2 \cdot q = (K_0 \cdot q^2) \cdot q = K_0 \cdot q^3$, etc.

Dies führt zu der allgemeinen Wertentwicklung

(1.3) $K_t = K_t(r) = K_0 \cdot (1 + r)^t = K_0 \cdot q^t$,

bei der Betrachtung von T Perioden somit zur Wertentwicklung gemäß Beziehung (1.1). Die Beziehungen (1.3) und (1.1) werden illustriert in Abbildung 1-7.

Abb. 1-7

Periodenübergreifende Aufzinsung

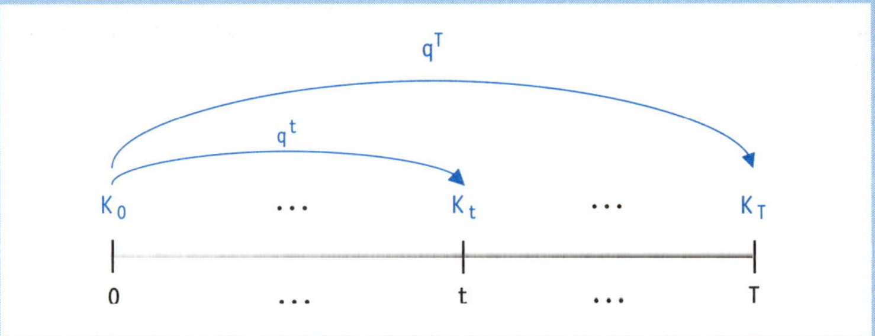

Zinseszinseffekt, geometrische Verzinsung

Der durch die vorstehenden Beziehungen beschriebene Effekt, dass nicht nur der anfängliche Kapitalbetrag eine Verzinsung erfährt, sondern auch die jeweils aufgelaufenen Zinsen, wird auch als *Zinseszinseffekt* bezeichnet. Die entsprechende Form der Verzinsung bezeichnet man als geometrische Verzinsung oder Verzinsung mit Zinseszins (englisch: compound interest).

Die Funktion (1.3) ist eine Funktion der drei Variablen K_0, t und r. Sie ist linear in K_0, jedoch nicht linear in t und r. Der Graf der Funktion K_t sowohl als Funktion von t (bei als konstant angenommenen Werten von K_0 und r) als auch von r (bei als konstant angenommenen Werten von K_0 und t) ist somit keine Gerade. Dies soll im Folgenden illustriert werden.

Wertentwicklung einer Geldeinheit

Zunächst enthält die Tabelle 1.1 die Wertentwicklung einer Geldeinheit (1 Euro) bei unterschiedlichen angenommenen Zinssätzen r und bei einer unterschiedlichen Anzahl t von Jahren.

Tab. 1.1

Wertentwicklung einer Geldeinheit bei Verzinsung mit Zinseszins

	Jahre				
Zinssatz	**5**	**10**	**15**	**20**	**25**
1%	1.0510	1.1046	1.1610	1.2202	1.2824
2%	1.1041	1.2190	1.3459	1.4859	1.6406
3%	1.1593	1.3439	1.5580	1.8061	2.0938
4%	1.2167	1.4802	1.8009	2.1911	2.6658
5%	1.2763	1.6289	2.0789	2.6533	3.3864
6%	1.3382	1.7908	2.3966	3.2071	4.2919
7%	1.4026	1.9672	2.7590	3.8697	5.4274
8%	1.4693	2.1589	3.1722	4.6610	6.8485
9%	1.5386	2.3674	3.6425	5.6044	8.6231
10%	1.6105	2.5937	4.1772	6.7275	10.8347

Da für $K_0 = 1$ aus (1.3) die Beziehung $K_t = q^t$ resultiert, enthält Tabelle 1.1 damit zugleich ausgewählte Aufzinsungsfaktoren (deren Genauigkeit mit vier Nachkommastellen allerdings nur für die Berechnung kleinerer Beträge ausreicht).

Die Abbildung 1-8 enthält auf Basis der Tabelle 1.1 die Wertentwicklung einer Geldeinheit (1 Euro) für die Zinssätze der Tabelle und bei Annahme einer Verzinsungsperiode von 10 Jahren sowie 20 Jahren.

Entsprechend enthält die Abbildung 1-9 die Wertentwicklung einer Geldeinheit bei Variation der Zeitperiode und bei der Annahme eines Zinssatzes von 5% sowie von 10%.

Nicht-lineare Wertentwicklung

Beide Abbildungen verdeutlichen sehr anschaulich den nicht-linearen (hier: progressiven) Verlauf der entsprechenden Wertentwicklungen.

Wenden wir uns nun einem ersten Beispiel im Kontext der Zinseszinsrechnung zu.

Abb. 1-8

Wertentwicklung bei unterschiedlichen Zinssätzen und festem Zeithorizont

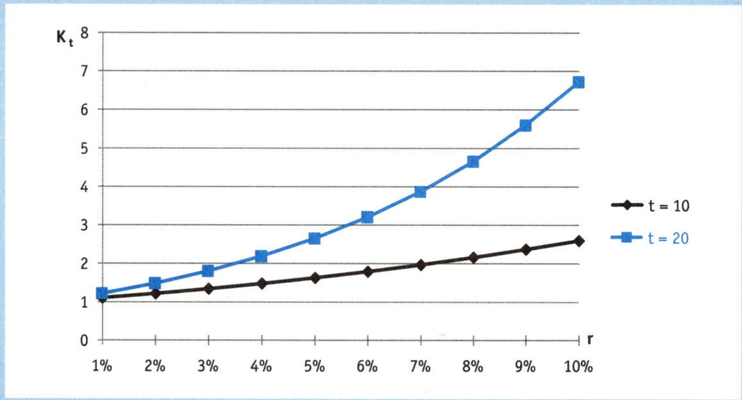

Abb. 1-9

Wertentwicklung bei unterschiedlichen Zeithorizonten und festen Zinssätzen

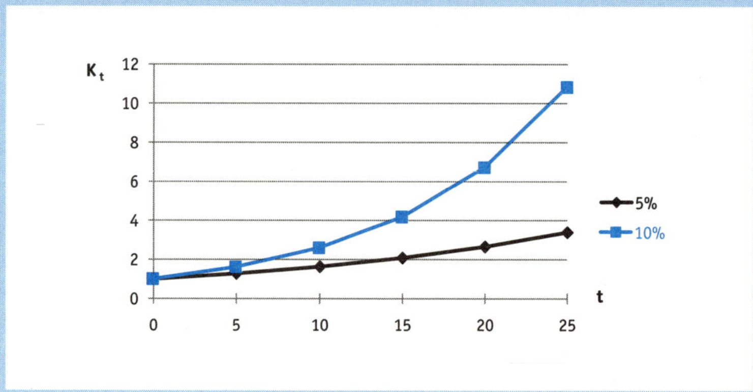

Beispiel 1.10 **Verzinsung eines Sparbriefs**

Sparbrief

▸▸▸ Ein Anleger investiert 1 000 Euro in einen Sparbrief mit einer Verzinsung von 5% und einer Laufzeit von 4 Jahren. Welchen Betrag erhält der Anleger am Ende der Laufzeit zurück?

Es gilt auf der Basis von Beziehung (1.3) mit $K_0 = 1\,000$, $q = 1 + r = 1.05$ und $T = 4$:

$$K_4(0.05) = 1\,000 \cdot (1.05)^4 = 1\,000 \cdot (1.2155) = 1\,215.50.$$

Der Anleger erhält somit einen Betrag von 1 215.50 Euro zurück. ◂◂◂

Die periodenweise Wertentwicklung über T Perioden lässt sich in einfacher Weise dokumentieren anhand der sogenannten Kontostaffel. Wir illustrieren dies anhand des Beispiels 1.11.

Beispiel 1.11 **Zinseszins und Kontostaffel**

Kontostaffel

▸▸▸ Ein Anfangskapital von 75 000 Euro wächst bei 4% Verzinsung p. a. und jährlicher Zinsverrechnung nach 6 Jahren zu folgendem Endkapital an:

$75\,000 \cdot (1.04)^6 = 75\,000 \cdot (1.26531902) = 94\,898.93.$

Die zugehörige Kontostaffel besitzt die folgende Form:

Jahr	Kontostand Jahresbeginn	Verzinsung	Zinsgutschrift Jahresende	Kontostand Jahresende
1	75 000	0.04	3 000	78 000
2	78 000	0.04	3 120	81 120
3	81 120	0.04	3 244.80	84 364.80
4	84 364.80	0.04	3 374.59	87 739.39
5	87 739.39	0.04	3 509.58	91 248.97
6	91 248.97	0.04	3 649.96	94 898.93

Anmerkung: Eine generelle Problematik bei der Rechnung mit Aufzinsungs- oder Diskontierungsfaktoren besteht im Auftreten von Rundungsfehlern, insbesondere dann, wenn man mit einer starren Anzahl von Nachkommastellen arbeitet. Im vorliegenden Text arbeiten wir daher mit einer flexiblen, dem jeweiligen Beispiel angepassten, Anzahl von Nachkommastellen (auch wenn dies aus ästhetischen Gründen weniger befriedigt). ◂◂◂

Barwertbestimmung

Mit der Bestimmung des Endwerts beantwortet man die Frage nach dem Endstand eines Kapitals oder Vermögens (bzw. einer Schuld) bei einem gegebenem anfänglichen Kapital (bzw. anfänglicher Schuld) und bei gegebener (Basis: Zinsmodell) Verzinsung des Kapitals (bzw. der Schuld). Die reziproke Fragestellung besteht dann darin, zu bestimmen, welches anfängliche Kapital oder Vermögen man benötigt, um bei gegebener Verzinsung einen bestimmten Kapitalstand zu einem künftigen Zeitpunkt zu erreichen (bzw. welche anfängliche Schuld man bei gegebenem Tilgungsbetrag und gegebener Verzinsung aufnehmen kann). Gegeben ist somit der Ziel-Kapitalstand K_T zu einem künftigen Zeitpunkt T und gesucht wird das anfänglich notwendige Kapital K_0, das auf dieses Zielkapital anwächst. Aus rechentechnischer Sicht erfolgt eine Auflösung der Gleichung (1.3) nach der Größe K_0.

Die maßgeblichen Zusammenhänge sind in der folgenden Beziehung dokumentiert:

$$(1.4)\quad K_0(r) = K_T \cdot (1+r)^{-T} = K_T \cdot q^{-T} = K_T \cdot v^T \ .$$

Barwert

Diskontierung

Die Größe $K_0 = K_0(r)$ entspricht dann (bei gegebenem Zinsmodell) dem Gegenwartswert (*Barwert*) eines in T Jahren fälligen Kapitals (bzw. einer fälligen Schuld) K_T. Die Multiplikation mit q^{-t} bezeichnet man allgemein als *Abzinsung* (*Diskontierung*) bzw. als Bildung des Barwerts (über t Perioden) einer Zahlung. Der Barwert ist dann derjenige Wert, aus dessen Anlage zu Kapitalmarktbedingungen, d. h. unter Verwendung des Basis-Zinsmodells, nach T Perioden ein Endwert K_T gemäß (1.1) resultiert, denn es gilt bei dieser Wahl von K_0:

$$K_0 \cdot q^T = (K_T \cdot q^{-T}) \cdot q^T = K_T \quad . \tag{1.5}$$

Damit gilt aber auch: Der Barwert ist nur dann der korrekte Wert eines Zahlungsstroms, wenn die Wiederanlage auch tatsächlich zum Zinssatz r, d. h. dem zur Diskontierung verwendeten Zinssatz, erfolgen kann.

Auch der Diskontierungsfaktor v = 1/q erfährt auf der Basis von (1.4) eine unmittelbare Deutung. Setzen wir in (1.4) T = 1 und $K_1 = 1$, so resultiert $K_0 = q^{-1}$.

Interpretation Diskontierungsfaktor

Der Diskontierungsfaktor entspricht somit dem Barwert einer am Periodenende fälligen Zahlung in der Höhe einer Geldeinheit, bzw. kurz dem heutigen Wert eines EUR, der in einem Jahr gezahlt wird.

Die vorstehend dargestellten Zusammenhänge zwischen Barwert und Endwert beruhen im Kern darauf, dass Aufzinsung q^t und Abzinsung (Diskontierung) q^{-t} Umkehroperationen darstellen. Dies wird in Abbildung 1-10 noch einmal (für einen beliebigen Zeithorizont t) illustriert.

Abb. 1-10

Aufzinsung und Abzinsung als Umkehroperationen

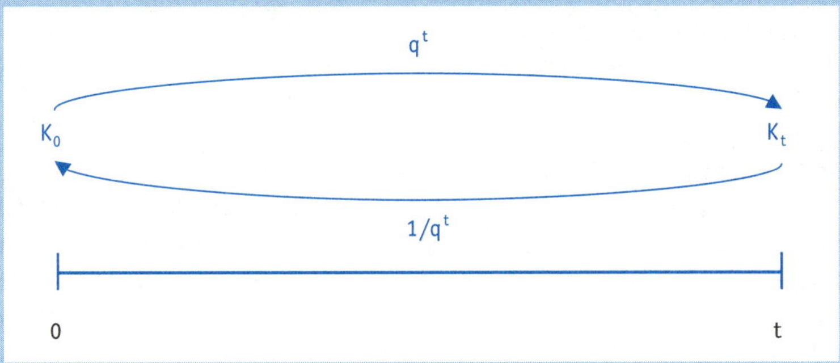

Betrachten wir hierzu noch ein Beispiel.

Beispiel 1.12 **Diskontierung als Umkehroperation**

▸▸▸ Bestimmen wir in Fortführung des Beispiels 1.11 den Barwert des in t = 6 vorhandenen Kapitalstands 94 898.93 unter Zugrundelegung einer Verzinsung von 4% p. a., so erhalten wir

$$\frac{94\,898.93}{(1.04)^6} = \frac{94\,898.93}{1.26531902} = 75\,000,$$

mithin das Anfangskapital gemäß Beispiel 1.11. ◂◂◂

Ebenso wie die Aufzinsung - man vergleiche hierzu Abbildung 1-6 – kann nun auch die Abzinsung als periodenweiser Prozess betrachtet werden. Dies wird in Abbildung 1-11 illustriert.

Periodenweise Abzinsung

Abb. 1-11

Periodenweise und periodenübergreifende Abzinsung

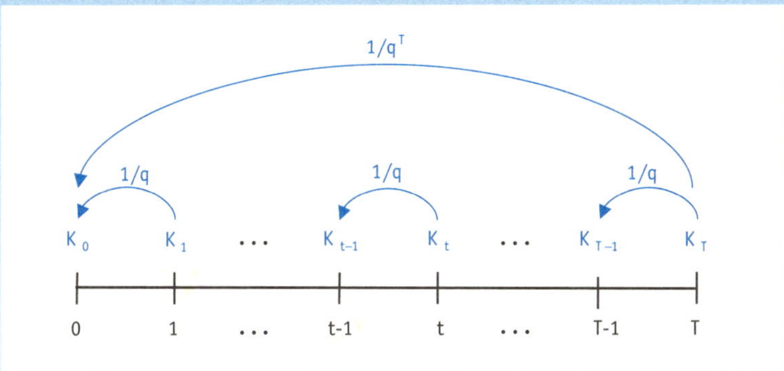

Wirtschaftliche Anwendungen findet die Diskontierung bei sogenannten Diskontpapieren (Discount Papers, Abzinsungspapiere). Diese werden mit einem Abschlag vom Nennwert gehandelt und leisten keine laufenden Zinszahlungen. Der Käufer zahlt als Kaufpreis den um den Diskont verringerten Nennwert und erhält am Ende der Laufzeit vom Schuldner den vollen Nennwert zurück. Beispiele für Diskontpapiere im kurzfristigen Laufzeitenbereich sind unverzinsliche Schatzanweisungen, Treasury Bills sowie Commercial Papers. Mittel- und längerfristige Diskontpapiere sind abgezinste Sparbriefe und Zerobonds.

Beispiel 1.13 Abgezinster Sparbrief

Abgezinster Sparbrief

▸▸▸ Ein abgezinster Sparbrief wird bei einem Zinssatz von 4% nach 6 Jahren zu 5 000 Euro zurückgezahlt. Welche Höhe besitzt der rechnerische Verkaufspreis?

Auf der Basis der Beziehung (1.4) erhalten wir mit $K_T = 5\ 000$, $r = 4\%$ und $T = 6$:
$K_0 = 5\ 000 \cdot (1.04)^{-6} = 5\ 000 \cdot (0.7903) = 3\ 951.50$.

Der rechnerische Verkaufspreis des abgezinsten Sparbriefs beträgt 3 951.50 Euro. ◂◂◂

Eine weitere wirtschaftliche Anwendung findet die Diskontierung im Rahmen der vorzeitigen (vor Fälligkeit) Weiterveräußerung einer Forderung, beispielsweise eines Wechsels. Dies wird in dem folgenden Beispiel illustriert.

Wechseldiskont

Beispiel 1.14 **Wechseldiskont**

▸▸▸ Ein Unternehmen reicht bei einem Kreditinstitut einen Wechsel zur Diskontierung ein. Der Wechselbetrag in Höhe von 750 000 Euro ist in einem Jahr fällig. Mit einem Wechseldiskontsatz in Höhe von 3.75% bietet das Kreditinstitut an, den Wechsel zu einem Preis von 750 000 / 1.0375 = 722 891.57 anzukaufen, d. h. der Wechseldiskont beträgt 27 108.43 Euro. ◂◂◂

1.2.3 Zinsstaffel

Verallgemeinertes Zinsmodell

Wir kommen nun zu einer Variation des bisher betrachteten Basis-Zinsmodells. Das *verallgemeinerte Zinsmodell* beruht auf der Betrachtung jährlich variierender (nicht-gespaltener) Zinsfüße p_t bzw. Zinssätze $r_t = p_t/100$. Dies entspricht dem Fall einer Zinsstaffel. Der Endwert $K_T = K_T\,(r_1, \ldots, r_T)$ eines anfänglichen Kapitals (einer anfänglichen Schuld) K_0 beträgt nunmehr

$$(1.6)\quad K_T\,(r_1, \ldots, r_T) = K_0 \cdot (1 + r_1) \cdot \ldots \cdot (1 + r_T) = K_0 \cdot \prod_{t=1}^{T} (1 + r_t).$$

Periodenweise Aufzinsung

Dieses Ergebnis stützt sich auf die Überlegung, dass bei der in Abbildung 1-6 dargestellten periodenweisen Aufzinsung hinsichtlich der Periode t nur der periodenunabhängige Aufzinsungsfaktor 1 + r durch den periodenabhängigen Aufzinsungsfaktor $1 + r_t$ ersetzt werden muss.

Abbildung 1-12 illustriert diesen Zusammenhang.

Abb. 1-12

Aufzinsung im Basis-Zinsmodell und im verallgemeinerten Zinsmodell

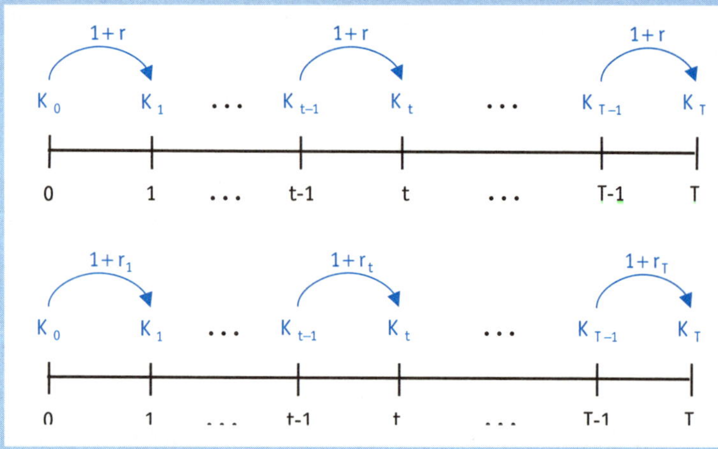

Betrachten wir hierzu ein Beispiel, das die in Beispiel 1.11 dargestellten Verhältnisse verallgemeinert.

Beispiel 1.15 **Zinseszins im verallgemeinerten Zinsmodell**

Bundesschatzbrief

⊳ Zinsstaffel

▸▸▸ Ein Anfangskapital von 75 000 Euro verzinse sich beim Erwerb eines Bundesschatzbriefs gemäß der Zinsstaffel 2%, 2.5%, 3%, 3.5%, 4% und 5%. Bei jährlicher Zinsverrechnung resultiert nach 6 Jahren das folgende Endkapital:

75 000 · (1.02) · (1.025) · (1.03) · (1.035) · (1.04) · (1.05) = 75 000 · (1.21709436) = 91 282.08.

Die zugehörige Kontostaffel besitzt die folgende Form:

Jahr	Kontostand Jahresbeginn	Verzinsung	Zinsgutschrift Jahresende	Kontostand Jahresende
1	75 000	0.02	1 500	76 500
2	76 500	0.025	1 912.50	78 412.50
3	78 412.50	0.03	2 352.38	80 764.88
4	80 764.88	0.035	2 826.77	83 591.65
5	83 591.65	0.04	3 343.67	86 935.32
6	86 935.32	0.05	4 346.76	91 282.08

◂◂◂

⇧ Motivation längerfristig anzulegen

Barwert

Kommen wir damit zur Barwertbildung im verallgemeinerten Zinsmodell. Der Barwert $K_0 = K_0(r_1,\ldots,r_T)$ eines in T Jahren fälligen Kapitalbetrags (einer fälligen Schuld) K_T beträgt entsprechend

$$K_0(r_1,\ldots,r_T) = \frac{K_T}{(1+r_1)\cdot\ldots\cdot(1+r_T)}$$

(1.7)
$$= K_T \cdot \left[\prod_{t=1}^{T}(1+r_t)\right]^{-1} = K_T \cdot \prod_{t=1}^{T}(1+r_t)^{-1} .$$

Die Barwertbildung gemäß (1.7) setzt wiederum implizit die Annahmen des zugrunde liegenden Zinsmodells voraus, insbesondere die periodische Werterhöhung zu den Zinssätzen r_t.

Periodenweise Abzinsung

Das Ergebnis (1.7) stützt sich auf die Überlegung, dass bei der in Abbildung 1-11 dargestellten periodenweisen Abzinsung hinsichtlich der Periode t nur der periodenunabhängige Diskontierungsfaktor $q^{-1} = 1/(1+r)$ durch den periodenabhängigen Diskontierungsfaktor $1/(1+r_t)$ ersetzt werden muss.

Abbildung 1-13 illustriert diesen Zusammenhang.

Abb. 1-13

Diskontierung im Basis-Zinsmodell und im verallgemeinerten Zinsmodell

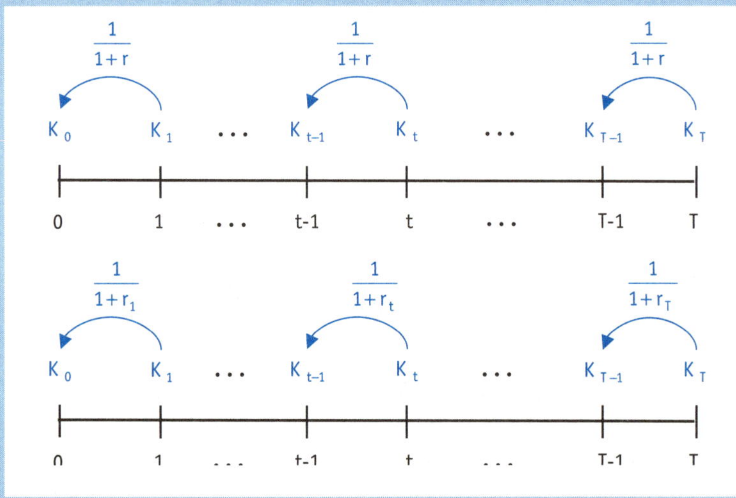

1.2.4 Unterjährige geometrische Verzinsung und kontinuierliche Verzinsung

Im Falle einer unterjährigen geometrischen Verzinsung werden die Zinsen dem Kapital nicht jährlich, sondern in kürzeren Fristen (etwa: monatlich, vierteljährlich, halbjährlich) zugeschlagen. Dies ist beispielsweise bei Tagesgeld der übliche Fall.

Unterjährige Verzinsung

Wir formalisieren zunächst den entsprechenden Verzinsungsprozess. Es erfolgt eine nachschüssige unterjährige Zinsgutschrift jeweils am Ende von m äquidistanten Zeitperioden der Länge 1/m, d.h. zu den Zeitpunkten t = 1/m, 2/m, ..., (m-1)/m und m/m = 1 (m-tel jährliche Zinskapitalisierung). Der *nominelle* Jahreszinssatz u wird dabei vorgegeben und dient als Ausgangspunkt für die Spezifikation der unterjährigen Zinszahlungen. Als unterjähriger Zinssatz wird dabei standardmäßig u/m vereinbart. Der nominelle Jahreszins wird somit linear (zeitproportional) auf die einzelnen Zinsperioden aufgeteilt. So würde etwa m = 12 auf eine monatliche Zinskapitalisierung hinauslaufen und m = 4 auf eine vierteljährliche Zinskapitalisierung. Bei einem nominellen Jahreszinssatz von 6% beträgt entsprechend der monatliche Zinssatz 0.5% und der vierteljährliche Zinssatz 1.5%.

Für den Kapitalstand nach einem Jahr gilt dann

$$(1.8)\quad K_1 = K_0 \cdot \left(1+\frac{u}{m}\right)^m = K_0 \cdot (1+r_m) \quad .$$

Dies liegt darin begründet, dass per Konstruktion die periodenweise Aufzinsung nun mit dem Zinssatz u/m erfolgt. Dies wird illustriert in Abbildung 1-14.

Äquivalenter Jahreszins

Für den äquivalenten Zinssatz r_m auf Jahresbasis (auch effektiver Jahreszins genannt) folgt aus (1.8) somit

$$(1.9)\quad r_m = \left(1+\frac{u}{m}\right)^m - 1.$$

Die Wertentwicklung eines anfänglichen Kapitals über T Jahre, mithin mT Subperioden, beträgt entsprechend

$$(1.10)\quad K_T = K_0 \cdot \left(1+\frac{u}{m}\right)^{mT} = K_0 \cdot (1+r_m)^T \;.$$

Abb. 1-14

Unterjährige geometrische Verzinsung und äquivalenter Jahreszinssatz

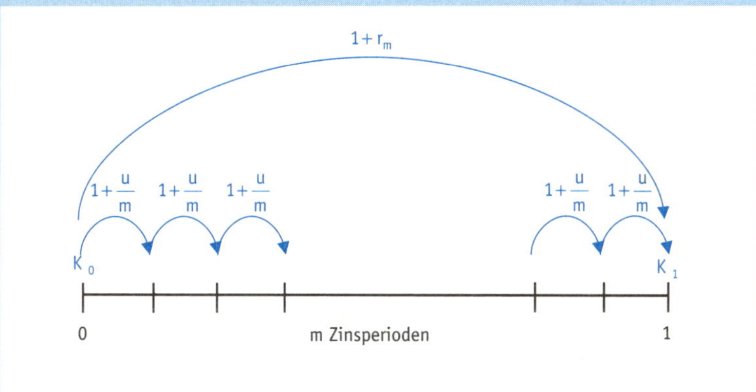

Betrachten wir auch hierzu ein Beispiel.

Beispiel 1.16 **Monatliche geometrische Verzinsung**

Monatliche Verzinsung

▸▸▸ Wir betrachten ein Darlehen in Höhe von 7 500 Euro, welches in einem Jahr inklusive Zinsen fällig ist. Es ist ein nomineller Jahreszins in Höhe von 8% bei einer monatlichen Zinsverrechung vereinbart. Nach einem Jahr ergibt sich inklusive Zins und Zinseszins eine Schuld in Höhe von $K_1 = 7\,500(1+0.08/12)^{12} = 7\,500 \cdot (1.006666)^{12} = 7.500 \cdot (1.083) = 8122.50$.

Der äquivalente Jahreszinssatz bei jährlicher Zinsverrechung beträgt damit gemäß (1.9) $r_m = (1+0.08/12)^{12} - 1 = 8.30\%$. ◂◂◂

Der in Beispiel 1.16 auftretende Sachverhalt, dass der effektive Jahreszinssatz bei unterjähriger Zinsverrechnung höher ist als der nominelle Jahreszinssatz, ist allgemeingültig. Dies liegt aus ökonomischer Sicht darin begründet, dass nun auf unterjähriger Basis ein Zinseszinseffekt eintritt.

Allgemein gilt auf Basis der in Anhang 1D erläuterten Abschätzung (1D.4)

$$(1.11)\quad 1+r_m=\left(1+\frac{u}{m}\right)^m>1+m\cdot\frac{u}{m}=1+u$$

und damit $r_m > u$.

Kontinuierliche Verzinsung

Wenden wir uns damit dem Fall einer kontinuierlichen Verzinsung zu. Der Ansatzpunkt hierbei ist die Annahme des vorstehend spezifizierten unterjährigen Zinsmodells sowie die (gedankliche) Vornahme eines Grenzübergangs $m \to \infty$ für die Anzahl m der unterjährigen Zinsperioden bzw. entsprechend $1/m \to 0$. Dabei wird somit die Anzahl der unterjährigen Zinsperioden immer größer bzw. die Zinsperioden, an deren Ende eine Zinsgutschrift erfolgt, werden immer kürzer. Im (gedanklichen) Grenzübergang ergibt sich damit eine kontinuierliche Zinsgutschrift. Hieraus resultiert unter Verwendung der in Anhang 1C rekapitulierten Eigenschaft (1C.4) der Exponentialfunktion

$$(1.12)\quad K_1=\lim_{m\to\infty} K_0\left(1+\frac{u}{m}\right)^m = K_0\cdot e^u\ .$$

Man spricht bei Ansatz dieses Zinsmodells von einer *zeitstetigen* bzw. *kontinuierlichen Verzinsung* zur (Jahres-)Zins*rate* u (im Unterschied zum Zins*satz* r bei Ansatz eines zeitdiskreten Zinsmodells).

Äquivalenzbeziehungen

Der zu einer kontinuierlichen Verzinsung zur Zinsrate u äquivalente zeitdiskrete Zinssatz r bei jährlicher Zinsgutschrift ergibt sich aus der Forderung $K_1 = K_0 \cdot e^u = K_0 \cdot (1 + r)$ bzw. äquivalent $1 + r = e^u$, d. h. es gilt

$$(1.13)\quad r = e^u - 1.$$

Umgekehrt lautet die äquivalente Zinsrate u bei gegebenem Jahreszinssatz r

$$(1.14)\quad u = \ln(1 + r).$$

Bei der Herleitung der Beziehung (1.14) greifen wir dabei auf die in Anhang 1C erläuterte Eigenschaft zurück, dass die Funktion des natürlichen Logarithmus die Umkehrfunktion der Exponentialfunktion darstellt.

Beispiel 1.17 Kontinuierliche Verzinsung

▸▸▸ Bei einem Darlehen der Höhe 5 000 Euro sei eine jährliche Zinsrate in Höhe von 7.5% vereinbart. Nach einem Jahr ergibt sich inklusive Zins und Zinseszins $K_1 = 5\,000 \cdot e^{0.075} = 5\,000 \cdot (1.077884151) = 5\,389.42$. Der äquivalente diskrete Jahreszinssatz bei jährlicher Zinsgutschrift beträgt folglich $r = e^{0.075} - 1 = 7.79\%$. ◂◂◂

Im Beispiel 1.17 sind die jährliche Zinsrate 7.5% und der jährliche Zinssatz 7.79% nicht stark unterschiedlich. Dies gilt generell. Aufgrund der in Anhang 1C erläuterten Approximation (1C.12) gilt allgemein

$$(1.15)\quad u = \ln(1 + r) \approx r.$$

Taggenaue Zinsberechnung

Die vorstehend dargestellten Zusammenhänge können nun auch dazu genutzt werden, um das Problem einer taggenauen Zinsberechnung zu klären. Konkret lautet die Problemstellung: Welches ist der korrekte anteilige Zinsbetrag, wenn ein (nachschüssiger) Jahreszins von p% p. a. vereinbart worden ist und x Tage seit der Anlage eines Anfangskapitals K_0 verstrichen sind. Zur Klärung dieser Frage müssen wir zunächst eine Zinskonvention vereinbaren, wie sie in Abschnitt 1.1.2 behandelt wurde. Diese sei nachfolgend beispielsweise zunächst einmal echt/365.

Den zugehörigen effektiven Jahreszinssatz bezeichnen wir zunächst mit r. Eine Aufzinsung des Anfangskapitals über x Tage bei einem (zunächst unspezifizierten) nominellen Zinssatz u ergibt gemäß der in Abbildung 1-14 dargestellten Konstruktion den Kapitalstand

(1.16) $$K_t = K_0 \cdot \left(1+\frac{u}{365}\right)^x$$

wobei $t = x/365$. Da nun andererseits nach einem Jahr, d. h. x = 365, gelten muss

$$K_1 = K_0 \cdot \left(1+\frac{u}{365}\right)^{365} = K_0 \cdot (1+r),$$

folgt hieraus die Beziehung $\left(1+\frac{u}{365}\right) = (1+r)^{1/365}$,

d. h. $\left(1+\frac{u}{365}\right)^x = (1+r)^{x/365} = (1+r)^t$.

Durch entsprechende Substitution von u in (1.16) erhalten wir insgesamt die Beziehung

(1.17) $K_t = K_0 \cdot (1+r)^t$.

Die grundsätzliche Form (1.3) der geometrischen Verzinsung bleibt somit auch für den Fall unterjähriger Zinsperioden erhalten. Der korrekte unterjährige Aufzinsungsfaktor für x Tage unter Zins ist dann $(1 + r)^t$, wobei $t = x/365$. Bei Anwendung der Zinskonvention echt/360 ergibt sich in analoger Weise $t = x/360$. Der taggenau abgerechnete Zinsbetrag beträgt somit

(1.18) $K_t - K_0 = K_0 \cdot [(1+r)^t - 1]$.

Unter Vornahme der in Anhang 1D erläuterten linearen Approximation (1D.6) resultiert hieraus

(1.19) $(1+r)^t \approx 1+t \cdot r$ bzw. $(1+r)^t - 1 \approx t \cdot r$.

Zeitproportionale Zinsverrechnung

Die vorstehende lineare Approximation des taggenau abgerechneten Zinsbetrags ist somit identisch mit der praxisüblichen zeitproportionalen Aufteilung der Per Annum-Zinsen und liefert damit für diese Vorgehensweise eine modelltheoretische Fundierung. Allgemein gilt dabei

$$t = \frac{\text{Zinstage der Laufzeit der Anlage}}{\text{Zinstage pro Jahr}}.$$

Unter der Zinskonvention echt/365 führt dies im Falle einer zeitproportionalen Zinsverrechnung auf den Zinsbetrag $t \cdot r = \frac{x}{365} \cdot r$, wobei x die Anzahl der Tage unter Zins bedeute. Entsprechend verfährt man bei der Zinskonvention echt/360.

Beispiel 1.18 **Taggenaue Zinsberechnung**

▸▸▸ Am 01.12.2010 erfolge zu einem jährlichen Zinssatz von 5% eine Anlage von EUR 100 bis zum 01.04.2011. Wie hoch ist der Rückzahlungsbetrag bei Anwendung der Konvention 30/360 mit Zinseszinsen

a) bei taggenauer Zinsverrechnung?

b) bei zeitproportionaler Aufteilung der Per Annum-Zinsen?

Der Gesamtzeitraum umfasst bei der Konvention 30/360 insgesamt 4 · 30 Tage bzw. 1/3 Jahr. Es folgt damit:

a) $100 \cdot (1.05)^{\frac{4 \cdot 30}{360}} = 100 \cdot (1.05)^{0.33333} = 100 \cdot (1.0164) = 101.64$

b) $100 \cdot \left[1 + \left(\frac{4 \cdot 30}{360}\right) \cdot 0.05\right] = 100 \cdot [1 + (0.33333) \cdot 0.05]$

$= 100 \cdot (1.0166) = 101.66$. ◂◂◂

1.2.5 Gemischte Verzinsung

Gemischte Verzinsung

Erstreckt sich eine Anlage über mehrere Jahre, so wird in praxi in der Regel die *gemischte Verzinsung* angewandt. Die Jahresbruchteile des ersten und letzten Jahres werden dabei zeitproportional verzinst, während ganze Jahre geometrisch verzinst werden. Der Tag der Kapitalanlage wird wiederum mitgezählt, der Auszahlungstag jedoch nicht.

Beispiel 1.19 **Zeitproportionale, geometrische und gemischte Verzinsung**

Vergleich von Verzinsungsformen

▸▸▸ Am 24.11.07 erfolge eine Anlage über 10 000 Euro bis zum 03.06.12. Der Zinssatz liege bei 5% p. a., die Zinsen werden reinvestiert und jeweils am Ende des Kalenderjahres gutgeschrieben. Die Konvention sei 30/360.

Im Anlagejahr 2007 wird das Kapital 37 Tage (7 Tage im November, der Anlagetag wird mitgezählt, und 30 Tage im Dezember) bei zeitproportionaler Zinsverrechnung verzinst. Hierauf folgt eine vierjährige geometrische Verzinsung und im Auszahlungsjahr 2012 schließlich eine zeitproportionale Verzinsung für 152 Tage (5 Monate zu 30 Tagen – Januar bis Mai – und 2 Tage im Juni, der Auszahlungstag wird nicht mitgezählt). Das Endkapital wächst somit auf

$$K_T = 10\,000\left(1 + \frac{37}{360} \cdot 0.05\right) \cdot 1.05^4 \cdot \left(1 + \frac{152}{360} \cdot 0.05\right) = 12\,475.45.$$

Bei einer durchgängig angewendeten geometrischen Verzinsung ergäbe sich durch die Verzinsung über $\frac{37}{360} + 4 + \frac{152}{360} = 4\frac{189}{360}$ = 4.525 Jahre ein Endkapital von

$K_T = 10\,000 \cdot (1.05)^{4.525} = 12\,470.43,$

bei durchgängiger zeitproportionaler Verzinsung sogar von nur

$K_T = 10\,000 \cdot (1 + 4.525 \cdot 0.05) = 12\,262.50.$ ◂◂◂

Wählen wir $u = \ln(1 + r)$ als die gemäß (1.14) zu r äquivalente Zinsrate, so gilt nach (1.13) äquivalent $r = e^u - 1$. Der Zusammenhang (1.17) lautet somit in Termen einer kontinuierlichen Verzinsung

$$(1.20) \quad K_t = K_0 \cdot (e^u)^t = K_0 \cdot e^{ut},$$

wobei wiederum $t = x/365$ oder $t = x/360$, je nach Zinskonvention. Dieser Zusammenhang beschreibt die taggenaue Kapitalentwicklung eines anfänglichen Kapitals, das x Tage unter Zins steht, bei Anwendung einer kontinuierlichen Zinsrate.

1.3 Bewertung von Zahlungsströmen: Barwert

Endwert eines Zahlungsstroms

In Abschnitt 1.2.2 haben wir die Bildung des Endwerts eines gegebenen anfänglichen Kapitals K_0 behandelt. Wir verallgemeinern zunächst die Konzeption des Endwerts im Hinblick auf einen beliebigen Zahlungsstrom, wobei wir beispielhaft vom Standardfall nachschüssiger Zahlungen $Z = \{z_1, \ldots, z_T\}$ ausgehen (die Analyse des Falls vorschüssiger Zahlungen gestaltet sich in analoger Weise) und unterstellen dabei das Basis-Zinsmodell mit einem einheitlichen Zinssatz r. Der Endwert des Zahlungsstroms Z ist dann in naheliegender Weise definiert als Summe der Endwerte der einzelnen Zahlungen.

Der Endwert eines Zahlungsstroms basiert damit auf der komponentenweisen Aufzinsung der in ihn eingehenden einzelnen Zahlungen. Diese Vorgehensweise wird in Abbildung 1-15 illustriert.

Abb. 1-15

Wertentwicklung eines Zahlungsstroms

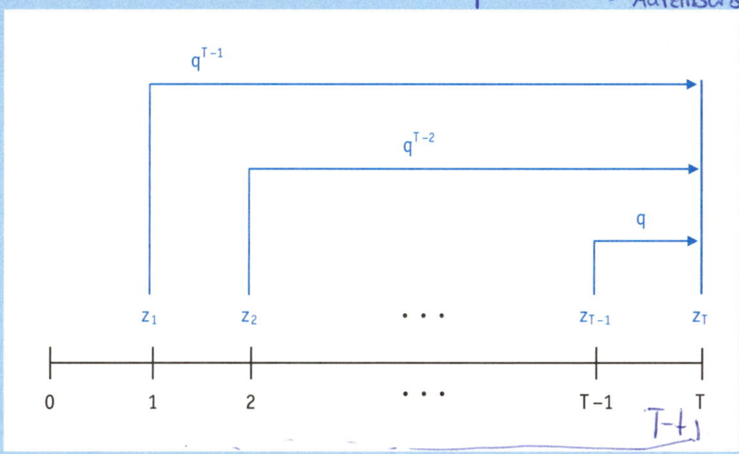

Der Endwert $K_T(r)$ des Zahlungsstroms Z – in Abhängigkeit vom Kapitalmarktzins r – ist damit gegeben durch

(1.21)
$$K_T(r) = z_1 \cdot q^{T-1} + z_2 \cdot q^{T-2} + \ldots + z_{T-1} \cdot q + z_T = \sum_{t=1}^{T} z_t \cdot q^{T-t} \,.$$

Barwert eines Zahlungsstroms

Entsprechend definiert man (wiederum in Abhängigkeit vom Kapitalmarktzins r) den Barwert $K_0(r)$ eines Zahlungsstroms als Summe der Barwerte der einzelnen Zahlungen, mithin

(1.22a)
$$K_0(r) = z_1 \cdot q^{-1} + z_2 \cdot q^{-2} + \ldots + z_{T-1} \cdot q^{-(T-1)} + z_T \cdot q^{-T} = \sum_{t=1}^{T} z_t \cdot q^{-t} \,.$$

bzw. unter Verwendung der Größe $v = 1/q$

(1.22b)
$$K_0(r) = z_1 \cdot v + z_2 \cdot v^2 + \ldots + z_{T-1} \cdot v^{T-1} + z_T \cdot v^T = \sum_{t=1}^{T} z_t \cdot v^t \,.$$

Komponentenweise Diskontierung

Abbildung 1-16 visualisiert nochmals diese komponentenweise Diskontierung.

Abb. 1-16

Komponentenweise Diskontierung eines Zahlungsstroms

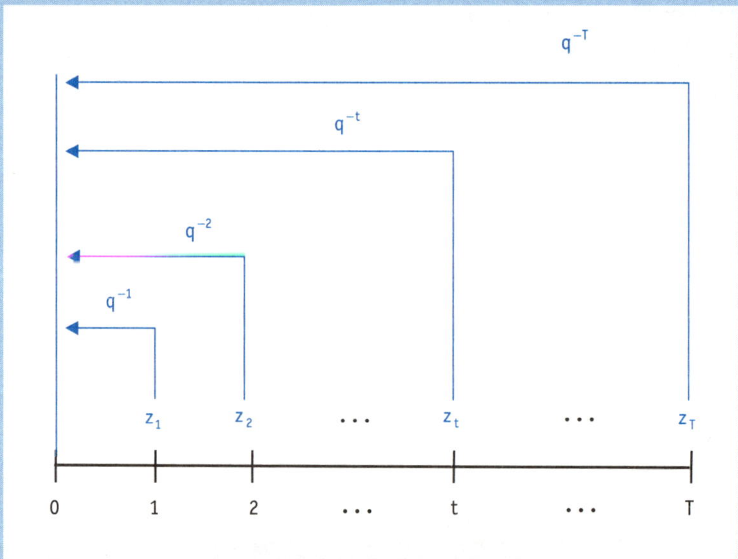

Beispiel 1.20 **Barwert im Basis-Zinsmodell**

Barwert im Basis-Zinsmodell

▸▸▸ Man bestimme den Barwert des Zahlungsstroms Z = {4 000, 4 000, 4 000, 104 000} bei Annahme eines Kapitalmarktzinses von 4.5%!

Zwischenrechnung:

$(1.045)^{-1} = 0.956938$, $(1.045)^{-2} = 0.91573$

$(1.045)^{-3} = 0.876297$, $(1.045)^{-4} = 0.8385613$

Endrechnung:

$$K_0(0.045) = 4\,000 \cdot (0.956938) + 4\,000 \cdot (0.91573)$$
$$+ 4\,000 \cdot (0.876297) + 104\,000 \cdot (0.8385613)$$
$$= 3\,827.75 + 3\,662.92 + 3\,505.19 + 87\,210.38$$
$$= 98\,206.24.$$ ◂◂◂

Zwischen Barwert und Endwert einer Zahlungsfolge besteht nun die folgende fundamentale Beziehung:

(1.23)
$$K_0(r) \cdot q^T = (z_1 \cdot q^{-1}) \cdot q^T + (z_2 \cdot q^{-2}) \cdot q^T + \ldots + (z_T \cdot q^{-T}) \cdot q^T$$
$$= z_1 \cdot q^{T-1} + z_2 \cdot q^{T-2} + \ldots + z_T$$
$$= K_T(r).$$

! Die Aufzinsung des Barwerts auf den Zeitpunkt T ist identisch mit der Aufzinsung aller Zahlungen auf den Zeitpunkt T, mithin mit dem Endwert der Zahlungsfolge.

Die vorstehende fundamentale Beziehung zwischen dem Barwert und dem Endwert einer Zahlungsfolge wird illustriert in Abbildung 1-17.

Abb. 1-17

Äquivalenz der Aufzinsung einer Zahlungsfolge und der Aufzinsung ihres Barwerts

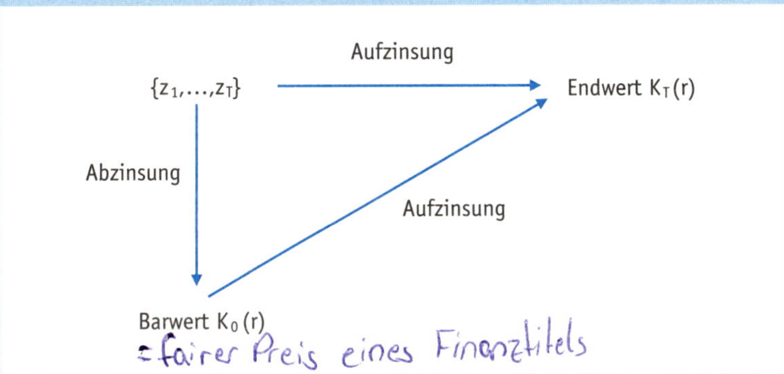

Die Beziehung führt zudem zu der folgenden ökonomischen Interpretation des Barwerts:

Der Barwert eines Zahlungsstroms ist derjenige Wert, aus dem bei Anlage (bzw. Finanzierung) zu Kapitalmarktbedingungen derselbe Wert in T resultiert, wie bei Anlage (bzw. Finanzierung) aller Zahlungen $z_1, \ldots, z_T$ zu Kapitalmarktbedingungen. Die resultierende Größe ist der Endwert des Zahlungsstroms.

In diesem Sinne ist der Barwert eines Zahlungsstroms $\{z_1, \ldots, z_T\}$ *finanzmathematisch äquivalent* zu diesem Zahlungsstrom.

Über diese äquivalente Endwertbetrachtung erhält der Barwert eine materielle, zahlungswirtschaftlich wirksame Bedeutung. Wiederum setzt der Barwert damit spezifische (durch das verwendete Zinsmodell spezifizierte) Investitions- bzw. Finanzierungsbedingungen voraus. Der Barwert ist nur dann der korrekte Wert des Zahlungsstroms, wenn diese Bedingungen auch genauso eintreten, d. h. wenn die Anlage der Zahlungen über die gesamte betrachtete Zeitperiode zu einem Zinssatz erfolgen kann, der mit dem gewählten Diskontierungsfaktor korrespondiert. In praxi führt dies zur Problematik des Zinsänderungsrisikos, da sich die Zinsen am Kapitalmarkt im Zeitablauf ändern.

Barwert im verallgemeinerten Zinsmodell

Im Rahmen des verallgemeinerten Zinsmodells aus Abschnitt 1.2.3 ergibt sich der Barwert der Zahlungsfolge $\{z_1, \ldots, z_T\}$ entsprechend zu

$$K_0(r_1, \ldots, r_T) = \sum_{t=1}^{T} \frac{z_t}{(1+r_1)\cdot \ldots \cdot(1+r_t)} = \sum_{t=1}^{T} z_t \cdot \left[\prod_{s=1}^{t}(1+r_s)\right]^{-1} . \quad (1.24)$$

Beispiel 1.21 **Barwert im verallgemeinerten Zinsmodell**

▸▸▸ Man bestimme den Barwert des Zahlungsstroms Z = {4 000, 4 000, 4 000, 104 000} aus Beispiel 1.20 unter Annahme der variierenden Periodenzinssätze 3.75%, 4.5%, 5% und 6%!

Zwischenrechnung:

$(1.0375)^{-1} = 0.963855$,

$(1.0375 \cdot 1.045)^{-1} = 0.922350$,

$(1.0375 \cdot 1.045 \cdot 1.05)^{-1} = 0.878428$,

$(1.0375 \cdot 1.045 \cdot 1.05 \cdot 1.06)^{-1} = 0.828706$

Endrechnung:

$$K_0(0.0375, 0.045, 0.05, 0.06)$$

$$= 4\,000 \cdot (0.963855) + 4\,000 \cdot (0.922350)$$

$$+ 4\,000 \cdot (0.878428) + 104\,000 \cdot (0.828706)$$

$$= 3\,855.42 + 3\,689.40 + 3\,513.71 + 86\,185.42$$

$$= 97\,243.95 \,.$$ ◄◄◄

Für den Endwert gilt im verallgemeinerten Zinsmodell entsprechend

Endwert: verallgemeinertes Zinsmodell

(1.25) $$K_T(r_1, \ldots, r_T) = K_0 \cdot \prod_{t=1}^{T}(1+r_t) = \sum_{t=1}^{T} z_t \cdot \left[\prod_{s=t+1}^{T}(1+r_s)\right]$$

Die materielle Interpretation des Barwerts im Basis-Zinsmodell überträgt sich entsprechend.

Bewertung von Zahlungsströmen

Der Barwert des Zahlungsstroms $Z = \{z_1, \ldots, z_T\}$ ist zugleich die Lösung des in Abschnitt 1.1.1 aufgeworfenen Problems einer (finanzmathematisch basierten) Bewertung von Zahlungsströmen. Die Problematik besteht dabei darin, dass die Zahlungen z_t zu verschiedenen Zeitpunkten t stattfinden, eine direkte Vergleichbarkeit der Zahlungen damit nicht möglich ist. Der Besitz von 100 Euro erst in zwei oder gar fünf Jahren ist offenkundig weniger wert, als der Besitz von 100 Euro bereits heute. Denn in letzterem Fall kann man die 100 Euro zinsbringend anlegen und hat in zwei oder fünf Jahren einen entsprechend höheren Betrag zur Verfügung.

Kapitalmarktbewertung

Bei Annahme eines vollkommenen Kapitalmarkts (inklusive spezifiziertem Zinsmodell) können nun aber beliebige (positive wie negative) Zahlungen zu einem beliebigen Zeitpunkt auf einen beliebigen anderen (früheren oder späteren) Zeitpunkt in äquivalenter Weise (d. h. zu Kapitalmarktbedingungen) transferiert werden. Damit löst sich das Problem der Zeitverschiedenheit von Zahlungen auf. Das Zinsmodell des Kapitalmarkts definiert zugleich die Austauschrate zwischen den Perioden.

Der Barwert der Zahlungsfolge $Z = \{z_1, \ldots, z_T\}$ zum Kapitalmarktzins entspricht damit einer *Kapitalmarktbewertung* der Zahlungsfolge gemäß (1.22) bzw. (1.24).

Variation Zahlungszeitpunktmodell

Wir variieren nunmehr noch das Zahlungszeitpunktmodell und nehmen in diesem allgemeinen Kontext die entsprechende Kapitalmarktbewertung vor. Wir nehmen dabei an, dass ein einheitlicher Zinssatz $r > 0$ vorliegt und zu den Zeitpunkten $0 < t_1 < \ldots < t_n = T$ nachschüssige Zahlungen der Höhe $z(t_i)$ erfolgen. Für den Barwert folgt hieraus

(1.26) $$K_0(r) = \sum_{i=1}^{n} z(t_i) \cdot (1+r)^{-t_i}$$

und für den Endwert entsprechend

(1.27) $$K_T(r) = \sum_{i=1}^{n} z(t_i) \cdot (1+r)^{T-t_i} \,.$$

Eine abschließende Variation besteht nun noch in der Veränderung des Bewertungszeitpunkts. Bisher erfolgte eine Bewertung entweder in $t = 0$ (Barwert) oder aber in $t = T$ (Endwert). Nun streben wir eine Bewertung zum Zeitpunkt s ($0 < s < T$) an. Wir behalten dabei die Annahme eines einheitlichen Zinses bei und beschränken uns auf den nachschüssigen Zahlungsstrom $\{z_1, ..., z_T\}$. Vor diesem Hintergrund gilt

$$K_s(r) = (1+r)^s \cdot K_0(r) = \sum_{t=1}^{T} z_t \cdot (1+r)^{s-t} . \quad (1.28)$$

Wert des Zahlungsstroms in s

Durch Auf- bzw. Abzinsen kann somit der Wert des Zahlungsstroms zu einem fixierten Zeitpunkt auf einen beliebigen früheren oder späteren Zeitpunkt transferiert werden. Die Größe $K_s(r)$ entspricht dabei dem *Wert des Zahlungsstroms zum Zeitpunkt* s. Die Abbildung 1-18 illustriert die vorstehende Beziehung.

Abb. 1-18

Wert eines Zahlungsstroms zum Zeitpunkt s

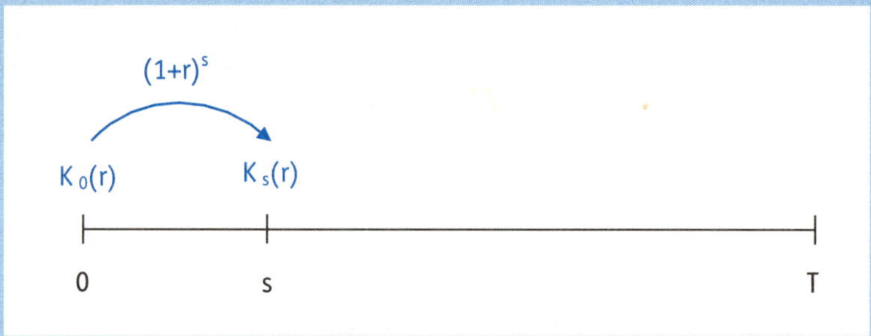

Beispiel 1.22 **Variation Auswertungszeitpunkt**

▸▸▸ Der Zahlungsstrom Z = {4 000, 4 000, 4 000, 104 000} werde in Fortführung des Beispiels 1.20 nun nicht in $t = 0$ erworben, sondern in $t = s$ ($0 < s < 1$), d.h. vor dem ersten Zahlungstermin. Der einheitliche Kapitalmarktzins betrage 4.5%.

Es gilt zunächst grundsätzlich:

$K_s(0.045) = (1.045)^s \cdot K_0(0.045) = (1.045)^s \cdot 98\,206.24$.

Genauere Spezifikation von s:

Der Zahlungsstrom werde am Anfang des 184-ten Tags im Jahr erworben, das Jahr werde zu 365 Tagen gezählt (Zinskonvention echt/365).

Damit folgt:

Seit $t = 0$ (Anfang des ersten Tages) sind 183 ganze Tage verstrichen, d.h. $s = 183/365$.

$(1.045)^{183/365} = (1.045)^{0.50137} = 1.0223141.$

$K = 98\,206.24 \cdot (1.0223141) = 100\,397.62.$ ◂◂◂

Bei einem vollkommenen Kapitalmarkt und bei gegebenem Zinsmodell entspricht somit jedem Zahlungsstrom zu jedem spezifizierten Zeitpunkt s ein äquivalenter Wert. Als Standardreferenzzeitpunkt dient dabei der Beginn der Betrachtungsperiode, d.h. s = 0 (Barwert). Zahlungsströme können verglichen werden, indem man ihre Werte in einem beliebigen, aber fixierten Zeitpunkt s (standardmäßig: s = 0) vergleicht. Zwei Zahlungsströme sind nun *finanzmathematisch äquivalent*, wenn ihr Wert zu einem fixierten Zeitpunkt identisch ist. Diesen Sachverhalt bezeichnet man auch als *finanzmathematisches Äquivalenzprinzip*.

finanzmathematisches Äquivalenzprinzip

Es gelten des Weiteren die folgenden Aussagen:

- Sind die Werte zweier Zahlungsströme zu einem spezifischen Zeitpunkt s identisch, so sind sie auch für alle anderen Zeitpunkte identisch. Insbesondere sind dann die Barwerte und auch die Endwerte identisch.
- Eine Vervielfältigung bzw. Addition von Zahlungsströmen resultiert in einer Vervielfältigung bzw. Addition der entsprechenden Werte zum Zeitpunkt s: $K_s(c \cdot Z) = c \cdot K_s(Z)$, $K_s(Z_1 + Z_2) = K_s(Z_1) + K_s(Z_2)$, wobei Z bzw. Z_1 bzw. Z_2 Zahlungsströme sind und $c \cdot Z$ dem Zahlungsstrom $\{c \cdot z(t_1), \ldots, c \cdot z(t_n)\}$ entspricht.
- Gleiche Kapitalien zu unterschiedlichen Zeitpunkten sind bei positivem Zinssatz nicht äquivalent. Die Werte von Zahlungsströmen dürfen sinnvollerweise nur zum gleichen Zeitpunkt verglichen werden.

1.4 Kapitalwert

Ausgangspunkt für die Begriffsbildung des Kapitalwerts ist das Vorliegen einer Investition. Mit dieser Investition ist eine Anfangsauszahlung az_0 verbunden sowie eine Folge von Einzahlungen $ez_1,\ldots,ez_T$ und Auszahlungen $az_1,\ldots,az_T$. Für den saldierten Zahlungsstrom gilt somit

Kapitalwert einer Investition

(1.29) $z_t = ez_t - az_t \qquad (t = 1,\ldots,T).$

Der *Kapitalwert* $K_0(r)$ der Investition in Abhängigkeit vom Kapitalmarktzins r ist dann definiert als Differenz zwischen dem Barwert der Einzahlungen und dem Barwert der Auszahlungen (im englischen Sprachraum wird der Kapitalwert daher als *net present value* bezeichnet), formal

Net present value

K0(r) = Differenz zweier Barwerte

(1.30a) $K_0(r) = \sum_{t=1}^{T} ez_t(1+r)^{-t} - \sum_{t=0}^{T} az_t(1+r)^{-t}.$

Da offenbar gilt

$$\sum_{t=1}^{T} ez_t(1+r)^{-t} - \sum_{t=0}^{T} az_t(1+r)^{-t} = -az_0 + \sum_{t=1}^{T} (ez_t - az_t)(1+r)^{-t}$$
$$= -az_0 + \sum_{t=1}^{T} z_t(1+r)^{-t},$$

(ez_t - az_t)

ist dies insgesamt äquivalent zu

$$(1.30b)\quad K_0(r) = -az_0 + \sum_{t=1}^{T} z_t(1+r)^{-t} \quad ,$$

d. h. der Kapitalwert der Investition entspricht dem Barwert der Zahlungssalden (aus diesem Grunde führen wir für den Kapitalwert auch kein unterschiedliches Symbol im Vergleich zum Barwert ein).

Beispiel 1.23 **Kapitalwert einer Investition**

▸▸▸ Ein Investitionsprojekt werde repräsentiert durch die Zahlungsreihe {-600, 120, 240, 360}. Zu bestimmen ist der Kapitalwert der Investition bei einem Marktzins von 5%.

Es gilt:

$$K_0(0.05) = -600 + 120 \cdot (1.05)^{-1} + 240 \cdot (1.05)^{-2} + 360 \cdot (1.05)^{-3}$$

$$= -600 + 114.2857 + 217.6871 + 310.9815$$

$$= 42.95.$$ ◂◂◂

Kapitalwertkriterium

Betrachten wir im Weiteren vereinfachend den Fall einer Standardinvestition, d. h. der Anfangsauszahlung folgen nur nicht negative Zahlungsüberschüsse ($z_t \geq 0$ für $t = 1, \ldots, T$), von denen mindestens einer positiv ist. Der Kapitalwert $K_0(r)$ der Investition ist dann positiv, d. h. $K_0(r) > 0$, wenn

$$\sum_{t=1}^{T} z_t \cdot (1+r)^{-t} > az_0 \,.$$

In äquivalenter Endwertform lautet diese Ungleichung

$$(1.31)\quad \sum_{t=1}^{T} z_t \cdot (1+r)^{T-t} > az_0 \cdot (1+r)^T \,.$$

Es ist somit vorteilhafter, die Investition zu tätigen und die Rückflüsse zum Kapitalmarktzins r anzulegen, als die Investition nicht zu tätigen und den Investitionsbetrag direkt zu Kapitalmarktbedingungen anzulegen. Die Vorteilhaftigkeit der Investition wird somit *relativ zu einer alternativen Anlage* des Investitionsbetrags am Kapitalmarkt beurteilt. Die Prüfung des Vorliegens der Konstellation $K_0(r) > 0$ bezeichnet man als *Kapitalwertkriterium*.

Im Falle des verallgemeinerten Zahlungsstrommodells mit dem Zahlungsstrom $\{z(t_0), z(t_1), \ldots, z(t_n)\}$, wobei $t_0 = 0$ und $z(t_0) = -az_0 < 0$ bestimmt sich der Kapitalwert entsprechend zu

$$(1.32)\quad K_0(r) = -az_0 + \sum_{i=1}^{n} z(t_i) \cdot (1+r)^{-t_i} \quad .$$

1.5 Aufgaben zu Kapitel 1

Hinweis: Die mit einem ★ gekennzeichneten Aufgaben weisen einen entsprechend höheren Schwierigkeitsgrad auf.

Aufgaben zu Abschnitt 1.1

Aufgabe 1.1.1

Investorin Irmgard legt in t = 0 Kapital in Höhe von 70 000 Euro in eine Anleihe mit einer Laufzeit von 5 Jahren und endfälliger Tilgung an, welche jährlich nachschüssig Zinsen in Höhe von 10% p. a. ausschüttet. Ein Jahr später kauft sie 2 000 Aktien zum Kurs von 30 Euro pro Aktie, die gerade eine Dividende von 2.50 Euro abgeworfen haben, welche in der Folgezeit um 0.50 Euro jährlich wächst. Nach Auszahlung der Dividende in t = 4 verkauft Irmgard das Aktienpaket unter Realisierung eines Kursverlusts von 5 000 Euro. In t = 2 investiert sie zudem 120 000 Euro in eine Nullkuponanleihe mit einem Nennwert von 160 000 Euro und einer Restlaufzeit von vier Jahren. Stellen Sie die Zahlungsströme für die Einzelinvestments und den Gesamtzahlungsstrom auf.

Aufgabe 1.1.2

a) *Anleger A erwirbt in t = 0 für 25 000 Euro von der Bank B eine Nullkuponanleihe mit Nennwert 35 000 Euro und einer Restlaufzeit von 4 Jahren. Die Bank B vergibt für den identischen Zeitraum einen Kredit ebenfalls in der Höhe von 25 000 Euro an Investor I für ein neues Großprojekt, dafür verlangt sie allerdings einen jährlich nachschüssigen Zinssatz von 10% p. a. Der Kredit werde nach Ende der Laufzeit getilgt. Bestimmen Sie den Zahlungsstrom aus Sicht von Anleger A und Investor I sowie aus Sicht der Bank B.*

b) *Nach zweieinhalb Jahren werde der Zerobond von Anleger A an Anleger C für 26 000 Euro verkauft. Dieser gerät drei Monate später in Liquiditätsschwierigkeiten und verkauft ihn für 25 000 Euro zurück an Anleger A. Wie sehen nun die neuen Zahlungsströme der Anleger A und C, des Investors I sowie der Bank aus (Konvention 30/360)?*

Aufgabe 1.1.3

Unternehmensberater U tätigt am 01.07.2003 ein Aktieninvestment in Höhe von 80 000 Euro. Am 16.09. jedes Jahres erfolgt eine Dividendenzahlung, die sich nach einer Zahlung in Höhe von 10 000 Euro im Jahr 2003 in den darauf folgenden Jahren völlig überraschend jeweils um 10% verringert. Da dies die Wertentwicklung der Aktien negativ beeinflusst, verkauft U am 01.04.2006 sein Aktienpaket unter Inkaufnahme eines Kursverlustes von 15%. Stellen Sie den Zahlungsstrom aus Sicht von U auf. Die Konvention sei 30/360.

Aufgabe 1.1.4

Am 01.01.2008 leiht sich Heinz H von Geldhai G 7 000 Euro bei einem jährlich vorschüssig zu zahlenden Zins in Höhe von 20% p. a. und einer Laufzeit von 3 Jahren. 9 Monate später verleiht H den gleichen Betrag zu identischen Konditionen an seinen Freund F. Diesem überlässt er am 01.01.2009 weitere 7 000 Euro, Laufzeit und Jahreszinssatz sind dabei wiederum gleich, dieses Mal vereinbaren sie allerdings nachschüssig zu erbringende Zinszahlungen.

Stellen Sie bei Anwendung der Konvention 30/360 die Zahlungsströme aus Sicht aller Beteiligten auf.

Aufgaben zu Abschnitt 1.2

Aufgabe 1.2.1

Herr D kauft zu den Zeitpunkten t = 0, t = 1 und t = 4 beim Emittenten E jeweils eine Nullkuponanleihe zu 10 000 Euro mit einer Laufzeit von 3 Jahren und einem Nennwert von 13 000 Euro. Des Weiteren leiht Herr D im Zeitpunkt t = 1 seinem Freund F 50 000 Euro für 6 Jahre zu einem Zinssatz von 10% p. a. bei jährlich nachschüssigen Zinszahlungen. Herr D ist leider in t = 5 pleite und nimmt daher bei Wucherer W einen Kredit in Höhe von 20 000 Euro auf. Der monatliche Zinssatz beträgt 3%, Herr D zahlt dabei die gesamten Zinsen und Zinseszinsen jeweils zu Jahresende und tilgt seine Schuld nach zweijähriger Kreditlaufzeit. Bestimmen Sie den Zahlungsstrom aus Sicht des Herrn D sowie des Emittenten E.

Aufgabe 1.2.2

Ihre Bank unterbreitet Ihnen zwei Anlagemöglichkeiten für Ihr Vermögen von 1 000 Euro. In beiden Varianten liegt der nominelle Jahreszinssatz bei 3%. Variante A bietet Ihnen monatliche Zinskapitalisierung, wobei eine unterjährige Zinsverrechnung vereinbart sei. In Variante B erhalten Sie eine kontinuierliche Zinsgutschrift.

Bestimmen Sie für beide Varianten Ihr Vermögen nach einem Jahr.

Aufgabe 1.2.3

Frieder hat am 07.03.2001 ein Investment von 53 Euro getätigt, bei dem die jährlich anfallenden Zinsen in Höhe von 5% p. a. reinvestiert werden. Zur Verlobung am 22.04.2009 möchte er seiner geliebten Frieda einen Minigolfschläger schenken, welcher 79 Euro kostet. Berechnen Sie den Wert der Anlage zum Zeitpunkt der Verlobung und stellen Sie fest, ob Frieder Friedas Herzenswunsch erfüllen kann. Halten Sie sich dabei an die Konvention 30/360 und verwenden Sie die gemischte Verzinsung.

Aufgabe 1.2.4

Ein Anfangskapital von 30 000 Euro verringert sich drei Jahre lang jeweils um 40%, um danach weitere drei Jahre um jeweils 60% zu wachsen. Stellen Sie die zugehörige Kontostaffel auf und erläutern Sie, warum es insgesamt zu einem Wertverlust/-gewinn kommt.

Bestimmen Sie danach, um wie viel Prozent das Kapital in den letzten drei Jahren jeweils wachsen müsste, damit das Kapital nach sechs Jahren exakt dem Anfangskapital entspricht.

Aufgabe 1.2.5

Ermitteln Sie anhand der 72-er Regel die ungefähre benötigte Zeit bis sich ein zu den Zinssätzen 3%, 5%, 8% und 15% angelegtes Kapital verdoppelt hat. Stellen Sie diese der tatsächlich benötigten Zeit gegenüber. Die Zinsgutschrift erfolge jeweils am Jahresende.

Aufgabe 1.2.6

a) *Berechnen Sie den Barwert einer Zahlung in Höhe von 100 000 Euro in $t = 9$ bei einem Zinsfuß von 10.*
b) *Wie ändert sich Ihre Berechnung aus Aufgabenteil a), wenn der Diskontfaktor 10/11 beträgt?*
c) *Der Zinsfuß betrage nun in der ersten Periode 6 und wachse in jeder Folgeperiode um 1. Berechnen Sie erneut den Barwert der Zahlung.*

Aufgabe 1.2.7

Banker Bert bereitet ein Kreditangebot seiner Bank für einen besonders wichtigen Kunden vor. Nach ausgiebiger Lektüre des Buches »Finanzmathematik für Dummies« plant er die erstmalige Einführung einer unterjährigen Verzinsung. Sein Assistent hat ihm fünf verschiedene Gestaltungsvarianten für den Kredit vorbereitet und Bert muss sich nun entscheiden, welche er dem Kunden vorlegt. Allen gemeinsam ist die Kredithöhe von 400 000 Euro bei zehnjähriger Laufzeit. Die Zinszahlungen sollen jeweils am Jahresende erfolgen, unterjährig soll ggf. die Konvention 30/360 angewandt werden.

A: *Jährliche Zinskapitalisierung bei einem Nominalzinssatz von 9.1% p. a.*
B: *Vierteljährliche Zinskapitalisierung bei einem Nominalzinssatz von 8.85% p. a.*
C: *Monatliche Zinskapitalisierung bei einem Nominalzinssatz von 8.80% p. a.*
D: *Tägliche Zinskapitalisierung bei einem Nominalzinssatz von 8.78% p. a.*
E: *Kontinuierliche Zinskapitalisierung bei einem Nominalzinssatz von 8.76% p. a.*

a) *Bert erhält eine leistungsbezogene Prämie, daher möchte er dem Kunden die Variante mit dem höchsten Effektivzinssatz unterjubeln. Helfen Sie Bert bei der Entscheidungsfindung, indem Sie die Effektivzinssätze berechnen.*
b) *Berechnen Sie den jährlichen Nominalzinssatz bei kontinuierlicher Zinskapitalisierung, der einem Nominalzinssatz von 10% p. a. bei vierteljährlicher Zinskapitalisierung entspricht.*

Aufgabe 1.2.8 ★

Zu Weihnachten erhalten Sie eine Vielzahl von Geldgeschenken und beabsichtigen, diese am 01.01. des nächsten Jahres für ein volles Jahr anzulegen. Zur Auswahl stehen Ihnen die nachfolgenden Kontovarianten, denen eine unterjährige Verzinsung zugrunde liegt.

	Variante A	Variante B	Variante C	Variante D
Guthabenverzinsung	2.50%	2.25%	2.00%	1.50%
Verfügbarkeit	Täglich	Täglich	Täglich	Täglich
Zinsgutschrift	Jährlich	Vierteljährlich	Vierteljährlich	Monatlich
Monatlicher Pauschalpreis*	Kostenlos	4.00 Euro	1.50 Euro	Kostenlos

* Der monatliche Pauschalpreis ist erst mit der jeweils nächsten Zinsgutschrift fällig.

a) Sie wissen noch nicht, wie reichhaltig die Geschenke ausfallen werden, Ihre finanzmathematische Begeisterung treibt Sie jedoch dazu, Ihr Vermögen zu Silvester des nächsten Jahres sowie die resultierende Effektivverzinsung der einzelnen Varianten in Abhängigkeit des anfangs eingesetzten Kapitals zu berechnen.

b) Sie möchten Ihr Geld keinesfalls auf Konto A anlegen, da Ihnen die »besondere Zinsabsprache« hierzu missfällt. Wie sieht Ihre Kontowahl in Abhängigkeit Ihres Vermögens aus?

Aufgabe 1.2.9 ★

Franz, Inhaber und Vorstandsvorsitzender der Ich-AG »Go China«, möchte in der Volksrepublik expandieren, um den dortigen Markt zu erobern und von der Fülle billiger, hoch qualifizierter Arbeitskräfte zu profitieren. Zur Finanzierung seines Wagnisses nimmt er bei der China-Bank einen Kredit in chinesischer Währung (RMB) auf. Da Franz seine Geschäfte ausschließlich in Euro abwickelt, tauscht er das Geld zugleich um und erhält 500 000 Euro. Der Kredit ist nach drei Jahren in RMB zurückzuzahlen. Die Bank verlangt dafür einen Zinssatz von 3% p. a. für die ersten beiden Jahre, im dritten Jahr belaufen sich die Zinszahlungen auf 0.1% pro Woche. Unterstellt werde stets Zinskapitalisierung, der Kredit werde am Ende der Laufzeit samt aller Zinsen zurückgezahlt.

a) Berechnen Sie zunächst den durchschnittlichen Jahreszinssatz für den dreijährigen Kredit (geometrisches Mittel). Gehen Sie dabei von einem konstanten Wechselkurs sowie von 52 Wochen pro Jahr und geometrischer Verzinsung aus.

b) Nehmen Sie nun an, dass unmittelbar vor dem Rückzahlungszeitpunkt der chinesische RMB gegenüber dem Euro völlig überraschend um 20% aufgewertet wird. Franz muss nun also mehr Euro in RMB umtauschen, um den Kredit zu tilgen. Völlig unterbewusst und wohl durch seinen siebten (Finanzmathe-) Sinn getrieben hatte Franz zu seinem Glück darauf bestanden, die Zinszahlungen in Euro zu erbringen. Wie war Franz durchschnittlicher Jahreszinssatz unter Berücksichtigung der Währungsschwankungen?

c) Wie hoch ist der durchschnittliche Jahreszinssatz, falls Franz sowohl Tilgungsbetrag als auch Zinszahlungen in chinesischer Währung zu erbringen hat?

d) Alternativ könnte »Go China« bei der Deutschland-Bank einen Kredit in Höhe von 500 000 Euro aufnehmen. Der Zinssatz würde dabei im ersten Jahr 4% p. a., im zweiten Jahr 3% p. a. und schließlich im dritten Jahr 5% p. a. betragen. Für wel-

chen Kredit sollte sich Franz ex ante entscheiden? Wie sähe seine Entscheidung aus, wenn er von den kommenden Währungsschwankungen wüsste?

e) Die Asienbank verlangt von Franz einen Zinssatz von insgesamt 5% für die ersten beiden Jahre (nicht p. a.). Im dritten Jahr plant die Bank, auf monatliche Verzinsung umzusteigen. Berechnen Sie den Zinssatz pro Monat, bei dem Franz zwischen dem Angebot der Asienbank und der Deutschland-Bank indifferent ist.

Aufgaben zu Abschnitt 1.3

Aufgabe 1.3.1

Die naive Abiturientin Anke kann bei ihrem neuen Arbeitgeber, Kneipenbesitzer Kurt, zwischen zwei Zahlungsformen wählen. Entweder sie erhält ihr Gehalt am Monatsanfang oder sie kann bis zum Monatsende warten, würde dann aber 1% mehr Gehalt erzielen. Anke ist sehr erfreut über diese Option und entscheidet sich spontan für die Auszahlung am Monatsende, schließlich »gibt es da mehr Geld«. Nachdem ihre beste Freundin, Hauptschülerin Heike, Zweifel an dieser Entscheidung äußert und eine Auszahlung am Monatsanfang vorziehen würde – »da gibt's das schnelle Geld« – sucht Anke neutralen Rat und bittet Sie als Sandkastenfreund und Spezialisten in finanzmathematischen Problemstellungen um Hilfe.

a) Bewerten Sie zunächst die Aussagen von Anke und Heike unter finanzmathematischen Gesichtspunkten.

b) Bestimmen Sie anschließend, unter welchen Bedingungen Ankes Wahl und unter welchen Heikes Wahl zu bevorzugen ist.

Aufgabe 1.3.2

Alfred startet in das Jahr 2007 mit einem Anfangskapital von 23 Euro und der freudigen Nachricht seiner Eltern, jeweils am letzten Tag des Monats 5 Euro Taschengeld zu bekommen. Gleich am ersten Tag des Jahres findet er einen Zwanzigeuroschein auf der Straße. Aus Freude darüber kauft er sich sofort ein Eis für 2 Euro. Zwei Wochen später lädt er seine Schwester Berta an ihrem Geburtstag zum Kino ein, was ihn samt Popcorn um weitere 7 Euro ärmer macht. Dazu hatte er sich allerdings nur durchgerungen, nachdem er am Tag vorher beim Anblick des Geschenkebergs seiner Schwester vor Neid in Tränen ausgebrochen war und daraufhin von seinem Onkel Hubert zum Trost 10 Euro bekam. Am 01.03. bekommt Alfred von seiner amerikanischen Oma 15 Dollar, die er zwei Tage später unter Inkaufnahme einer Bearbeitungsgebühr in Höhe von 6 Euro zum Kurs 1.25 Dollar/Euro bei der lokalen Sparkasse umtauscht.

a) Stellen Sie Alfreds Zahlungsstrom (in Tagen) von 01.01. bis 31.03. auf. Wenden Sie dabei die Konvention echt/echt an und betrachten Sie ausschließlich Eurobeträge.

b) Nehmen Sie nun an, dass Alfred sein gesamtes Vermögen stets sofort zur Bank bringt bzw. das Geld bei Bedarf von seinem Konto abhebt. Der Zinssatz liegt bei 8% p. a.
Berechnen Sie Alfreds Vermögen K_T am 01.04.2007 auf Basis des in Aufgabenteil a) erstellten Zahlungsstroms (weiterhin gelte die Konvention echt/echt).

c) Wie hoch ist Alfreds Vermögen am 01.04.2007 bei der Konvention 30/360?

Aufgaben zu Abschnitt 1.4

Aufgabe 1.4.1

a) Eine Investition weise den Zahlungsstrom $Z = \{-90000, 3000, 6000, 9000, 90000\}$ auf. Die Zahlungen erfolgen jeweils jährlich am 22. Februar. Man berechne unter Annahme variierender Periodenzinssätze von (jeweils p. a.) 3% im ersten, 6% im zweiten, 9% im dritten und 1% im vierten Jahr den Kapital- und Endwert der Investition ($t = 0$ sei für den 22. Februar des ersten Jahres definiert).

b) Ist die Investition vorteilhaft?

c) Die Anfangsauszahlung erfolge nun 90 Tage vor dem 22. Februar. Der Zeitpunkt $t = 0$ sei weiterhin der 22. Februar und es gelte die Konvention 30/360. Nehmen Sie einen Zinssatz von 4% p. a. für den zusätzlich betrachteten Zeitraum an. Bestimmen Sie c. p. erneut den Kapital- und Endwert und die Vorteilhaftigkeit der Investition.

Aufgabe 1.4.2

Anleger Fuchs erbt an Sylvester 2007 von seiner Tante 100 000 Euro. Nach einer Phase tiefer Traurigkeit kümmert er sich am 01.01.2008 um die Anlage der Erbschaft. Die Anlage soll dabei maximal bis zum 01.01.2015 laufen, da er dann mit den Rückflüssen einen derzeit bestehenden Kredit auf sein Haus tilgen möchte. Seine Bank bietet ihm folgende Alternativen:

- Fuchs könnte die Anlage »Supersicher« für 80 000 Euro erwerben. Diese garantiert ihm bei einer Laufzeit von 5 Jahren eine sprunghafte Wertsteigerung in Höhe von 5 000 Euro jeweils zu Ende jedes Kalenderjahrs. Weiterhin würde er ab dem vierten Jahr jeweils am 01.07. des Jahres eine Dividende in Höhe von 3% des aktuellen Wertes der Anlage erhalten.
- Alternativ könnte Fuchs die Anlage »Spardichreich« wählen. Bei einer Laufzeit von 6 Jahren verspricht ihm diese eine jährliche Wertsteigerung von 7% jeweils zu Ende des Kalenderjahres. »Spardichreich« ist zu jeweils 15 000 Euro erhältlich, Fuchs könnte also sechs derartige Wertpapiere erwerben.
- Schließlich könnte Fuchs noch die Alternative »Patientia« wählen. Hierbei würde er am 01.01.2008 sein gesamtes Geld investieren und nach Ende der siebenjährigen Laufzeit das 1.5-Fache zurückerhalten.

a) Stellen Sie zunächst für Fuchs die Zahlungsströme der drei möglichen Anlageformen auf. Nehmen Sie dabei an, dass Fuchs freies Kapital stets in seinem Kopfkissen versteckt.

b) Gehen Sie nun davon aus, dass Fuchs freies Kapital bei der Bank zu einem Zinssatz von 6% p. a. anlegt. Stellen Sie erneut die Zahlungsströme auf.

c) Berechnen Sie sowohl für die Variante »Kopfkissen« als auch für die Variante »Bank« für alle drei Anlageformen den Wert in $t = 0$ und $t = 7$. Gehen Sie dabei von einem Marktzinssatz von 6% p. a. aus.

Anhang 1A: Tagzählung bei der Konvention 30/360

Konvention 30/360

Die (europäische) 30/360-Methode basiert darauf, dass jeder Monat zu 30 Zinstagen und ein gesamtes Jahr zu 360 Zinstagen angesetzt wird. Wenn ein Monat 31 Tage hat, so ist der 31. Kalendertag entsprechend kein Zinstag. Sofern der Beginn oder das Ende des Anlagezeitraums auf den 31. eines Monats fällt, so wird dieser wie der 30. Kalendertag behandelt.

Für den Februar gilt die Sonderregelung, dass wenn die Verzinsung am 28. Februar bzw. in einem Schaltjahr am 29. Februar endet, die Zinsen dann auch nur bis zu diesem Tag berechnet werden. Wenn die Verzinsung hingegen über den Februar hinausläuft, so wird auch der Februar wie jeder Monat zu 30 Tagen angesetzt.

Bei Vorliegen der Konvention 30/360 und einer Anlage von »Datum 1« bis »Datum 2« gilt generell der folgende Zusammenhang:

$$\begin{aligned} \text{Zinstage} = \; & [\text{Tag (Datum 2)} - \text{Tag (Datum 1)}] \\ & + [\text{Monat (Datum 2)} - \text{Monat (Datum 1)}] \cdot 30 \\ & + [\text{Jahr (Datum 2)} - \text{Jahr (Datum 1)}] \cdot 360. \end{aligned} \tag{1A.1}$$

Die Formel ist dabei so anzuwenden, dass wenn Tag (Datum 1) auf den 31. eines Monats fällt, Tag (Datum 1) auf 30 gesetzt wird. Ebenso verfährt man, wenn Tag (Datum 2) auf den 31. eines Monats fällt.

Zur Illustration der Formel (1A.1) betrachten wir nachfolgend noch eine Reihe von Beispielen.

20.10.13 – 30.10.13: $(30-20) + (10-10) \cdot 30 + (13-13) \cdot 360 =$ 10 Zinstage
20.10.13 – 31.10.13: $(30-20) + (10-10) \cdot 30 + (13-13) \cdot 360 =$ 10 Zinstage
30.10.13 – 01.11.13: $(1-30) + (11-10) \cdot 30 + (13-13) \cdot 360 =$ 1 Zinstag
31.10.13 – 01.11.13: $(1-30) + (11-10) \cdot 30 + (13-13) \cdot 360 =$ 1 Zinstag
31.03.08 – 12.07.13: $(12-30) + (7-3) \cdot 30 + (13-6) \cdot 360 =$ 1902 Zinstage

Die Formel (1A.1) bezieht sich jedoch nur auf die Berechnung der Tage unter Zins bei gegebener (Gesamt-)Anlageperiode. Spaltet man die gesamte Anlageperiode in mehrere Subzeiträume auf und wendet die Formel pro Subperiode an, so ist zu beachten, dass insgesamt der letzte Tag (d.h. der letzte Tag der Gesamtperiode) nur einmal nicht mitgezählt wird. Für die einzelnen Subperioden ist daher eine Korrektur vorzunehmen, da man ansonsten bei jeder Subperiode den letzten Anlagetag nicht mitzählt.

Anhang 1B: Zeit einer Kapitalverdoppelung

Kapitalverdoppelung

Die Zeit einer Kapitalverdoppelung entspricht dem Zeitraum, über den sich – bei einem gegebenen Zinssatz – ein anfänglich investiertes Kapital verdoppelt. Eine geläufige Daumenregel (72-er Regel) hierzu lautet wie folgt: Um approximativ den Zeitraum zu ermitteln, über den sich ein anfänglicher Kapitalbetrag verdoppelt, teile man 72 durch den Zinsfuß. Ist beispielsweise der Zinssatz also 10%, so würde es gemäß dieser Regel 72/10 = 7.2 Jahre dauern, bis sich ein Investment zu diesem Zinssatz verdoppelt hat.

Analysieren wir die exakte Lösung dieser Problemstellung. Die Frage ist, für welches T die Beziehung

(1B.1) $K_T = 2K_0$

gültig ist. Bei Annahme eines Zinssatzes von r, folgt hieraus die Bestimmungsgleichung

$(1+r)^T = 2.$

Durch Anwendung der Eigenschaft des natürlichen Logarithmus (man vergleiche hierzu Anhang 1C) folgt hieraus

$T\ln(1+r) = \ln 2$

und damit insgesamt

(1B.2) $T = \frac{\ln 2}{\ln(1+r)} = \frac{0.693147}{\ln(1+r)}$.

In der Tabelle 1B.1 sind für ausgewählte Zinssätze die entsprechenden Kapitalverdoppelungszeiträume (vor Steuern) dokumentiert.

Tab. 1B.1

Zeit einer Kapitalverdoppelung

r	2%	3%	4%	5%	6%	10%
T	35	23.5	17.7	14.2	11.9	7.27

Für den eingangs erwähnten Zinssatz von 10% ist die Daumenregel (72/10) somit approximativ richtig. Auf der anderen Seite ist die Beziehung (1B.2) nicht einfach in eine Daumenregel zu transformieren, da als Nenner der natürliche Logarithmus des Aufzinsungsfaktors auftaucht. Diese Problematik lässt sich umgehen, wenn man im Rahmen des Ansatzes einer zeitstetigen Verzinsung mit einer jährlichen Zinsrate u arbeitet. In diesem Fall folgt aus der Bedingung (1B.1) die Bestimmungsgleichung

$e^{uT} = 2$

und damit

$uT = \ln 2$

und somit insgesamt

(1B.3) $T = \frac{\ln 2}{u} = \frac{0.693147}{u} \approx \frac{69.3}{100u}$.

Als Ergebnis unserer Analyse können wir damit festhalten, dass die exakte Lösung eine 69.3-er Regel ist, man hierzu aber mit der Zinsrate und nicht dem Zinssatz arbeiten muss.

69.3-er Regel

Um zu einer approximativen Regel zu kommen, beachte man, dass (man vergleiche hierzu die Beziehung (1.15) des Haupttexts) $u = \ln(1+r) \approx r$. Aus (1B.3) resultiert somit approximativ

(1B.4) $$T \approx \frac{0.693}{r} = \frac{69.3}{100r} = \frac{69.3}{p}.$$

Die 72-er Regel ist somit in Wahrheit eine 69.3-er Regel!

Anhang 1C: Exponentialfunktion und natürlicher Logarithmus

Die Zahl e (Eulersche Zahl)

Eulersche Zahl

(1C.1) $$e = 2.71828\ 18284\ 59045\ 23536\ 02874\ 71352\ 66249\ 77572\ \ldots$$

ist eine irrationale Zahl, d. h. sie lässt sich nicht als Quotient zweier natürlicher Zahlen darstellen. Die Zahl e ergibt sich dabei als Grenzwert in diversen mathematischen Zusammenhängen. Zwei fundamentale Beispiele sind

(1C.2) $$e = \lim_{n \to \infty} \left(1 + \frac{1}{n}\right)^n,$$

d. h., e ist der Grenzwert einer bestimmten Zahlenfolge und

(1C.3) $$e = \sum_{k=0}^{\infty} \frac{1}{k!} = \lim_{n \to \infty} \sum_{k=0}^{n} \frac{1}{k!},$$

d. h., e ist das Resultat der Auswertung einer unendlichen Reihe. Dabei gilt $k! := 1 \cdot 2 \cdot 3 \cdot \ldots \cdot k$ (lies: k Fakultät) und $0! := 1$.
Die Zahl e entspricht somit einerseits gemäß (1C.2) dem Grenzwert der (monoton steigenden) Zahlenfolge

$$(1+1)^1 = 2,\ \left(1+\frac{1}{2}\right)^2 = 2.25,\ \left(1+\frac{1}{3}\right)^3 \approx 2.37, \ldots, \left(1+\frac{1}{10}\right)^{10} \approx 2.59, \ldots,$$
$$\left(1+\frac{1}{100}\right)^{100} \approx 2.70, \ldots, \left(1+\frac{1}{1000}\right)^{1000} \approx 2.7169, \ldots, \left(1+\frac{1}{100000}\right)^{100000} \approx 2.71827, \ldots \text{etc.}$$

und andererseits gemäß (1C.3) ebenso dem Wert der Reihe

$$\begin{aligned} e &= \frac{1}{0!} + \frac{1}{1!} + \frac{1}{2!} + \frac{1}{3!} + \frac{1}{4!} + \ldots \\ &= \frac{1}{1} + \frac{1}{1} + \frac{1}{1 \cdot 2} + \frac{1}{1 \cdot 2 \cdot 3} + \frac{1}{1 \cdot 2 \cdot 3 \cdot 4} + \ldots \\ &= 1 + 1 + \frac{1}{2} + \frac{1}{6} + \frac{1}{24} + \ldots . \end{aligned}$$

Exponentialfunktion (e-Funktion)

In Verallgemeinerung von (1C.2) bzw. (1C.3) betrachten wir die *Exponentialfunktion* (e-Funktion), die definiert ist durch

(1C.4) $$e^x = \lim_{n \to \infty} \left(1 + \frac{x}{n}\right)^n$$

bzw.

(1C.5) $$e^x = \sum_{k=0}^{\infty} \frac{x^k}{k!} \ .$$

Eine zu e^x alternative Notation ist exp(x).

Es gilt somit insbesondere

$$e^x = \frac{x^0}{0!} + \frac{x^1}{1!} + \frac{x^2}{2!} + \frac{x^3}{3!} + \frac{x^4}{4!} + \ldots$$

$$= 1 + x + \frac{x^2}{2} + \frac{x^3}{6} + \frac{x^4}{24} + \ldots \ .$$

Natürlicher Logarithmus

Die Umkehrfunktion der e-Funktion ist der Logarithmus zur Basis e (natürlicher Logarithmus)

(1C.6) $\ln x = \log_e x$.

Es gilt also

(1C.7) $\ln e^x = e^{\ln x} = x$.

Der Zusammenhang (1C.7) ist zugleich Ausgangspunkt für das Lösen von Gleichungen, bei denen die Unbekannte x im Argument der Exponentialfunktion bzw. des natürlichen Logarithmus enthalten ist. Durch Anwendung der jeweiligen Umkehrfunktion wird eine Auflösung nach x möglich.

Beispiel 1C.1

▸▸▸ $e^{3x} = 25 \Leftrightarrow \ln(e^{3x}) = \ln 25 \Leftrightarrow 3x = \ln 25$

$\Leftrightarrow x = \ln 25/3 \approx 1.073$

$\ln 5x = 13 \Leftrightarrow e^{\ln 5x} = e^{13} \Leftrightarrow 5x = e^{13}$

$\Leftrightarrow x = e^{13}/5 \approx 88\,482.68$. ◂◂◂

Grafen

Die nachfolgenden Abbildungen 1C-1 und 1C-2 enthalten die Grafen der Exponentialfunktion sowie des natürlichen Logarithmus.

Abb. 1C-1

Graf der Exponentialfunktion

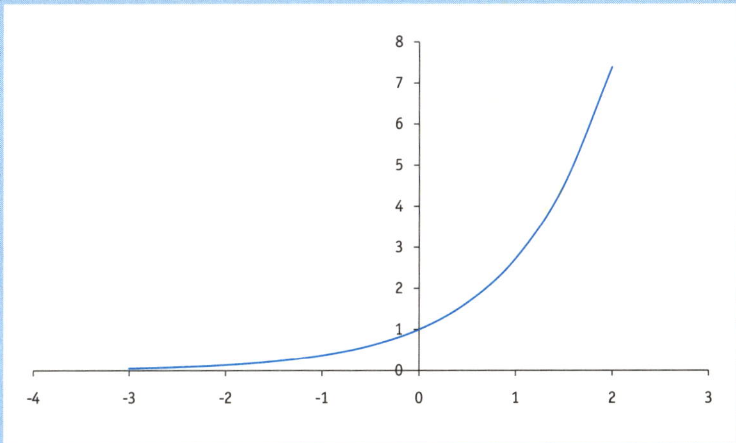

Abb. 1C-2

Graf des natürlichen Logarithmus

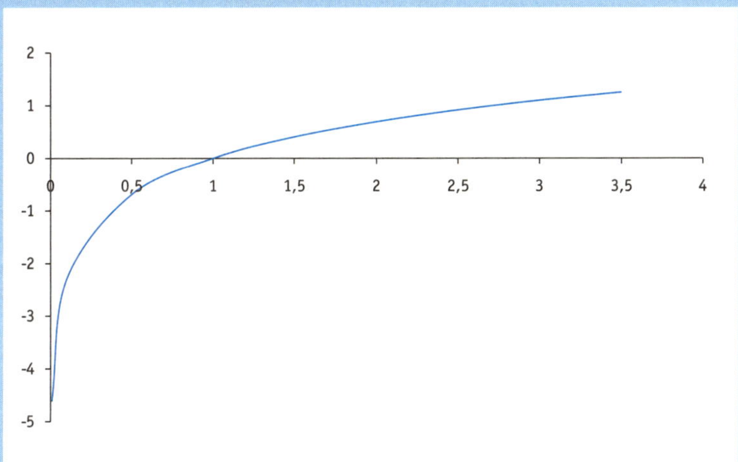

Die Exponentialfunktion besitzt als Definitionsbereich die gesamte Menge der reellen Zahlen, sie ist streng monoton steigend und streng konvex, ferner gilt stets $e^x > 0$. Der natürliche Logarithmus ist auf der Menge der positiven reellen Zahlen definiert, die Funktion ist streng monoton steigend und streng konkav. Es gilt insbesondere $e^0 = 1$ und $e^1 = e$ sowie $\ln 1 = 0$ und $\ln e = 1$.

Rechenregel

Für die Exponentialfunktion gilt die Rechenregel

(1C.8) $e^a \cdot c^b = e^{a+h}$,

für den natürlichen Logarithmus (wie für alle Logarithmen) die Rechenregel

(1C.9a) $\ln(ab) = \ln a + \ln b$

und damit auch ($b > 0$)

(1C.9b) $\ln(a/b) = \ln a - \ln b$

sowie

(1C.9c) $\ln(a^b) = b \ln a$.

Allgemeine Potenzen

Der Zusammenhang (1C.7) ist auch der Ausgangspunkt für die Definition beliebiger Potenzen a^b, d. h. Potenzen, bei denen der Exponent nicht notwendigerweise eine natürliche Zahl n ist. Im Falle $b = n$ lautet die Definition

$$a^n = a \cdot \ldots \cdot a,$$

wobei a n-mal mit sich selbst multipliziert wird. Im Falle eines Exponenten, der keine natürliche Zahl ist, greift dieser Ansatz nicht. Hier definiert man (für $a > 0$)

(1C.10) $$a^b := \exp\left[\ \ln(a^b)\ \right] = e^{b \ln a}.$$

Der letzte Term der Gleichung ist wohldefiniert und damit ist eine (zu a^n konsistente) allgemeine Definition für den Ausdruck a^b gefunden.

Reihendarstellung Logarithmus

Kommen wir abschließend zur Reihendarstellung des natürlichen Logarithmus und einer hieraus resultierenden finanzmathematischen Anwendung. Allgemein gilt für den Wertebereich $-1 < x < 1$ die folgende Darstellung des Logarithmus als (alternierende) Reihe:

(1C.11) $$\ln(1+x) = \sum_{n=1}^{\infty} \frac{(-1)^{n-1}}{n} x^n = x - \frac{x^2}{2} + \frac{x^3}{3} - \frac{x^4}{4} + \ldots$$

Durch Abbruch dieser Reihe nach dem ersten Glied erhält man hieraus die im Haupttext verwendete, insbesondere für kleine Werte von x vertretbare, Approximation

(1C.12) $$\ln(1+x) \approx x \quad .$$

Anhang 1D: Binomische Formel und binomische Reihe

Der binomische Lehrsatz lautet

Binomischer Lehrsatz

(1D.1)
$$(a+b)^n = \sum_{k=0}^{n} \binom{n}{k} a^{n-k} b^k = \binom{n}{0} a^n + \binom{n}{1} a^{n-1} b + \ldots + \binom{n}{n-1} ab^{n-1} + \binom{n}{n} b^n$$

und stellt die entsprechende Verallgemeinerung der binomischen Formel $(a+b)^2 = a^2 + 2ab + b^2$ dar.

Binomialkoeffizient

Dabei ist der Binomialkoeffizient (lies: n über k) definiert durch

(1D.2) $$\binom{n}{k} := \frac{n(n-1)\cdot\ldots\cdot(n-k+1)}{1\cdot 2\cdot 3\cdot\ldots\cdot k} = \frac{n(n-1)\cdot\ldots\cdot(n-k+1)}{k!}\ .$$

Ferner wird festgesetzt, dass $\binom{n}{0} = \binom{n}{n} = 1$.

Beispielsweise gilt

$$\binom{6}{4} = \frac{6\cdot 5\cdot 4\cdot 3}{1\cdot 2\cdot 3\cdot 4} = 15\ .$$

Insbesondere gilt

(1D.3) $$(1+x)^n = 1 + nx + \frac{n(n-1)}{2}x^2 + \ldots + x^n\ .$$

Da alle Koeffizienten größer als null sind, gilt insbesondere die im Haupttext verwendete Abschätzung

(1D.4) $(1+x)^n > 1+nx$.

Binomische Reihe

Eine Verallgemeinerung der Beziehung (1D.3) auf beliebige Exponenten α (die nicht notwendigerweise natürliche Zahlen sind), beinhaltet die binomische Reihe. Hierbei gilt für $-1 < x < 1$ die folgende Reihendarstellung

(1D.5) $$(1+x)^\alpha = \sum_{k=0}^{\infty} \binom{\alpha}{k} \cdot x^k = 1 + \alpha \cdot x + \binom{\alpha}{2} \cdot x^2 + \binom{\alpha}{3} \cdot x^3 + \ldots,$$

Verallgemeinerter Binominalkoeffizient

wobei $\binom{\alpha}{k} := \frac{\alpha \cdot (\alpha - 1) \cdot \ldots \cdot (\alpha - k + 1)}{k!}$ der verallgemeinerte Binominalkoeffizient ist.

Durch Abbruch dieser Reihe nach dem zweiten Glied ergibt sich die im Haupttext verwendete Approximation

(1D.6) $(1+x)^\alpha = 1+\alpha x$.

Anhang 1E: Nominelle Zinsen und Realzinsen

Die im Haupttext betrachteten Zinsgrößen sind ausschließlich nominelle Zinsen, sie berücksichtigen nicht die Wirkung der Inflation auf die Wertentwicklung des Vermögens.

Nomineller Zins

Der (im Weiteren als fristigkeitsunabhängig angenommene) nominelle Zinssatz i bestimmt zunächst die nominelle Entwicklung des Vermögens (die Wertentwicklung bspw. in Euro oder US-Dollar) gemäß

(1E.1) $K_t = K_0(1 + i)^t.$

Realzins

Aufgrund der Steigerung des allgemeinen Preisniveaus (Inflation) ergibt sich jedoch im Zeitablauf ein Kaufkraftverlust. Neben der rein nominellen Wertentwicklung des Vermögens ist daher die Quantifizierung der Vermögensentwicklung in *Kaufkrafttermen* von Interesse. Der in diesem Kontext relevante Zinssatz ist der Realzins r. Bezeichnen wir die jährliche (erwartete) Inflationsrate mit π, so gilt der folgende fundamentale Zusammenhang (Fisher-Gleichung, Fisher-Parität – zurückgehend auf den Wirtschaftswissenschaftler Irving Fisher).

(1E.2a) $1 + i = (1 + r)(1 + \pi) = 1 + r + \pi + r \cdot \pi.$

Fisher-Gleichung

Die Vernachlässigung des Produktterms $r \cdot \pi$ führt dabei auf die additive (aber nur approximativ gültige) Form der Fisher-Gleichung

(1E.3a) $i = r + \pi.$

Umgekehrt lässt sich der Realzins r bei Kenntnis des nominellen Zinssatzes i und der Inflationsrate π bestimmen durch

(1E.2b) $r = \frac{1+i}{1+\pi} - 1 = \frac{i-\pi}{1+\pi}$

bzw. approximativ durch

(1E.3b) $r = i - \pi.$

Im Weiteren beschränken wir uns auf die exakte (multiplikative) Variante der Fisher-Gleichung. Die Wertentwicklung in realen Termen, d. h. in Kaufkrafttermen, lautet dann

(1E.4) $K_t^r = K_0(1+r)^t.$

In Verbindung mit (1E.2b) folgt hieraus

(1E.5) $$K_t^r = K_0\left(\frac{1+i}{1+\pi}\right)^t = \frac{K_0(1+i)^t}{(1+\pi)^t} = \frac{K_t}{(1+\pi)^t}.$$

Inflationsbereinigung

Eine korrekte *Inflationsbereinigung* der nominellen Wertentwicklung $\{K_t\}$ hat damit auf der Basis der Beziehung (1E.5) zu erfolgen. Eine entsprechende Beziehung gilt auch auf der Ebene von Zahlungsströmen. Bezeichnet $\{z_1, \ldots, z_t\}$ den nominellen Zahlungsstrom und $\{z_1^r, \ldots, z_T^r\}$ den hierzu korrespondierenden inflationsbereinigten Zahlungsstrom, so gilt

$$z_t^r = \frac{z_t}{(1+\pi)^t}, \quad i = 1, \ldots, T. \tag{1E.6}$$

Barwerte

Welche Konsequenzen hat die vorstehende Diskussion nun für die Barwerte der betrachteten Zahlungsfolgen?

Es gilt der folgende Zusammenhang

$$\begin{aligned} \sum_{t=1}^{T} \frac{z_t}{(1+i)^t} &= \sum_{t=1}^{T} \frac{z_t}{(1+r)^t (1+\pi)^t} \\ &= \sum_{t=1}^{T} \frac{z_t^r}{(1+r)^t}, \end{aligned} \tag{1E.7}$$

mithin bleibt die Barwertbildung vollständig unberührt von Inflationseinflüssen – solange man das folgende Grundprinzip wahrt: Diskontiere nominelle Zahlungsströme (nur) mit nominellen Zinsen und reale Zahlungsströme (nur) mit realen Zinsen!

2 Renten- und Tilgungsrechnung

Lernziele

- Im Rahmen der Rentenrechnung ermitteln Sie für die wichtigsten Varianten von Rentenzahlungen die Bar- und Endwerte.
- Die Tilgungsrechnung ermittelt die Rückzahlungsmodalitäten für einen aufgenommenen Kapitalbetrag. Sie beherrschen die Annuitätentilgung, können einen Tilgungsplan aufstellen und eine Kreditlaufzeit berechnen.
- Die Fallstudie zur Automobilfinanzierung verfestigt das Wissen.

2.1 Rentenrechnung

Zeitrente

Unter einer *(Zeit-)Rente* (englisch: annuity) versteht man allgemein regelmäßige Zahlungen, die in gleichen Zeitabständen erfolgen und über einen festen Zeitraum laufen. Bei Zahlungen zu Periodenbeginn wird die Rente *vorschüssig (pränumerando)* genannt, bei Zahlungen am Periodenende spricht man von *nachschüssiger (postnumerando)* Rente. Das Konstrukt einer *ewigen Rente* (englisch: perpetuity) entspricht einer unbegrenzten Zahl von Zahlungsperioden.

Ewige Rente

Rentenformen

Die Basisform einer Rente sind gleich hohe Rentenzahlungen (*Annuitäten*), daneben gibt es auch Rentenformen mit systematisch (z. B. arithmetisch oder geometrisch) wachsenden bzw. fallenden Zahlungen (*dynamische Renten*). Weitere Varianten erhält man bei Betrachtung *unterjähriger Renten* (allgemein: Rentenperiode kleiner Zinsperiode) sowie variierender Zinssätze.

Nachschüssige Rente in Annuitätenform

Wir konzentrieren uns im Weiteren zunächst auf die nachschüssige Rente in Annuitätenform. Dabei wird eine Rente der Höhe R zu den Zeitpunkten t = 1, ..., T bezahlt. Eine entsprechende Illustration enthält Abbildung 2-1. In Termen des Basis-Zahlungsstroms des Abschnitts 1.1.2 gilt somit $z_0 = 0$ sowie $z_1 = \ldots = z_T = R$.

Abb. 2-1

Nachschüssige Rente in Annuitätenform

Endwert nachschüssige Rente

Unter Benutzung der in Anhang 2A enthaltenen Ausführungen über die geometrische Summe s_T ergibt sich der Endwert der nachschüssigen Rente auf Basis der in Abbildung 2-2 dargestellten Aufzinsungsüberlegung zu

$$(2.1)\quad R\cdot q^{T-1}+\ldots+R\cdot q+R=R\cdot(q^{T-1}+\ldots+q+1) \\ =R\cdot(1+q+\ldots+q^{T-1})=R\cdot s_T\,.$$

Abb. 2-2

Endwertbildung bei der nachschüssigen Rente

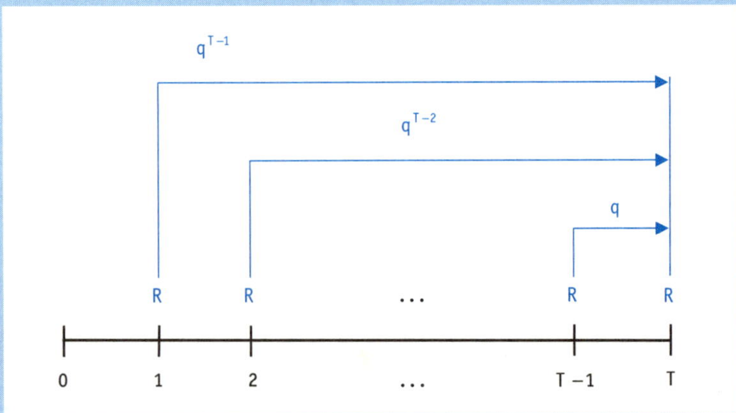

Rentenendwertfaktor, Rentenendwert

Die geometrische Summe

$$(2.2)\quad s_T=\frac{1-q^T}{1-q}=\frac{q^T-1}{q-1}=\frac{q^T-1}{r}=\mathrm{REF}\,(r,T)$$

wird dabei im finanzmathematischen Kontext als (nachschüssiger) *Rentenendwertfaktor* REF(r, T) bezeichnet. Der Endwert der nachschüssigen Rente (*nachschüssiger Rentenendwert*) über T Perioden ist somit

$$(2.3)\quad R\cdot \mathrm{REF}\,(r,T)\;.$$

Beispiel 2.1 **Endwert jährlich nachschüssige Rente**

▸▸▸ Betrachtet werde eine gleich hohe jährlich nachschüssige Rente der Höhe 4 000 Euro über 8 Jahre bei einem Zinssatz von r = 4.25%.

$$\mathrm{REF}\,(0.0425,8)=\frac{(1.0425)^8-1}{0.0425}=\frac{0.39511}{0.0425}=9.29671$$

Rentenendwert:

$$4\,000\cdot \mathrm{REF}(0.0425,8)=4\,000\cdot(9.29671)=37\,186.84\,.$$ ◂◂◂

Der Barwert der nachschüssigen Rente ergibt sich auf Basis der in Abbildung 2-3 dargestellten Abzinsungsüberlegung zunächst zu:

$$(2.4)\quad R\cdot(q^{-1}+...+q^{-T})\ .$$

Abb. 2-3

Barwertbildung bei der nachschüssigen Rente

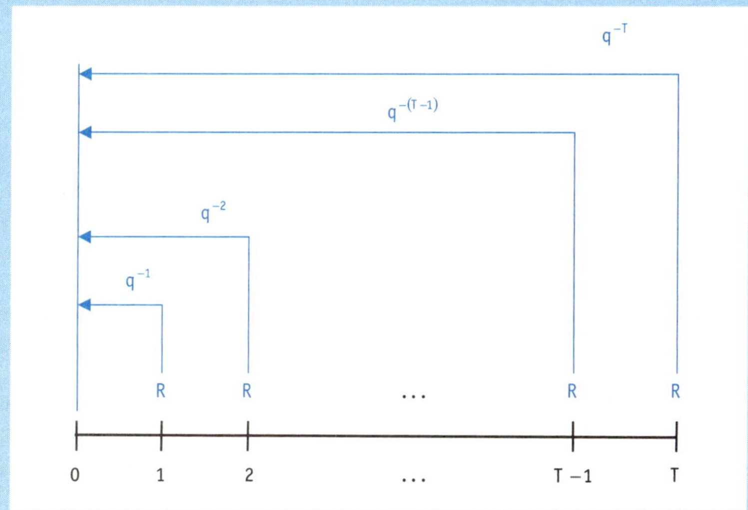

Aufgrund der in Abschnitt 1.3 dargestellten Zusammenhänge zwischen Barwert und Endwert ergibt sich der *Rentenbarwertfaktor* RBF(r, T) durch entsprechende Diskontierung des Rentenendwertfaktors. Im Einzelnen gilt:

Rentenbarwertfaktor, Rentenbarwert

$$(2.5)\quad RBF(r,T)=\frac{REF(r,T)}{q^T}=\frac{q^T-1}{q^T\cdot(q-1)}=\frac{1-q^{-T}}{r}=\frac{1}{r}\cdot\left(1-\frac{1}{q^T}\right).$$

Der Barwert einer nachschüssigen Rente (*nachschüssiger Rentenbarwert*) über T Perioden ist somit

$$(2.6)\quad R\cdot RBF(r,T)=R\cdot REF(r,T)\cdot q^{-T}.$$

Beispiel 2.2 **Barwert jährlich nachschüssige Rente**

▸▸▸ Man berechne den Rentenbarwert der Rente aus Beispiel 2.1!

Es gilt:

Rentenbarwert $= 4\,000\cdot REF(0.0425,8)\cdot(1.0425)^{-8}$

$= 37\,186.84\cdot(0.7167893)$

$= 26\,655.13$

Kontrolle: $26\,655.13\cdot(1.0425)^8 = 26\,655.13\cdot(1.3951102) = 37\,186.84$. ◂◂◂

Vorschüssige Rente in Annuitätenform

Wenden wir uns nun der vorschüssigen Rente in Annuitätenform zu. Dabei wird eine Rente der Höhe R zu den Zeitpunkten t = 0, 1, …, T−1 bezahlt. Eine entsprechende Illustration enthält Abbildung 2-4.

Abb. 2-4

Vorschüssige Rente in Annuitätenform

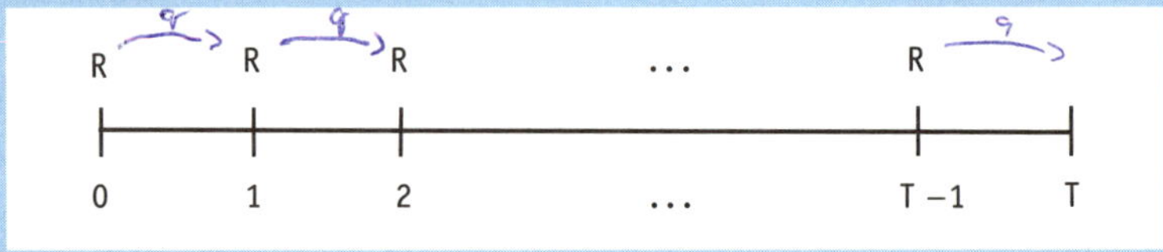

Der Endwert der vorschüssigen Rente (*vorschüssiger Rentenendwert*) ergibt sich durch eine zu Abbildung 2.2 analoge Aufzinsungsüberlegung und einem Vergleich mit (2.1) und (2.2) zu

$$\text{(2.7)}\qquad \begin{aligned} R\cdot(q^T+\ldots+q^2+q) &= R\cdot(q^{T-1}+\ldots+q+1)\cdot q \\ &= R\cdot REF(r,T)\cdot q\,. \end{aligned}$$

Vorschüssiger Rentenendwert

Der Endwert der vorschüssigen Rente beträgt somit das q-Fache des Endwerts der nachschüssigen Rente. Dies ist auch unmittelbar einsichtig, da jede einzelne Rentenzahlung der vorschüssigen Rente bei der Endwertbildung einer zusätzlichen einperiodigen Aufzinsung im Vergleich zur nachschüssigen Rente unterliegt. Dieser Zusammenhang wird in Abbildung 2-5 schematisch für den Fall einer einzelnen Rentenzahlung illustriert.

Abb. 2-5

Zusammenhang zwischen den Endwerten der vor- und der nachschüssigen Rente

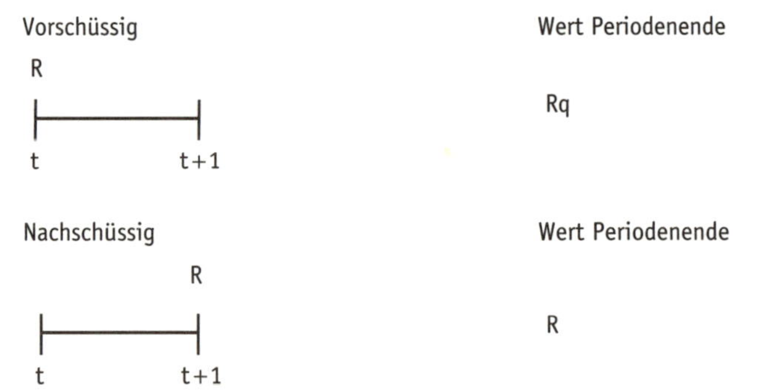

Fazit: Endwert vorschüssige Rente = (Endwert nachschüssige Rente) · q

Der Barwert der vorschüssigen Rente (*vorschüssiger Rentenbarwert*) über T Perioden ergibt sich am einfachsten durch Diskontierung des Endwerts der vorschüssigen Rente. Unter Benutzung von (2.7) resultiert dann

Vorschüssiger Rentenbarwert

(2.8) $R \cdot REF(r,T) \cdot q \cdot q^{-T} = R \cdot REF(r,T) \cdot q^{-(T-1)}$

bzw. alternativ unter Verwendung des Rentenbarwertfaktors

(2.9) $R \cdot RBF(r,T) \cdot q$.

Der Barwert der vorschüssigen Rente beträgt somit ebenfalls das q-Fache des Barwerts der nachschüssigen Rente. Dieser Zusammenhang wird in Abbildung 2-6 für den Fall einer einzelnen Rentenzahlung illustriert.

Abb. 2-6

Zusammenhang zwischen den Barwerten der vor- und der nachschüssigen Rente

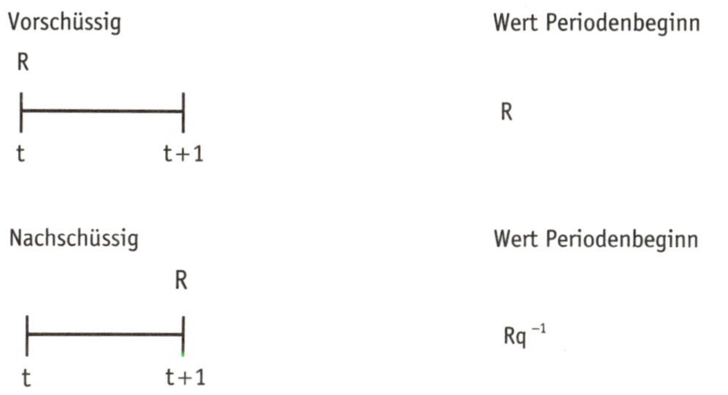

Fazit: Barwert vorschüssige Rente = (Barwert nachschüssige Rente) · q

Beispiel 2.3 **Barwert jährlich vorschüssige Rente**

▸▸▸ Man bestimme den Barwert einer gleich hohen vorschüssigen Rente der Höhe 4 000 Euro über 8 Jahre und Zinssatz r = 4.25%.

Es gilt (unter Benutzung des Endwerts aus Beispiel 2.1):

$$4\,000 \cdot REF\,(0.0425{,}8) \cdot (1.0425)^{-7} = 37\,186.84 \cdot \frac{1}{(1.0425)^7}$$

$$= 37\,186.84 \cdot (0.7472528)$$

$$= 27\,787.97.$$

Alternativ gilt (unter Benutzung des Barwerts aus Beispiel 2.2):

26 655.13 · (1.0425) = 27 787.97 ◂◂◂

Dynamische Rente

Bisher haben wir nur Renten in Annuitätenform betrachtet. Wenden wir uns nun beispielhaft einer dynamischen Rentenvariante, der geometrisch wachsenden vorschüssigen Rente zu. Hierbei wird eine vorschüssige Rente zu den Zeitpunkten $t = 0, 1, \ldots, T-1$ gezahlt. Die anfängliche Rente beträgt R, die darauf folgenden Rentenzahlungen wachsen mit einem Faktor von 100 h %, $0 < h < 1$ (beispielsweise ist für $h = 0.05$ der Steigerungssatz 5%). Definieren wir $c = 1 + h$, so gilt für den resultierenden Zahlungsstrom mithin:

$$z_0 = R,\ z_1 = R \cdot c,\ z_2 = R \cdot c^2,\ \ldots,\ z_{T-1} = R \cdot c^{T-1}$$

Eine entsprechende Illustration enthält Abbildung 2-7.

Abb. 2-7

Geometrisch wachsende vorschüssige Rente

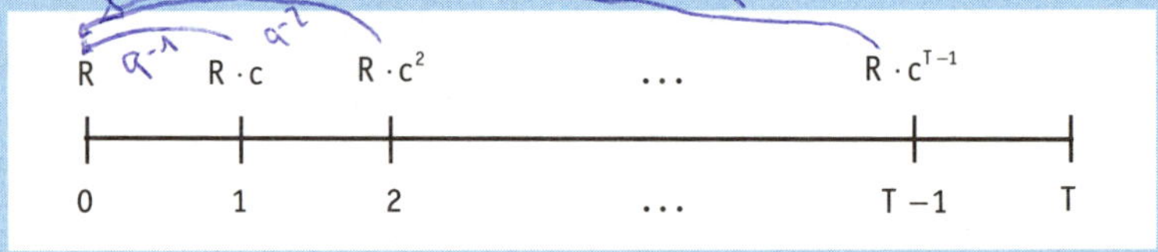

Die Bildung des Barwerts im Basis-Zinsmodell führt auf eine geometrische Summe mit dem Faktor c/q. Im Fall $c \neq q$ folgt hieraus insgesamt

$$R + R \cdot c \cdot q^{-1} + R \cdot c^2 \cdot q^{-2} + \ldots + R \cdot c^{T-1} \cdot q^{-(T-1)}$$

$$(2.10) \quad = R \cdot \left[1 + \left(\frac{c}{q}\right) + \ldots + \left(\frac{c}{q}\right)^{T-1}\right]$$

$$= R \cdot \frac{\left(\frac{c}{q}\right)^T - 1}{\left(\frac{c}{q}\right) - 1} = R \cdot \frac{1}{q^{T-1}} \cdot \frac{c^T - q^T}{c - q}.$$

Im Fall $c = q$ ergibt sich der Barwert entsprechend zu $R \cdot T$.

Beispiel 2.4 **Barwert geometrisch wachsende jährlich vorschüssige Rente**

▸▸▸ Betrachtet werde wiederum die Rente aus Beispiel 2.3, nun aber mit Steigerungsrate 2.75%. Damit gilt zunächst $c/q = 1.0275/1.0425 = 0.98561151$.

Der Rentenbarwert der geometrisch wachsenden Rente ergibt sich damit zu

$$4\,000 \cdot \frac{(0.98561151)^8 - 1}{0.98561151 - 1} = 4\,000 \cdot \frac{0.8905250 - 1}{0.98561151 - 1}$$

$$= 4\,000 \cdot \frac{0.1094750}{0.01438849} = 4\,000 \cdot (7.60851) = 30\,434.04\,.$$

Im Vergleich hierzu war der Barwert der nicht-dynamisierten Rente (man vergleiche hierzu Beispiel 2.3) 27 787.97. ◂◂◂

Unterjährige Rente

Bei den bisher betrachteten Rentenvarianten war die Rentenperiode stets gleich der Zinsperiode, d. h. gleich einem Jahr. Im Folgenden analysieren wir exemplarisch den Fall einer unterjährigen vorschüssigen Rente auf Monatsbasis. Die Rente der Höhe R werde dabei vorschüssig am Monatsanfang gezahlt und dies über T Monate, der Per Annum-Zinssatz betrage einheitlich r.

Da die Rentenzahlungen auf Monatsbasis stattfinden, stellt sich zunächst die Frage nach dem äquivalenten Monatszins r_M bzw. dem äquivalenten monatlichen Aufzinsungsfaktor q_M. Hierbei muss gelten:

$$q_M^{12} = (1+r_M)^{12} = 1+r = q \; .$$

Hieraus ergeben sich unmittelbar die Beziehungen

(2.11a) $q_M = q^{1/12} = \sqrt[12]{q}$

und

(2.11b) $r_M = q_M - 1 = q^{1/12} - 1 \; .$

Unter Benutzung des allgemeinen Ausdrucks (2.8) für den Rentenbarwert einer vorschüssigen Rente ergibt sich damit entsprechend für den Rentenbarwert der vorschüssigen Rente auf Monatsbasis für eine Rentenbezugsdauer von T Monaten

(2.12a) $R \cdot REF(r_M, T) \cdot q_M^{-(T-1)} \; .$

Entsprechend ergibt sich in Termen des Rentenbarwertfaktors

(2.12b) $R \cdot RBF(r_M, T) \cdot q_M \; .$

Im Kern bleiben somit die Ausdrücke für die Barwertbestimmung (und analog natürlich auch für die Endwertbestimmung) unverändert, es muss nur der Periodenzins in geeigneter Weise gewählt werden.

Beispiel 2.5

▸▸▸ Welche monatlich vorschüssige Rente R_M ist – bei Annahme eines Per-Annum-Zinssatzes von 5% – äquivalent zu einer jährlich nachschüssigen Rente R der Höhe 5 000 Euro?

Zunächst bestimmt sich der äquivalente Aufzinsungsfaktor zu

$$q_M = \sqrt[12]{1.05} = (1.05)^{1/12} = 1.0040741,$$

d. h., der äquivalente Zinssatz auf Monatsbasis ist

$$r_M = q_M - 1 = 0.0040741 \; [0.40741\%] \; .$$

Nun gilt weiter (Achtung: hier sind alternative Vorgehensweisen möglich; nachfolgend bestimmen wir R_M so, dass sich auf Jahresbasis eine äquivalente nachschüssige Rente ergibt):

$$5\,000 = R_M \cdot (q_M^{12} + q_M^{11} + \ldots + q_M) = R_M \cdot (q_M^{11} + \ldots + 1) \cdot q_M = R_M \cdot \frac{q_M^{12} - 1}{q_M - 1} \cdot q_M \;.$$

Hieraus resultiert insgesamt: $(q_M^{12} = q)$

$$R_M = 5\,000 \cdot \frac{(q_M - 1)}{q_M \cdot (q-1)} = 5\,000 \cdot \frac{r_M}{q_M \cdot r}$$

$$= 5\,000 \cdot \frac{(0.0040741)}{(1.0040741) \cdot 0.05}$$

$$= 5\,000 (0.081151) = 405.76 \,.$$

Im Unterschied hierzu würde eine Zwölftelung (d. h. unter Vernachlässigung von Zinseszinseffekten) der jährlichen Rente 5 000/12 = 5 000 · (0.083333) = 416.67 ergeben. ◂◂◂

Aufgeschobene Rente

Abschließend wenden wir uns der Frage der Finanzierung einer Rente zu und betrachten hierzu den Standardfall einer aufgeschobenen Rente der Höhe R mit T Jahren Aufschubzeit und n Jahren vorschüssiger Rentenzahlung. Die Grundsituation wird zunächst in Abbildung 2-8 illustriert.

Abb. 2-8

Aufgeschobene Rente

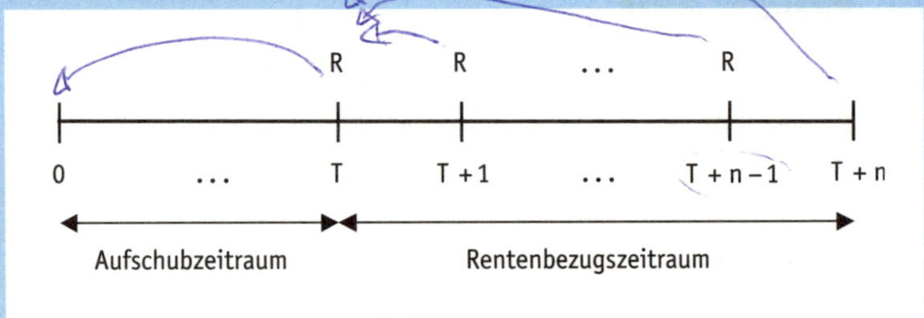

Finanzierung einer Rente

Zum Zeitpunkt t = 0 werde nun ein Einmalbetrag EB zum Zinssatz r (Basis-Zinsmodell) angelegt, der diese vorschüssige Rente (der ein identischer kalkulatorischer Zinssatz zugrunde liegt) finanzieren soll. Welche Höhe muss dieser Einmalbeitrag unter den genannten Voraussetzungen aufweisen?

Wir gehen hierzu zweistufig vor. Zunächst bestimmt sich der Barwert der Rente zum Zeitpunkt T zu

$$R \cdot RBF\,(r,n) \cdot q = R \cdot REF\,(r,n) \cdot q^{-(n-1)} \;.$$

In einem zweiten Schritt zinsen wir diesen Wert auf den Zeitpunkt t = 0 ab und erhalten den Barwert der Rente in 0 zu

$$R \cdot RBF\,(r,n) \cdot q \cdot q^{-T} = R \cdot R\,EF\,(r,n) \cdot q^{-(n-1)} \cdot q^{-T}.$$

Damit ergibt sich insgesamt

$$(2.13)\quad EB = R \cdot RBF(r,n) \cdot q^{-(T-1)} = R \cdot REF(r,n) \cdot q^{-(T+n-1)}\ .$$

Ein alternativer Lösungsweg würde darin bestehen, den aufgezinsten Wert des Einmalbetrags in T zu betrachten und zu fordern, dass EB $\cdot$ q^T dem Rentenbarwert in T entsprechen muss.

Kalkulatorisches Äquivalenzprinzip

Die dargestellte Vorgehensweise entspricht der Anwendung des *kalkulatorischen Äquivalenzprinzips*, der Anwendung des finanzmathematischen Äquivalenzprinzips auf Fragen der Kalkulation (Beitragsbestimmung). Hiernach muss der Barwert der Einzahlungen (Beiträge) gleich dem Barwert der Auszahlungen (Verpflichtungen) sein.

Beispiel 2.6 **Kalkulation aufgeschobene Rente**

▸▸▸ Wir führen das Beispiel 2.3 fort (vorschüssige Rente von 4 000 Euro über 8 Jahre und Zinssatz 4.25%). Die Rente sei erst nach einer Aufschubzeit von 20 Jahren zu zahlen und werde durch einen Einmalbetrag finanziert. Wie hoch ist der notwendige Einmalbetrag?

Der Barwert BW zu Beginn der Rentenzahlung ist zunächst (vergleiche Beispiel 2.3) gegeben durch BW = 27 787.97.

Damit folgt:

$$EB = BW(1.0425)^{-20} = \frac{27\,787.97}{(1.0425)^{20}}$$

$$= \frac{27\,787.97}{2.2989063} = 12\,087.47.$$ ◂◂◂

Systematische Übersicht (Wir danken Herrn Prof. Dr. Christoph Mayer für die Anregung zu dieser Übersicht)

Abschließend geben wir noch einmal eine systematische Übersicht über die Zusammenhänge zwischen den Bar- und Endwerten in vor- und nachschüssiger Form der vorstehend behandelten Varianten einer Rentenzahlung.

I. Rentenhöhe R, jährlicher Aufzinsungsfaktor q, Laufzeit T Jahre, eine Rentenzahlung pro Jahr

$$\boxed{EW_{nachschüssig} = R \cdot \frac{q^T - 1}{q-1}} \quad \underset{\cdot\, q^T}{\overset{:\, q^T}{\rightleftarrows}} \quad \boxed{BW_{nachschüssig} = R \cdot \frac{q^T - 1}{q-1} \cdot q^{-T}}$$

$\cdot q \downarrow \ \uparrow : q$ $\qquad\qquad$ $\cdot q \downarrow \ \uparrow : q$

$$\boxed{EW_{vorschüssig} = R \cdot \frac{q^T - 1}{q-1} \cdot q} \quad \underset{\cdot\, q^T}{\overset{:\, q^T}{\rightleftarrows}} \quad \boxed{BW_{vorschüssig} = R \cdot \frac{q^T - 1}{q-1} \cdot q^{-(T-1)}}$$

II. Rentenhöhe R, jährlicher Aufzinsungsfaktor q, Laufzeit T Perioden, m Rentenzahlungen pro Jahr

$$EW_{nachschüssig} = R \cdot \frac{q^{T/m}-1}{q^{1/m}-1} \quad \underset{\leftarrow \; \cdot q^{T/m}}{\overset{: q^{T/m} \; \rightarrow}{}} \quad BW_{nachschüssig} = R \cdot \frac{q^{T/m}-1}{q^{1/m}-1} \cdot q^{-T/m}$$

$\cdot q^{1/m} \downarrow \quad \uparrow : q^{1/m}$ $\qquad$ $\cdot q^{1/m} \downarrow \quad \uparrow : q^{1/m}$

$$EW_{vorschüssig} = R \cdot \frac{q^{T/m}-1}{q^{1/m}-1} \cdot q^{1/m} \quad \underset{\leftarrow \; \cdot q^{T/m}}{\overset{: q^{T/m} \; \rightarrow}{}} \quad BW_{vorschüssig} = R \cdot \frac{q^{T/m}-1}{q^{1/m}-1} \cdot q^{-(T-1)/m}$$

III. Anfängliche Rentenhöhe R, geometrisch wachsend mit jährlichem Wachstumsfaktor c, jährlicher Aufzinsungsfaktor q, Laufzeit T Jahre, eine Rentenzahlung pro Jahr

$$EW_{nachschüssig} = R \cdot \frac{q^{T}-c^{T}}{q-c} \quad \underset{\leftarrow \; \cdot q^{T}}{\overset{: q^{T} \; \rightarrow}{}} \quad BW_{nachschüssig} = R \cdot \frac{q^{T}-c^{T}}{q-c} \cdot q^{-T}$$

$\cdot q \downarrow \quad \uparrow : q$ $\qquad$ $\cdot q \downarrow \quad \uparrow : q$

$$EW_{vorschüssig} = R \cdot \frac{q^{T}-c^{T}}{q-c} \cdot q \quad \underset{\leftarrow \; \cdot q^{T}}{\overset{: q^{T} \; \rightarrow}{}} \quad BW_{vorschüssig} = R \cdot \frac{q^{T}-c^{T}}{q-c} \cdot q^{-(T-1)}$$

2.2 Tilgungsrechnung

Tilgungsrechnung, Tilgungsformen

Gegenstand der Tilgungsrechnung ist die Bestimmung der Rückzahlungskonditionen für einen aufgenommenen Kapitalbetrag (Kredit, Darlehen, Hypothek) einschließlich der vereinbarten Zinsen. Hauptformen der Tilgung sind dabei:

- die Annuitätentilgung (konstante Summe aus Zins und Tilgung)
- die Zinsschuldtilgung (periodische Zinszahlungen, endfällige Gesamttilgung).

Diverse Varianten ergeben sich durch Modalitäten der Zinsberechnung (Fristigkeit, Vor-/Nachschüssigkeit, taggenaue Zinsverrechnung oder lineare Zinsapproximation) und der Tilgungsraten (Fristigkeit).

Annuitätentilgung

Wir konzentrieren uns im Weiteren auf den Basisfall einer Annuitätentilgung. Diese ist in Abbildung 2-9 illustriert.

Wir gehen dabei von den folgenden Annahmen aus:

- Zahlungsperiode = Zinsperiode = 1 Jahr
- Anzahl Rückzahlungsperioden: T Jahre
- Nachschüssige Zinsberechnung und Annuitäten.

Abb. 2-9

Tilgung in Annuitätenform

Ferner vereinbaren wir die folgenden Notationen (t = 1, ..., T):

S_0 = Kreditbetrag, Anfangsschuld
RS_t = Restschuld am Ende der Periode t (nach erfolgter Zins-/Tilgungszahlung)
r = vereinbarter Zinssatz p. a.; q = 1 + r
Z_t = Zinszahlung der Periode t
T_t = Tilgung der Periode t
A_t = Annuität der Periode t; $A_t = T_t + Z_t$; $A_t = A$.

Äquivalente Annuität

Die äquivalente (nachschüssige) Annuität lässt sich dann durch zwei alternative Ansätze bestimmen. Das dabei verwendete Grundprinzip ist das am Ende des vorangegangenen Abschnitts behandelte kalkulatorische Äquivalenzprinzip, nach dem die Einzahlungen und Auszahlungen finanzmathematisch äquivalent sein müssen. In einer ersten Anwendung des kalkulatorischen Äquivalenzprinzips gehen wir von dem Ansatz Barwert Schuld = Barwert Annuität« aus, d. h. wir fordern

$$S_0 = A \cdot RBF(r,T) = A \cdot \frac{q^T - 1}{q^T \cdot (q-1)} \quad .$$

Durch Auflösung nach A ergibt sich hieraus

$$(2.14) \quad A = S_0 \cdot \frac{q^T \cdot (q-1)}{q^T - 1} = S_0 \cdot KWF(r,T) \quad .$$

Kapitalwiedergewinnungsfaktor

Der *Kapitalwiedergewinnungsfaktor* KWF (auch: *Annuitätenfaktor, Verrentungsfaktor*) ist dabei die reziproke Größe des Rentenbarwertfaktors. Das Produkt aus anfänglicher Schuld und Kapitalwiedergewinnungsfaktor wird auch als Kapitaldienst bezeichnet.

In einer zweiten Anwendung des kalkulatorischen Äquivalenzprinzips gehen wir von dem Ansatz »Endwert Schuld = Endwert Annuität« aus, d. h. fordern

$$S_0 \cdot q^T = A \cdot REF(r,T) = A \cdot \frac{q^T - 1}{q - 1} \quad .$$

Durch Auflösung nach A ergibt sich hieraus

$$(2.15)\quad A=(S_0\cdot q^T)\cdot\frac{q-1}{q^T-1}=S_0\cdot q^T\cdot \mathrm{RVF}(r,T)\quad .$$

Restwertverteilungsfaktor

Der *Restwertverteilungsfaktor* RVF ist entsprechend die reziproke Größe des Rentenendwertfaktors. Unabhängig von Ansatz 1 oder 2 ergibt sich dabei eine identische Annuität.

Beispiel 2.7 **Annuität**

▸▸▸ Ein Kreditbetrag in Höhe von 70 000 Euro soll nach 7 Jahren bei Vereinbarung eines Zinssatzes von 4.25% p. a. getilgt sein. Wie hoch ist die zugehörige Annuität?

Es gilt:

$$A = 70\,000\cdot\frac{(1.0425)^7\cdot(0.0425)}{(1.0425)^7-1} = 70\,000\cdot(0.1681522) = 11\,770.65.$$ ◂◂◂

Tilgungsplan

Wir wenden uns nun der Quantifizierung des *Tilgungsplans* zu, d. h. der Bestimmung des Verlaufs der Restschuld sowie der Zins- und Tilgungszahlungen. Wir gehen dabei von dem folgenden gedanklichen Ansatzpunkt aus. In einem vollkommenen Kapitalmarkt mit identischem Soll- und Habenzins muss es auf dasselbe hinauslaufen, ob die Schuld über die Laufzeit in Raten getilgt wird, oder ob die Schuld in einem Betrag endfällig beglichen wird, und zwar durch die Summe der am Kapitalmarkt verzinslich angelegten Tilgungsraten (hier: Annuitäten). Übertragen auf die Restschuld zum Zeitpunkt t bedeutet dies, dass sich die Höhe der Restschuld als Differenz von aufgezinster Schuld und aufgezinsten bereits geleisteten Annuitäten ergeben muss. Der Prozess der Aufzinsung der Annuitäten ist in Abbildung 2-10 illustriert.

Abb. 2-10

Aufgezinste Annuitäten

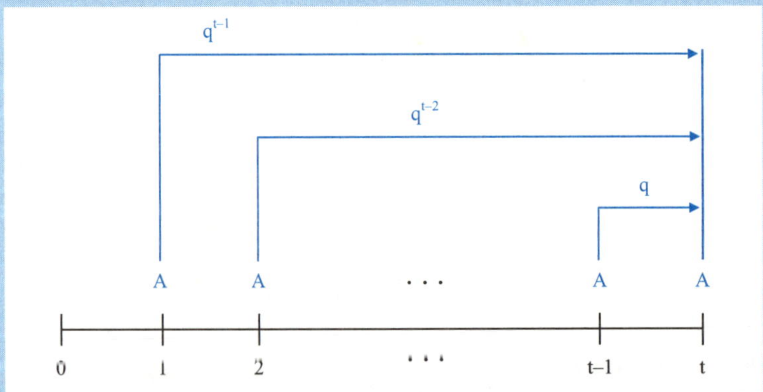

Insgesamt gilt unter Verwendung der geometrischen Summe sowie (2.14)

$$RS_t = S_0 \cdot q^t - A \cdot (q^{t-1} + ... + q + 1)$$ für t nicht ganze Zahlen

(2.16)
$$= S_0 \cdot q^t - S_0 \cdot \frac{q^T \cdot (q-1)}{q^T - 1} \cdot \frac{q^t - 1}{q-1}$$

$$= S_0 \cdot \left[q^t - \frac{q^T \cdot (q^t - 1)}{q^T - 1} \right] = \frac{S_0}{q^T - 1} \cdot [q^t \cdot (q^T - 1) - q^T \cdot (q^t - 1)]$$

$$= S_0 \cdot \frac{q^T - q^t}{q^T - 1}.$$ für t = ganze Zahlen

Insbesondere resultiert hieraus $RS_0 = S_0$ sowie $RS_T = 0$.
Für die periodischen Zinszahlungen ergibt sich hieraus

(2.17) $$Z_t = r \cdot RS_{t-1} = S_0 \cdot \frac{(q^T - q^{t-1}) \cdot (q-1)}{q^T - 1}$$

und für die periodischen Tilgungszahlungen

$$T_t = A - Z_t$$

(2.18)
$$= \frac{S_0}{q^T - 1} \cdot \left[q^T \cdot (q-1) - (q^T - q^{t-1}) \cdot (q-1) \right]$$

$$= S_0 \cdot \frac{q^{t-1} \cdot (q-1)}{q^T - 1}.$$

Im Kern laufen die Ergebnisse (2.17) und (2.18) auf eine Zerlegung des Faktors q^T in der Annuität gemäß (2.14) in der Form $q^T = q^{t-1} + (q^T - q^{t-1})$ hinaus.

Praxistipp

Rundungsfehler

Die Rechenpraxis zeigt, dass die Anwendung der Beziehung (2.16) im Falle nicht-ganzzahliger Restlaufzeiten zu erheblichen Rundungsfehlern führen kann, wenn man approximativ nur mit wenigen Nachkommastellen für T operiert. Als Alternative bietet es sich in solchen Fällen an, mit der ersten Gleichung der Herleitung unter (2.16) zu arbeiten, da in diese die Größe T nicht eingeht.

Beispiel 2.8 **Tilgungsplan**

▸▸▸ Bestimmen Sie den Tilgungsplan auf der Basis des Kredits aus Beispiel 2.7!

t	S_0, RS_{t-1}	Z_t	T_t	A_t	RS_t
1	70 000.00	2 975	8 795.65	11 770.65	61 204.35
2	61 204.35	2 601.18	9 169.47	11 770.65	52 034.87
3	52 034.87	2 211.48	9 559.17	11 770.65	42 475.70

t	S_0, RS_{t-1}	Z_t	T_t	A_t	RS_t
4	42 475.70	1 805.22	9 965.44	11 770.65	32 510.26
5	32 510.26	1 381.69	10 388.97	11 770.65	22 121.30
6	22 121.30	940.16	10 830.50	11 770.65	11 290.80
7	11 290.80	479.86	11 290.80	11 770.65	0.00
Σ		12 394.59	70 000.00	82 394.55	

◄◄◄

Die Entwicklung der Zins- und Tilgungszahlungen in Beispiel 2.8 wird illustriert in Abbildung 2-11.

Abb. 2-11

Entwicklung der Zins- und Tilgungszahlungen

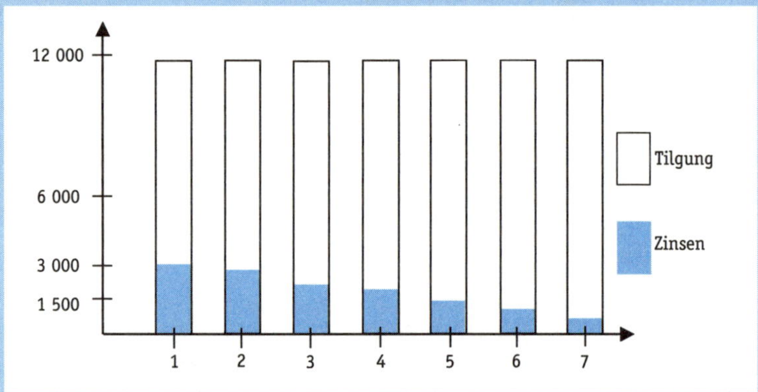

Wenden wir uns abschließend noch der Bestimmung der erforderlichen *Kreditlaufzeit* T zu, d. h. gesucht ist die Größe T bei Vorgabe der Größen S_0, A und r.

Kreditlaufzeit

Zunächst gilt gemäß (2.14)

$$A = S_0 \cdot \frac{q^T (q-1)}{q^T - 1} = \frac{S_0 \cdot r}{1 - q^{-T}} .$$

Die Auflösung nach T erfolgt dann mittels der folgenden Umformungen (man vergleiche für die folgenden Umformungen auch die Rechenregeln (1C.9) für den natürlichen Logarithmus in Anhang 1C):

$$A - A \cdot q^{-T} = S_0 \cdot r$$

$$q^T = \frac{A}{A - S_0 \cdot r}$$

$$T \cdot \ln(q) = \ln\left(\frac{A}{A - S_0 \cdot r}\right) .$$

Hieraus resultiert schließlich insgesamt:

$$(2.19)\quad T=\frac{\ln\left(\frac{A}{A-S_0\cdot r}\right)}{\ln(q)}=\frac{\ln(A)-\ln(A-S_0\cdot r)}{\ln(q)}.$$

Die Problematik dieses Ergebnisses besteht darin, dass das entsprechende Resultat für die Laufzeit T nicht zwangsläufig ganzzahlig sein muss. Die Lösung dieser Problematik beruht in der Vornahme einer Sonderschlusszahlung.

Beispiel 2.9

▸▸▸ Für einen Kreditbetrag von 75 000 Euro ist bei einem Zinssatz von 6.25% p. a. eine jährliche Annuität von 5 437.50 Euro vereinbart (6.25% Zinsen + 1% anfängliche Tilgung = 4 687.50 + 750). In welcher Zeit ist das Darlehen vollständig getilgt?

Gemäß (2.19) gilt:

$$T=\frac{\ln(5\,437.50)-\ln(5\,437.50-0.0625\cdot 75\,000)}{\ln(1.0625)}=\frac{\ln(5\,437.50)-\ln(750)}{\ln(1.0625)}$$

$$=\frac{8.60107-6.62007}{0.06062}=32.68.$$

Nach 32 Jahren ist der Restkreditbetrag S_{32} gegeben durch:

$$S_{32}=75\,000\cdot(1.0625)^{32}-5\,437.50\cdot\frac{(1.0625)^{32}-1}{0.0625}$$

$$=75\,000\cdot(6.9586668)-5\,437.50\cdot(95.338668)$$

$$=521\,900.01-518\,404.01=3\,496\,.$$

Die erforderliche Restzahlung am Ende von Jahr 33 beträgt somit:

$3\,496\cdot(1.0625)=3\,714.50.$ ◂◂◂

2.3 Fallstudie: Automobilfinanzierung

Fallstudie
(Wir danken Herrn Prof. Dr. Christoph Mayer für die Erstellung dieser Fallstudie)

Der Automobilhersteller »Aumobi« vermarktet seinen neuen »Phadguhd« (Listenpreis: 15 000 Euro) mit einem »All-inclusive-Finanzierungsmodell«, bei dem er mit einem Finanzierungszinssatz von 0.9% p. a. wirbt. Der Hersteller kommt dabei fünf Jahre lang für die Kfz-Versicherung auf und zahlt in dieser Zeit auch sämtliche bei Wartung und Inspektion anfallenden Kosten. Das Auto ist im Rahmen des Finanzierungsmodells erhältlich für eine Anzahlung von 6 000 Euro, 60 monatlich vorschüssige Raten von 149 Euro und eine Schlusszahlung (nach fünf Jahren) von 5 000 Euro. Der Marktzinssatz liege bei 6% p. a.

a) Bei einer sofortigen Zahlung in voller Höhe gewährt »Aumobi« einen Rabatt von 20% auf den Listenpreis. Sollte man das Auto über das »All-inclusive-Modell« erwerben oder sofort voll bezahlen? Es ist davon auszugehen, dass die Prämie für die Kfz-Versicherung bei Zahlung am Monatsanfang 90 Euro beträgt. Die jährlichen Kosten für Wartung und Inspektion können mit 150 Euro beziffert werden, vereinfachend sei angenommen, dass diese stets am Jahresende anfallen.

Zunächst kann der Barwert sämtlicher Zahlungen des »All-inclusive-Modells« berechnet werden. Dieser ergibt sich zu:

$$\text{Barwert}_{\text{All-inclusive}} = \text{Anzahlung} + \text{Barwert}_{\text{Raten}} + \text{Barwert}_{\text{Schlusszahlung}}$$

$$= 6\,000 + 149 \cdot \frac{1.06^{60/12} - 1}{1.06^{1/12} - 1} \cdot 1.06^{(-60+1)/12} + 5\,000 \cdot 1.06^{-5}$$

$$= 6\,000 + 7\,774.31 + 3736.29 = 17\,510.60$$

Dieser Barwert ist nun zu vergleichen mit dem Barwert der Zahlungen, die bei einem selbstfinanzierten Kauf innerhalb der ersten fünf Jahre auftreten:

$$\text{Barwert}_{\text{Selbstfinanzierung}}$$

$$= \text{Anschaffungspreis} + \text{Barwert}_{\text{Versicherung}} + \text{Barwert}_{\text{Wartung}}$$

$$= 80\% \cdot 15\,000 + 90 \cdot \frac{1.06^{60/12} - 1}{1.06^{1/12} - 1} \cdot 1.06^{(-60+1)/12} + 150 \cdot \frac{1.06^{5} - 1}{1.06 - 1} \cdot 1.06^{-5}$$

$$= 12\,000 + 4\,695.891 + 631.855 = 17\,327.75$$

Der »Phadguhd« verursacht geringere Kosten beim selbstfinanzierten Kauf, somit ist diese Alternative vorzuziehen.

b) Wie hoch muss c. p. der Rabatt auf den Listenpreis mindestens sein, damit der selbstfinanzierte Kauf vorteilhaft ist?

$$\text{Barwert}_{\text{Selbstfinanzierung}} < \text{Barwert}_{\text{All-inclusive}}$$

$$(1 - x) \cdot 15\,000 + 4\,695.891 + 631.855 < 17\,510.60$$

$$x > 18.78\%$$

Falls der Rabatt auf den Listenpreis mehr als 18.78% beträgt, ist der selbstfinanzierte Kauf vorteilhaft.

c) Wie hoch darf c. p. die monatliche Prämie für die Versicherung maximal sein, damit der selbstfinanzierte Kauf vorteilhaft ist?

$$\text{Barwert}_{\text{Selbstfinanzierung}} < \text{Barwert}_{\text{All-inclusive}}$$

$$12\,000 + \text{Prämie} \cdot \frac{1.06^{60/12} - 1}{1.06^{1/12} - 1} \cdot 1.06^{(-60+1)/12} + 631.855 < 17\,510.60$$

$$\text{Prämie} < 4\,878.745 \cdot \frac{1.06^{1/12} - 1}{1.06^{60/12} - 1} \cdot 1.06^{(60-1)/12}$$

$$\text{Prämie} < 93.50$$

Solange die monatliche Prämie unterhalb 93.50 Euro liegt, ist der selbstfinanzierte Kauf vorzuziehen.

Insgesamt ist festzuhalten, dass für die vorgenommenen Berechnungen der beworbene Finanzierungszinssatz von 0.9% irrelevant ist. Die Höhe des Finanzierungszinssatzes kann »Aumobi« über die Deklaration des Listenpreises beliebig steuern.

2.4 Aufgaben zu Kapitel 2

Hinweis: Die mit einem ★ gekennzeichneten Aufgaben weisen einen entsprechend höheren Schwierigkeitsgrad auf.

Aufgaben zu Abschnitt 2.1

Aufgabe 2.1.1

Bestimmen Sie den Rentenbarwert und Rentenendwert einer nachschüssigen jährlichen Rente in Höhe von 10 000 Euro bei einem Zinssatz von 5% p. a. und einer Laufzeit von 15 Jahren.

Aufgabe 2.1.2

Eine Studentin, die heute ihren 20. Geburtstag begeht, möchte durch eine Einmalzahlung zu ihrer Alterssicherung beitragen. Angestrebt ist eine 25-jährige vorschüssige jährliche Rente von 12 000 Euro ab dem 65. Geburtstag. Welchen Betrag muss sie jetzt einzahlen, wenn das Kreditinstitut für Anspar- und Auszahlungsphase einen Zinssatz von 4% p. a. garantiert?

Aufgabe 2.1.3

a) Wie viel Geld müssen Sie bei einem Zinssatz von 4% p. a. heute anlegen, um 15 Jahre lang jährlich vorschüssig 3 000 Euro zu erhalten?
b) Wie ändert sich das benötigte Kapital, wenn sie das Geld nachschüssig erhalten möchten?
c) Wie viel Geld hätten Sie vor 10 Jahren anlegen müssen, um Ihre Wünsche aus a) bzw. b) zu befriedigen?

Aufgabe 2.1.4

Gehen Sie im Folgenden von einem einheitlichen Zinsniveau von 6% p. a. aus.

a) Wie viel Geld müssen Sie am 01.01.2007 anlegen, um in den folgenden sieben Jahren monatlich eine nachschüssige Zahlung in Höhe von 870 Euro zu erhalten?

b) Welchen Betrag müssen Sie für eine vorschüssige Rente anlegen?

c) Wie viel hätten Sie 3 Jahre und 6 Monate vor dem 01.01.2007 anlegen müssen, um die in a) und b) beschriebenen Renten zu erhalten?

d) Zu welchem Zeitpunkt können die sieben Jahre andauernden Zahlungen bei nachschüssiger Rente frühestens beginnen, wenn Ihnen am 01.01.2007 nur 90% des in Aufgabenteil a) errechneten Betrags zur Verfügung steht? Gehen Sie davon aus, dass Rentenzahlungen nur am letzten Tag eines Kalendermonats erfolgen können.

Aufgabe 2.1.5

Bestimmen Sie allgemein den Barwert einer ewigen nachschüssigen bzw. vorschüssigen Rente.

Zeigen Sie im Anschluss, dass der Barwert ($R \cdot RBF$) einer nachschüssigen Rente R mit einer Laufzeit von T Jahren ebenfalls als Differenz der Barwerte zweier unendlicher nachschüssiger Renten derselben Höhe berechnet werden kann.

Aufgabe 2.1.6 ★

Sie möchten sich ein Luxus-Heimkinosystem kaufen. In den Ausstellungsräumen Ihres bevorzugten Händlers sehen Sie ein Modell, in das Sie sich sofort verlieben. Da Ihre finanziellen Mittel begrenzt sind, bitten Sie den Verkäufer um die Möglichkeit einer Ratenzahlung. Er bietet Ihnen an, die Anlage sofort mitzunehmen und erst in 12 Monaten mit der Begleichung des Kaufpreises zu beginnen, wobei dann 5 Jahre lang jährlich 4 999.80 Euro fällig sind. Sie stellen grob ihre laufenden Kosten und Einnahmen gegenüber und erkennen, dass Sie sich unter diesen Umständen mit Ihrem gewöhnlichen Plasma-Fernseher begnügen müssen. Enttäuscht wollen Sie den Heimweg antreten, als der Verkäufer Ihnen nachsetzt und als Alternative vorschlägt, 10 Jahre lang 2 975 Euro zu zahlen (auch hierbei wäre die erste Zahlung in 12 Monaten fällig).

a) Welchen Zinssatz verwendet der Verkäufer in seiner Kalkulation?

Plötzlich klingelt Ihr Mobiltelefon und Ihre Großmutter, die soeben von Ihren Kaufplänen erfahren hat und nichts vom kreditfinanzierten Kauf hält, sagt Ihnen eine Schenkung von 20 000 Euro zu, falls Sie Ihr Privatkino kaufen und den Kaufpreis sofort begleichen.

b) Reicht das Geld Ihrer Großmutter zum Kauf, wenn Ihnen der Verkäufer einen zu seinen Finanzierungsalternativen konsistenten Barkaufpreis nennt?

Aufgabe 2.1.7

Der verwöhnte Abiturient und angehende Langzeitstudent Ludwig plant die Finanzierung seines seit jeher exzessiven Lebenswandels während des in exakt zwei Monaten zum Herbstsemester beginnenden Studiums. Er hat dabei die folgenden drei

Geldquellen ins Auge gefasst, derer er sich in den kommenden 18 Semestern bedienen wird:

- *Onkel Jürgen, der bereits jetzt ausreichend senil ist, um übers Ohr gehauen zu werden, ist für die Grundfinanzierung vorgesehen und wird zu Beginn jedes Studienjahres 7 500 Euro spendieren.*
- *Seine reiche Tante Käthe wird ihn während des im achten Semester beginnenden dreijährigen Auslandsaufenthaltes – Strandstudien in Barcelona – unterstützen. Ludwig kann sie von den hohen Wohnungspreisen in der spanischen Metropole und der dringenden Notwendigkeit eines Segelkurses überzeugen, so dass sie zusätzliche 5 000 Euro zu Beginn jedes Studienjahres im Ausland beisteuert.*
- *Sein amerikanischer Onkel David wird ihn im Endspurt unterstützen und ihn während der letzten 4 Studienjahre mit jeweils 3 000 Euro versorgen. Auch Onkel David zahlt zu Beginn jedes Herbstsemesters.*

Gehen Sie dabei davon aus, dass das Herbstsemester jedes Jahr am 01.09. und das Frühjahrssemester jeweils am 01.03. beginnt.

a) Berechnen Sie zunächst, wie viel Geld die liebe Verwandtschaft jeweils zurücklegen muss, um Ludwigs Vorstellungen der Studienfinanzierung nachkommen zu können. Gehen Sie davon aus, dass Onkel Jürgen und Tante Käthe von einem Kalkulationszinssatz in Höhe von 5% p. a. ausgehen, während Onkel David im risikofreudigen Amerika mit 8% p. a. rechnet. Verwenden Sie die Konvention 30/360.

b) Berechnen Sie Ludwigs Vermögen am Ende seines Studiums, wenn der Vermögensberater seines Vaters eine Anlagemöglichkeit mit 9%iger Verzinsung p. a. entdeckt, seine Eltern für seine gesamten Kosten aufkommen und er vor Beginn des Studiums sein gesamtes Vermögen beim Glücksspiel in Monaco verprasst.

Aufgabe 2.1.8 ★

Freiberufler F stellt sich am 01.01.2005, seinem 55. Geburtstag, die Frage, ob seine Rente ausreichen wird, um einen glücklichen Lebensabend zu bestreiten. Er hat nicht in die gesetzliche Rentenversicherung eingezahlt, sondern zur Altersversorgung seit seinem 20. Geburtstag zu Ende jedes Lebensjahres 1 000 Euro zu seiner lokalen Sparkasse getragen, die sein Guthaben nachschüssig mit 5% p. a. verzinst.

a) Berechnen Sie zunächst den Wert seines Guthabens am 55. Geburtstag.

b) F geht davon aus, dass er ab seiner Verrentung an seinem 65. Geburtstag für 20 Jahre zu Beginn jedes Jahres 15 000 Euro benötigen wird. Bestimmen Sie, wie viel er in den verbleibenden 10 Lebensjahren jeweils zu Ende jedes Lebensjahres sparen muss, um diesen Betrag zu erreichen. F geht davon aus, dass der Zinssatz von 5% p. a. bis in alle Ewigkeit unverändert bleibt.

c) Nach exakt 68 Jahren und 3 Monaten verstirbt F völlig ungeplant. Wie viel Geld hinterlässt er seinen Erben, wenn er zwischen seinem 55. und 65. Lebensjahr die in b) berechnete Summe anspart und ab dem Beginn seines 66. Lebensjahres jährlich 15 000 Euro abhebt und gleichmäßig im Laufe des Lebensjahres konsumiert? Gehen Sie davon aus, dass seine Rentenersparnisse die einzigen Geldmittel darstellen, über die er verfügt und verwenden Sie die Konvention 30/360.

Aufgabe 2.1.9 ★

Dozentin Alex kauft und trinkt an jedem Arbeitstag eine Flasche Wasser. Die Flasche Wasser kostet 0.44 Euro inklusive 0.25 Euro Pfand. Gehen Sie davon aus, dass Alex sechs Tage die Woche arbeitet (Montag bis Samstag) und das Jahr genau 52 Wochen hat. Der erste Tag des Jahres ist ein Montag und der letzte somit ein Sonntag.

Wie viel Geld hätte Alex am Ende des Jahres zur Verfügung, wenn sie die getrunkenen Flaschen am Abend jedes Tages zurückbringen würde und das kassierte Pfand sofort auf ein extra für diesen Zweck eingerichtetes Konto einzahlen würde? Gehen Sie von einem täglichen Zinssatz in Höhe von 0.03% aus.

Aufgabe 2.1.10 ★

Sie erben überraschend 500 000 Euro. Von dem Geld kaufen Sie für 200 000 Euro ein Haus in einem belebten Viertel der Stadt und beziehen es selbst. Durch die Investition sparen Sie Ihre bisherigen monatlichen Mietzahlungen in Höhe von 1 000 Euro. Aus familiären Gründen verkaufen Sie das Haus nach zwanzig Jahren und ziehen in eine kinderfreundlichere Gegend. Da Sie zwischenzeitlich keine Instandhaltungsarbeit geleistet haben, liegt der Verkaufserlös lediglich bei 100 000 Euro. Der Marktzinssatz lag für den Investitionszeitraum konstant bei 5% p. a. Die gesparten monatlichen Mietzahlungen hätten am Anfang des Monats gezahlt werden müssen. Gehen Sie davon aus, dass die Mietzahlungen in den 20 Jahren konstant geblieben wären. War die Investition finanziell vorteilhaft?

Aufgabe 2.1.11 ★

Gegeben ist folgende ewige, vorschüssige, geometrisch wachsende Rente:

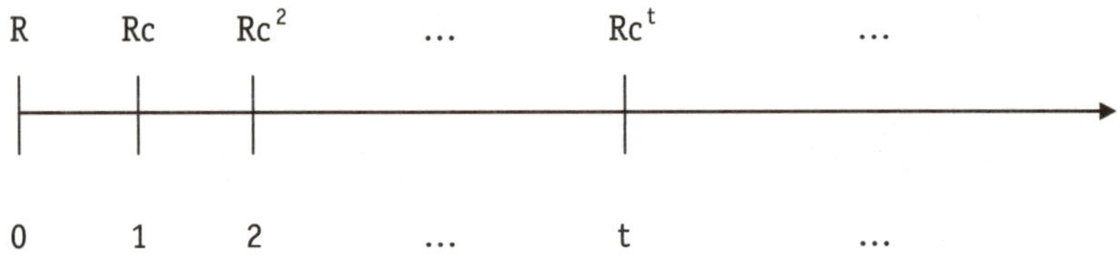

Der Barwert dieser Rente kann durch $\frac{R}{r-g} \cdot q$ bestimmt werden; wobei $g = c-1$ entspricht und es gilt $r > g$. Ebenso kann die gegebene Rente als ewige, nachschüssige, geometrisch wachsende Rente mit einer ersten Zahlung in $t = 1$ in Höhe von $R \cdot c$ zuzüglich einer Zahlung in Höhe von R in $t = 0$ aufgefasst werden. Zeigen Sie, dass die beiden Varianten zur Bestimmung des Barwerts identisch sind.

Aufgaben zu Abschnitt 2.2

Aufgabe 2.2.1

Sie nehmen ein Annuitätendarlehen in Höhe von 20 000 Euro zu einem Zinssatz von 5% p. a. auf. Nach drei Jahren wollen Sie schuldenfrei sein, wobei Sie die Annuitäten jährlich nachschüssig erbringen. Stellen Sie einen Tilgungsplan nach unten angegebenem Muster auf. (Runden Sie Ihre Zwischenergebnisse jeweils auf 2 Nachkommastellen.)

t	S_0, RS_{t-1}	Z_t	Tt	A_t	RS_t
1	20 000				
2					
3					0

Aufgabe 2.2.2

Auf der Internetseite des UltraMarktes finden Sie eine Kühl-/Gefrierkombination für 1 559 Euro. Alternativ zur sofortigen Bezahlung wird eine Finanzierung über 48 Monate zu monatlichen Raten von 40.52 Euro angeboten. Der ausgewiesene Effektivzinssatz liegt bei 11.9% p. a..

a) Sind die monatlichen Raten vorschüssig oder nachschüssig zu erbringen?

b) Beim Finanzierungsangebot ist auch eine »Kreditsumme« in Höhe von 1944.96 Euro ausgewiesen. Was will der UltraMarkt damit ausdrücken?

Aufgabe 2.2.3 ★

Der mittellose M nimmt am 01.07.2003 (t = 0) bei seiner Bank B ein Annuitätendarlehen mit einer Höhe von 250 000 Euro und einer Laufzeit von 5 Jahren auf. Die Verzinsung erfolgt zum aktuellen marktüblichen Zinssatz in Höhe von 10% p. a., die Annuitäten sind jährlich nachschüssig zu erbringen.

a) Berechnen Sie die Höhe der einzelnen Annuitäten und stellen Sie den Tilgungsplan auf.

b) Am 01.04.2006 bietet die B dem M eine Tilgung durch eine einmalige Zahlung von Z = 180 000 Euro als Alternative zur weiteren Annuitätentilgung an. Ein entsprechendes Übereinkommen wäre am 01.06.2006 vertraglich zu fixieren; die Zahlung hätte am 22.06.06 zu erfolgen. Ist dieses Angebot vorteilhaft, wenn der Marktzinssatz in t = 2 auf 8% p. a. gefallen ist und für den Rest der Kreditlaufzeit auf diesem Niveau bleibt? Wenden Sie bei der Berechnung die Konvention 30/360 an.

Aufgabe 2.2.4

Beim Vorbeischlendern an einem Autohaus fällt Ihnen ein Fahrzeug ins Auge, für das Sie sich näher interessieren. Der Preis des Autos ist ausgewiesen mit 16 000 Euro, es gibt jedoch auch die Möglichkeit zum kreditfinanzierten Kauf zu einem Zinssatz von nur 0.99% p. a. Zu entrichten sind dabei jährlich nachschüssig neun gleich hohe Raten.

a) Wie hoch sind die jährlichen Raten?
Nach einem Blick in Ihre prall gefüllte Brieftasche sprechen Sie den Händler an und fragen, ob denn nicht ein Rabatt machbar wäre, wenn Sie den Kaufpreis sofort bar entrichten würden. Er entgegnet, dass er unter diesen Umständen zu einem Nachlass von 20% bereit wäre.
b) Wie ist dieses Angebot bei einem Marktzinsniveau von 6% p. a. zu bewerten?

Aufgabe 2.2.5

a) Sie kaufen ein Haus für 500 000 Euro. 40% des Preises können Sie aus Ihrem angesparten Vermögen begleichen, für den Rest nehmen Sie ein Annuitätendarlehen zu einem Zinssatz von 6% p. a. auf. Nach wie vielen Jahren ist das Darlehen getilgt, wenn Sie jährlich am Jahresende eine Annuität von 24 000 Euro leisten können? Wie hoch ist die Schlusszahlung im letzten Jahr?
b) Wie hoch ist die jährliche Annuität, die Sie mindestens aufbringen müssen, damit das Darlehen überhaupt getilgt werden kann?

Aufgabe 2.2.6

Betrachten Sie ein Annuitätendarlehen mit einem Kreditbetrag von 80 000 Euro und jährlich vorschüssiger Annuität in Höhe von 8 000 Euro. Der Zinssatz betrage 8% p. a. Nach welcher Zeit ist das Darlehen vollständig getilgt? Wie hoch ist die Restzahlung?

Aufgabe 2.2.7

Ergänzen Sie den Tilgungsplan. Gehen Sie von nachschüssigen Annuitäten und einer Laufzeit von exakt 3 Jahren aus. Runden Sie für Ihre Berechnungen alle ermittelten Beträge auf zwei Stellen nach dem Komma.

t	S_0, RS_{t-1}	Z_t	T_t	A_t	RS_t
1					
2					3 592.90
3					
Σ				11 641.02	

Aufgabe 2.2.8

a) Sie beginnen ein dreijähriges Studium und schätzen Ihre monatlichen Kosten auf 500 Euro. Die Bank B bietet Ihnen eine Finanzierung zu 5% p. a. an. Hierbei erhalten Sie Ihr benötigtes Kapital monatlich vorschüssig. Wie hoch sind Ihre Schulden am Studienende?
b) Nach weiteren Zu- und Abflüssen beträgt Ihr Schuldenstand zu Studienende insgesamt 20 000 Euro. Drei Jahre nach Studienende beginnen Sie mit der Rückzahlung der (sich auch weiterhin verzinslich ansammelnden) Darlehensschuld. Mit der Bank haben Sie fünf jährlich vorschüssige, gleich hohe Zahlungen vereinbart. Wie hoch sind diese Zahlungen, wenn der Zinssatz von Ihrem Studienende bis zur vollständigen Tilgung bei 6% p. a. liegt?

c) Nach wie vielen Jahren wäre Ihr Darlehen getilgt, wenn die Tilgung unmittelbar nach Studienende in Form von jährlich nachschüssigen Annuitäten in Höhe von 4 000 Euro erbracht würde, um die Schuld von 20 000 Euro zu tilgen? Wie hoch wäre die Restzahlung im letzten Jahr? Der Zinssatz liege bei 6% p. a.

Aufgabe 2.2.9

In einem Elektrofachgeschäft sehen Sie einen Fernseher, auf dessen Preisschild eine stolze Summe verzeichnet ist. Daneben wird für einen kreditfinanzierten Kauf geworben. Die Konditionen: Annuitätendarlehen mit einer Laufzeit von 3 Jahren, monatlich vorschüssig anfallenden Zahlungen in Höhe von 88.88 Euro und einem Kreditzinssatz von 0% p. a. Das derzeitige Marktzinsniveau beträgt 5% p. a.

a) Berechnen Sie den ausgewiesenen Preis des Fernsehers.

Der auf dem Schild ausgewiesene Preis ist im Grunde eine fiktive Angabe. Wenn Sie mit einem dicken Bündel Bargeld einen Verkäufer zu sich rufen würden, bekämen Sie einen Rabatt und könnten den Fernseher sofort mitnehmen.

b) Welchen prozentualen Rabatt bekämen Sie auf den ausgewiesenen Preis, wenn Sie den Fernseher bar bezahlen würden?

Aufgabe 2.2.10

Welches Kapital müssen Sie in $t = 0$ anlegen, um eine ewige jährlich nachschüssige Rente zu erhalten, die jährlich um 3% wächst? Die erste Rentenzahlung erfolge in $t = 11$ und betrage 1 000 Euro, der Zinssatz liege durchweg bei 5% p. a.

Aufgabe 2.2.11

Bei einem Zinssatz von 7% p. a. sparen Sie monatlich nachschüssig einen geometrisch wachsenden Betrag. Ihre erste Sparrate beträgt 50 Euro, die zweite liegt 10 Cent höher, die weiteren wachsen entsprechend. Nach 30 Jahren beenden Sie die Ansparphase.

a) Wie hoch ist der jährliche Wachstumsfaktor der Sparraten?

b) Wie hoch ist die letzte Sparrate?

c) Welches Kapital haben Sie am Ende angespart?

d) Nach der Ansparphase lassen Sie sich das Kapital auf 20 Jahre verteilt in Form von monatlich vorschüssigen und gleichbleibenden Renten auszahlen. Wie hoch sind die erhaltenen Renten, wenn der Zinssatz auch in der Auszahlungsphase unverändert bei 7% p. a. liegt?

Aufgabe 2.2.12 ★

Gegeben ist ein Tilgungsplan eines Annuitätendarlehens mit beliebiger Laufzeit und den üblichen Angaben zur Annuität A, Zinszahlung Z_t, Restschuld RS_t und Tilgungszahlung T_t. Zeigen Sie allgemein, dass $T_{t+1} = T_t \cdot q$.

Anhang 2A: Die geometrische Summe

Geometrische Summe

Wir betrachten die geometrische Summe ($q = 1 + r$, $q \neq 1$)

(2A.1) $s_T = 1 + q + q^2 + \ldots + q^{T-1}$

und suchen einen einfachen Ausdruck für den Wert dieser Größe. Eine Antwort liefert die Betrachtung der Differenz $s_T - q \cdot s_T$, denn es gilt:

$$\begin{aligned} s_T - q \cdot s_T &= 1 + q + q^2 + \ldots + q^{T-1} \\ &\quad - q - q^2 - \ldots - q^{T-1} - q^T \\ &= 1 - q^T. \end{aligned}$$

Hieraus folgt insgesamt:

(2A.2a) $s_T = \dfrac{1 - q^T}{1 - q}$.

Offenbar gilt äquivalent

(2A.2b) $s_T = \dfrac{q^T - 1}{q - 1} = \dfrac{q^T - 1}{r}$.

Im Fall $q = 1$ ergibt sich durch direkte Summation

(2A.2c) $s_T = T$.

3 Kurs- und Renditerechnung

Lernziele

- Mit der Kursrechnung können Sie faire Preise bzw. Kurse für verschiedene Arten von Finanztiteln ermitteln.
- Mithilfe der Renditerechnung bestimmen Sie die effektive Verzinsung des eingesetzten Kapitals für einperiodige und mehrperiodige Investments.
- Vertieft wird der Stoff mit der Behandlung von Fondsinvestments.

3.1 Kursrechnung

Ziel der Kursrechnung

Ziel der Kursrechnung ist es, den fairen Preis bzw. den fairen Kurs (im Sinne eines Marktpreises) eines Finanztitels (repräsentiert durch seine Rückflüsse) zu bestimmen. Dabei wird von einem gegebenen Zinsmodell ausgegangen, das zugleich die Wertentwicklung eines sicheren Investments zu Kapitalmarktbedingungen bestimmt.

Fairer Kurs und Barwert

Der faire Kurs eines Finanztitels entspricht dann seinem Barwert. Die Begründung hierfür liegt in der materiellen Interpretation des Barwerts gemäß Abschnitt 1.3. Die alternative Anlage des fairen Preises (= Barwert) zu Kapitalmarktbedingungen resultiert in einem identischen Endwert wie der Erwerb des Finanztitels zum Barwert und der Wiederanlage der Rückflüsse zu Kapitalmarktbedingungen. Aus der Grunderfordernis, dass Titel mit identischem Endwert einen identischen Preis aufweisen müssen (Law of One Price), folgt hieraus das gewünschte Resultat.

Im Weiteren unterstellen wir wiederum einen vollkommenen Kapitalmarkt mit fristigkeitsunabhängigem Zins $r > 0$.

Der Preis $P = P_0(r)$ eines beliebigen Zahlungsstroms der Form $\{z_1, \ldots, z_T\}$ zum Zeitpunkt $t = 0$ ist vor dem Hintergrund der voranstehenden Ausführungen dann gleich seinem Barwert. Es gilt somit im Rahmen des Basis-Zinsmodells ($q = 1 + r$)

$$(3.1)\quad P_0(r) = \sum_{t=1}^{T} z_t(1+r)^{-t} = \sum_{t=1}^{T} z_t q^{-t}.$$

Preis $P_0(r)$ = Barwert

Preis Standardbond

Als ersten Spezialfall analysieren wir den Preis eines Standardbonds mit Restlaufzeit T und Rückzahlungen $\{Z, \ldots, Z, Z+N\}$, wobei Z die Zinszahlungen und N den Nennwert bedeute. Ferner gelte $Z = Ni$, wobei i den Nominalzinssatz bezeichne. Insbesondere besitzt der Teilzahlungsstrom der Zinszahlungen die Form einer Annuität und wir können somit auf die Ergebnisse des Abschnitts 2.1 zurückgreifen. Insgesamt folgt hierbei damit (unter Ansatz alternativer Darstellungsformen des Rentenbarwertfaktors)

$$P_0(r) = Zq^{-1} + ... + Zq^{-T} + Nq^{-T} = Z(q^{-1} + ... + q^{-T}) + Nq^{-T}$$

$$(3.2) \qquad = Z \cdot RBF(r,T) + Nq^{-T}$$

$$= Z \cdot \frac{1-q^{-T}}{r} + Nq^{-T} = N\left[\frac{i}{r}(1-q^{-T}) + q^{-T}\right].$$

fairer Preis für einen Standardbond

Beispiel 3.1 **Preis Standardbond**

▸▸▸ Wir gehen aus von einem Nennwert in Höhe von 100 Euro, 4 Jahren Laufzeit, einem Nominalzinssatz von 5% sowie einem Marktzinssatz von 6%. Als Zahlungsstrom hieraus resultiert {–P, 5, 5, 5, 105}, wobei P den (gesuchten) anfänglichen fairen Preis nach dem Barwertansatz bezeichne.

Marktzins

Der Preis des Bonds ergibt sich zunächst als Barwert der zukünftigen Zahlungen zum Marktzinssatz, d. h.

$i < r$

$$P = 5 \cdot (1.06)^{-1} + 5 \cdot (1.06)^{-2} + 5 \cdot (1.06)^{-3} + 105 \cdot (1.06)^{-4}$$
$$= 4.717 + 4.449 + 4.198 + 83.170 = 96.53 .$$

Alternativ gilt:

$$P = 5 \cdot RBF\ (0.06,4) + 100 \cdot (1.06)^{-4}$$
$$= 5 \cdot [1-(1.06)^{-4}]/0.06 + 100 \cdot (1.06)^{-4}$$
$$= 17.3255 + 79.2093 = 96.53 .$$ ◂◂◂

Preis Zerobond

Kommen wir nun zum (anfänglichen) Preis b(0,t) eines Einheitszerobonds mit Fälligkeit t (Rückzahlung einer Geldeinheit in t, es erfolgen keine zwischenzeitlichen Zinszahlungen). Es ergibt sich in diesem Falle nach dem Barwertprinzip

$$(3.3) \quad b(0,t) = 1 \cdot (1+r)^{-t} = q^{-t} \quad .$$

Hieraus folgt, dass die Preise b(0,t), $t > 0$, der Einheitszerobonds äquivalent zu den Diskontierungsfaktoren q^{-t} sind. Diese Äquivalenz bleibt auch für allgemeine Zinsumgebungen erhalten, vgl. hierzu Anhang 3H. Weist der Rückfluss des Zerobonds den Betrag N auf, so ist der Preis in 0 entsprechend gegeben durch $N \cdot q^{-t}$.

Beispiel 3.2 **Zerobond**

▸▸▸ Gegeben sei ein Zerobond mit 4 Jahren Laufzeit und einem Nennwert von 100 Euro. Der Marktzinssatz betrage 8%. Dann ergibt sich der Preis b(0,4) des Zerobonds nach dem Barwertprinzip zu

$$b(0,4) = \frac{100}{(1.08)^4} = 73.50.$$ ◂◂◂

Barwertformel für Standardbond

Die Barwertformel (3.2) für einen Standardbond kann nun noch wie folgt umgerechnet werden:

$$(3.4)\ P_0(r) = \frac{Z}{r} + \left(N - \frac{Z}{r}\right) \cdot q^{-T} = N\left[\frac{i}{r} + \left(1 - \frac{i}{r}\right) \cdot q^{-T}\right].$$

Hieraus folgen die nachstehenden Zusammenhänge zwischen Nennwert und Preis eines Standardbonds:

- $r = i: \ P_0(r) = N$ (»Preis zu pari«)
- $r < i: \ P_0(r) > N$ (»Preis über pari«)
- $r > i: \ P_0(r) < N$ (»Preis unter pari«)

Der Barwert liegt somit über dem Nennwert, wenn der Marktzinssatz niedriger als der Nominalzinssatz ist und vice versa.

Beispiel 3.3 **Marktzinssatz unter Nominalzinssatz**

▸▸▸ Bestimmen Sie den fairen Wert des Zinstitels mit den Rückzahlungen Z = {4 000, 4 000, 4 000, 104 000} bei einem Marktzinssatz von r = 3.25% (der somit niedriger als der Nominalzinssatz von 4% ist).

Es gilt:

$$\begin{aligned} P_0(0.0325) &= 4\,000 \cdot (1.0325)^{-1} + 4\,000 \cdot (1.0325)^{-2} \\ &\quad + 4\,000 \cdot (1.0325)^{-3} + 104\,000 \cdot (1.0325)^{-4} \\ &= \frac{4\,000}{1.0325} + \frac{4\,000}{1.066056} + \frac{4\,000}{1.1007030} + \frac{104\,000}{1.1364759} \\ &= 3\,874.09 + 3\,752.15 + 3\,634.04 + 91\,510.96 \\ &= 102\,771.24\,. \end{aligned}$$

Es resultiert mithin ein Über-pari-Kurs, um die effektive Verzinsung des Zinstitels auf Marktniveau zu senken. ◂◂◂

Gordon-Growth-Modell

Als zweiten Anwendungsfall betrachten wir Dividendendiskontierungsmodelle (dividend discount models, DDM). Eine grundsätzliche Diskussion von DDM und den hiermit verbundenen Bewertungsfragen erfolgt in Anhang 3J. Im Haupttext beschränken wir uns auf das Grundmodell, das DDM nach Gordon (Gordon-Growth-Modell). Für weitergehende Modellansätze verweisen wir ebenfalls auf Anhang 3J. Beim Gordon-Growth-Modell wird zum einen von einem unendlichen Zeithorizont, d. h. einer unendlichen Folge von Dividendenzahlungen, ausgegangen und zum anderen angenommen, dass die Dividendenzahlungen im Zeitablauf einer konstanten Wachstumsrate unterliegen. Bezeichnet konkret D die Höhe der aktuellen Dividende, formal die Dividende zum Zeitpunkt t = 0, so besitzen die künftigen (als bekannt angenommenen) Dividendenzahlungen die Höhe $D_t = D \cdot (1 + g)^t$, t = 1,..., T,..., wobei g (0 < g < 1) den (als konstant angenommenen) Wachstumsfaktor der Dividenden bezeichnet. Die Abbildung 3-1 illustriert die Situation hinsichtlich der Dividendenentwicklung.

Abb. 3-1

Dividendenentwicklung im Gordon-Growth-Modell

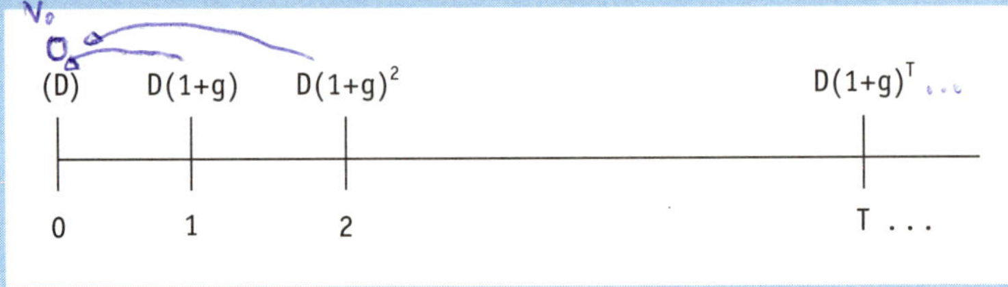

Gesucht wird nun der faire Wert v_0 der Aktie im Zeitpunkt t = 0 (unmittelbar nach erfolgter Zahlung der aktuellen Dividende). Wie auch nochmals in Anhang 3J näher begründet, entspricht der faire Wert der Aktie dann dem Barwert der (unendlichen Folge der) künftigen Dividendenzahlungen. Vorausgesetzt wird wiederum ein vollkommener Kapitalmarkt mit fristigkeitsunabhängigem Zins r. Ferner treffen wir die Annahme $g < r$.

Unter Verwendung der geometrischen Reihe, vgl. hierzu Anhang 3A, erhalten wir bei Wahl von $x = \frac{1+g}{1+r}$ den folgenden Ausdruck für den fairen Wert einer Aktie:

$$
\begin{aligned}
v_0 &= \frac{D\cdot(1+g)}{(1+r)} + \frac{D\cdot(1+g)^2}{(1+r)^2} + \ldots + \frac{D\cdot(1+g)^t}{(1+r)^t} + \ldots \\
&= D\cdot\frac{1+g}{1+r}\cdot\sum_{t=0}^{\infty}\left(\frac{1+g}{1+r}\right)^t = D\cdot\frac{1+g}{1+r}\cdot\left[\frac{1}{1-\frac{1+g}{1+r}}\right] \qquad (3.5)\\
&= D\cdot\frac{1+g}{1+r}\cdot\frac{1+r}{1+r-1-g} \\
&= D\cdot\frac{1+g}{r-g} = \frac{D_1}{r-g}.
\end{aligned}
$$

Im Gordon-Growth-Modell ergibt sich der faire Wert der Aktie somit in einfacher Weise als Quotient der Dividendenzahlung $D_1 = D \cdot (1+g)$ zum Zeitpunkt t = 1 und der Differenz aus Zinssatz und Wachstumsrate.

Ewige Rente

Es sei darauf hingewiesen, dass der im Gordon-Growth-Modell berechnete faire Wert einer Aktie in der Terminologie des zweiten Kapitels auch als Wert einer nachschüssigen ewigen Rente mit jährlichem geometrischem Wachstum aufgefasst werden kann. Ausgehend von

$$BW_{nachschüssig} = R\cdot\frac{q^T - c^T}{q-c}\cdot q^{-T}$$

ergibt sich unter Berücksichtigung von $R = D_1$ sowie $c = 1 + g$ und $q = 1 + r$ zunächst

$$BW_{nachschüssig} = D_1 \cdot \frac{1-c^T \cdot q^{-T}}{(1+r)-(1+g)} = D_1 \cdot \frac{1-(c/q)^T}{r-g} \quad .$$

Da $g < r$ und somit $c < q$ folgt daher für die ewige Rente

$$\lim_{T \to \infty} D_1 \cdot \frac{1-(c/q)^T}{r-g} = \frac{D_1}{r-g} \quad .$$

Kritische Annahmen

Als kritische Annahme geht in dieses Modell ein, dass ein unendlicher Zeithorizont betrachtet wird, über dessen gesamten Verlauf sich die Verhältnisse hinsichtlich des Dividendenwachstums nicht ändern. Realistischere Modelle lassen unterschiedliche Phasen des Dividendenwachstums zu.

Eine weitere Problematik dieser Vorgehensweise besteht darin, dass die Dividendenzahlungen nicht bekannt, sondern unsicher sind. Im Rahmen einer erweiterten Analyse ersetzt man daher in praxi den Marktzins r durch einen (risikoadjustierten) von den Investoren geforderten Zins (*required rate of return*).

Beispiel 3.4

▸▸▸ Gegeben sei ein Unternehmen, das aktuell eine Dividende von 7 Euro ausgeschüttet hat. Welchen Wert (unmittelbar nach Dividendenzahlung) besitzt das Unternehmen, wenn man von einer Dividendenwachstumsrate von 6.25% und einer von den Investoren geforderten Verzinsung von 8.5% ausgeht?

Lösung:

$$v_0 = \frac{7 \cdot (1.0625)}{0.085 - 0.0625} = \frac{7 \cdot (1.0625)}{0.0225} = 330.56. \text{ ◂◂◂}$$

3.2 Renditerechnung

3.2.1 Vorbemerkungen

Ziel der Renditerechnung

Ziel der Renditerechnung ist die Bestimmung der tatsächlichen Kapitalrentabilität über den gesamten Anlagezeitraum des Investments bzw. der tatsächlichen Verzinsung (effektive Verzinsung) eines bei Tätigung eines Investments anfänglich eingesetzten Kapitals. Dies kann aus einer Planungsperspektive (Planrendite eines Investments unter Sicherheit) oder einer Kontrollperspektive (realisierte Performance) geschehen. Im Kontext einer Kreditaufnahme stellt eine Effektivzinsberechnung auf den tatsächlichen Kreditzins – im Unterschied zum nominellen Kreditzins – unter Berücksichtigung sämtlicher mit der Kreditnahme verbundenen Kosten ab. Im weiteren Verlauf des Haupttexts konzentrieren wir uns dabei auf Anwendungen im Investmentbereich. In Anhang 3F gehen wir in einem Kreditkontext darüber hinaus auf die Effektivzinsermittlung im Rahmen der Preisangabeverordnung (PAngV) ein. Eine Effektivzinsermittlung ermöglicht es insbesondere, alternative Investment- bzw. Finanzierungsangebote mit unterschiedlichen Konditionen miteinander vergleichbar zu machen.

Wiederanlageproblematik

Wiederanlageprämisse

Zentrale Problematik von Renditerechnungen ist die Wiederanlageproblematik, d. h. bei einem vorgegebenen Analysezeitintervall [0, T] muss eine Annahme darüber getroffen werden, wie zwischenzeitliche (d. h. vor dem Ende des Anlagehorizonts T statt findende) Rückflüsse (Dividenden, Kupons, Mieten) bis zu T wieder angelegt werden. Die getroffene (explizite oder implizite) Wiederanlageprämisse beeinflusst die berechnete Rendite gegebenenfalls erheblich und ist (auch hinsichtlich ihrer Realitätsnähe) kritisch zu hinterfragen. Unproblematisch sind nur Investments/Investitionen ohne zwischenzeitliche Rückflüsse an den Investor (z. B. Thesaurierung oder Zerobonds) sowie (strikt) einperiodige Investments.

3.2.2 Einperiodiges Investment

Einperiodenrendite

Wir wenden uns zunächst dem Fall eines einperiodigen Investments zu. Gegeben sei hier ein anfänglich (t = 0) investierter Vermögensbetrag v_0. Es erfolge eine vollständige Liquidation der Position in t = 1 mit einem Liquidationserlös der Höhe v_1 bzw. alternativ eine Bewertung des Investments zum Marktwert v_1 in t = 1. Zwischenzeitliche Rückflüsse erfolgen nicht. In dieser Situation ergibt sich als zeitdiskrete Einperiodenrendite

$$(3.6a)\quad r = \frac{v_1 - v_0}{v_0} = \frac{v_1}{v_0} - 1 .$$

Bei der Renditeberechnung wird somit der Wert*zuwachs* der Periode bezogen auf das anfänglich eingesetzte Kapital bestimmt.

Korrespondierend ergibt sich für die zeitstetige Einperiodenrendite (auch: Log-Rendite)

$$(3.6b)\quad u = \ln(1+r) = \ln\left(\frac{v_1}{v_0}\right) .$$

Die vorstehenden Ausdrücke für die zeitdiskrete bzw. zeitstetige Einperiodenrendite lassen sich wie folgt begründen. Bei korrekter Wahl der Rendite muss gelten $v_1 = v_0(1+r)$ bzw. $v_1 = v_0 \exp(u)$. In der Tat gilt unter Verwendung von (3.6a) $v_0\left[1+\frac{v_1}{v_0}-1\right] = v_1$ bzw. $v_0 \exp[\ln(v_1/v_0)] = v_1$. Die Ausdrücke (3.6a) bzw. (3.6b) sind damit verifiziert.

Beispiel 3.5 **Einperiodige Rendite**

1. Bei einperiodiger Anlage eines Anfangskapitals K_0 zum Zinssatz i folgt $K_1 = K_0 \cdot (1+i)$ und damit

$$r = \frac{K_0 \cdot (1+i)}{K_0} - 1 = i \cdot$$

2. Ex post-Analyse einer einperiodigen Aktienanlage: Kauf zu K_0 in $t = 0$; Liquidation/Marktbewertung in $t = 1$ zu K_1; Dividende D wird $t = 1$ zugerechnet (unterjährige Verzinsungseffekte werden vernachlässigt). Hieraus resultiert die *Cum-Dividenden-Rendite*

$$r = \frac{K_1 + D - K_0}{K_0} \text{ . ◂◂◂}$$

3.2.3 Endfälliges mehrperiodiges Investment

Endfälliges Investment

Wenden wir uns nun dem Fall eines endfälligen Investments zu. Hierbei erfolgt zum Zeitpunkt $t = 0$ ein Investment der Höhe v_0 und zum Zeitpunkt T die einzige Rückzahlung in Höhe von v_T.

Die Gesamtrendite $r(0, T)$ dieser Investition ist eine Renditegröße bezüglich des gesamten Investmentzeitraums und ergibt sich zu

$$\text{(3.7)} \quad r(0,T) = \frac{v_T - v_0}{v_0} \text{ .}$$

Annualisierte Rendite

Die Verifikation der Beziehung (3.7) erfolgt analog zur Argumentation im Einperiodenfall, nachzuweisen ist hierbei die Gültigkeit der Relation $v_T = v_0 \cdot [1 + r(0,T)]$. Im Hinblick auf eine bessere Vergleichbarkeit solcher Investments, insbesondere bei differierenden Anlagezeiträumen, ist man jedoch weniger an der Rendite über den Gesamtzeitraum interessiert, sondern primär an der hierzu äquivalenten Einperiodenrendite (im Standardfall einer Periode von der Länge eines Jahres spricht man auch von annualisierter Rendite). Die Abbildung 3-2 illustriert zunächst die hierbei relevanten grundsätzlichen Zusammenhänge.

Abb. 3-2

Endfälliges Investment: Gesamtrendite und annualisierte Rendite

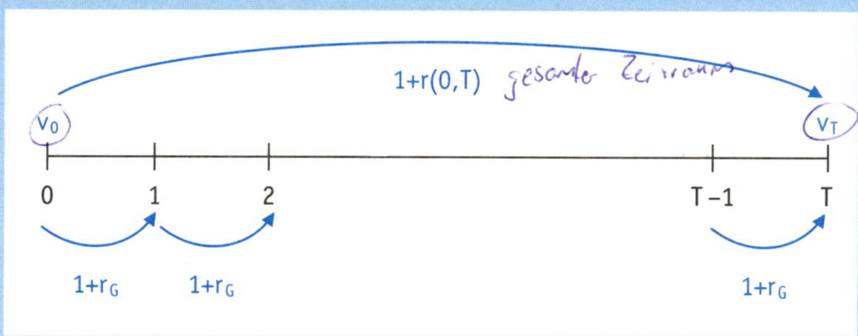

Der Zusammenhang zwischen äquivalenter Einperiodenrendite und Gesamtrendite lautet daher $(1+r_G)^T = 1+r(0,T)$. Die äquivalente Einperiodenrendite ergibt sich daher als geometrisches Mittel gemäß

(3.8) $r_G = \sqrt[T]{1 + r(0,T)} - 1$.

Weitergehend betrachten wir den Fall einer permanenten Kapitalakkumulation, beispielsweise in einem thesaurierenden Fonds. Hierzu gehen wir aus von $t = 1,\ldots,T$ äquidistanten Investmentperioden. Das investierte Kapital v_0 wachse sukzessiv auf die Vermögenswerte $v_1,\ldots,v_T$ an. Die gewöhnliche Einperiodenrendite r_t der t-ten Periode ist dann gegeben durch ($t = 1,\ldots,T$)

(3.9) $r_t = \dfrac{v_t - v_{t-1}}{v_{t-1}}$

und es gilt insgesamt

(3.10) $v_T = v_0 \cdot (1 + r_1) \cdot (1 + r_2) \cdot \ldots \cdot (1 + r_T) = v_0 \cdot \prod_{t=1}^{T} (1 + r_t)$.

Die grundsätzlichen Zusammenhänge werden in Abbildung 3-3 illustriert.

Abb. 3-3

Permanente Kapitalakkumulation: Variierende Einperiodenrenditen versus äquivalente Einperiodenrendite

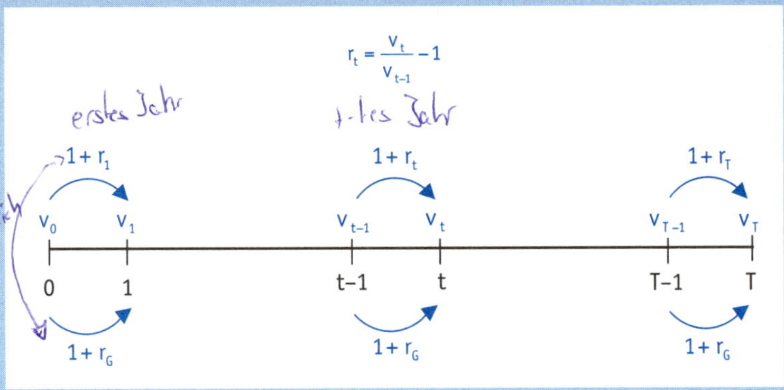

Geometrisch annualisierte Rendite

Es gilt somit der Zusammenhang $v_T = v_0(1+r_G)^T = v_0(1+r_1) \cdot \ldots \cdot (1+r_T)$. Die korrekte Durchschnittsrendite ist daher gegeben durch das geometrische Mittel r_G (*geometrisch annualisierte Rendite*)

(3.11 $r_G = \sqrt[T]{(1 + r_1) \cdot \ldots \cdot (1 + r_T)} - 1 = \sqrt[T]{\prod_{t=1}^{T} (1 + r_t)} - 1$.

Arithmetisch annualisierte Rendite

Neben dem geometrischen Mittel wird aber auch das arithmetische Mittel r_A (*arithmetisch annualisierte Rendite*) als Maß für die durchschnittliche Verzinsung benutzt:

(3.12) $r_A = \frac{1}{T} \cdot (r_1 + ... + r_T) = \frac{1}{T} \cdot \sum_{t=1}^{T} r_t$.

Allgemein gilt hierbei stets $r_A \geq r_G$ (das Gleichheitszeichen gilt nur bei $r_1 = ... = r_T$). Hieraus folgt, dass bei Vornahme einer arithmetischen Annualisierung im Vergleich zur korrekten Berechnung der Durchschnittsrendite auf Basis einer geometrischen Annualisierung die Rendite systematisch zu hoch ausfällt. Zu einem Beweis dieser Aussage vergleiche man Anhang 3I.

Beispiel 3.6

▸▸▸ Wir betrachten den Fall identischer Periodenrenditen, d. h. $r_1 = ... r_T = r$.
Es gilt dann:

$$r_A = \frac{T \cdot r}{T} = r$$

$$r_G = \sqrt[T]{(1+r)^T} - 1 = r\,.$$

Die arithmetisch annualisierte Rendite und die geometrisch annualisierte Rendite sind in diesem Fall offenbar identisch. ◂◂◂

Beispiel 3.7 **Arithmetisch vs. geometrisch annualisierte Rendite**

▸▸▸ Entwicklung Aktienkurs: $v_0 = 75$; $v_1 = 120$; $v_2 = 75$

Rendite in Periode 1	Rendite in Periode 2
$r_1 = \frac{120 - 75}{75} = 0.6\ (60\%)$	$r_2 = \frac{75 - 120}{120} = -0.375\ (-37.5\%)$

Arithmetisch annualisierte Rendite:

$$r_A = \frac{1}{2} \cdot (0.6 - 0.375) = 0.1125\ (11.25\%)$$

Geometrisch annualisierte Rendite:

$$r_G = \sqrt{(1+0.6)(1-0.375)} - 1 = \sqrt{(1.6) \cdot 0.625} - 1 = \sqrt{1} - 1 = 0\ (0\%)$$

Offenbar liefert nur die geometrisch annualisierte Rendite das korrekte Ergebnis. ◂◂◂

3.2.4 Mehrperiodige Investments mit zwischenzeitlichen Rückflüssen

Standardinvestment

Wir kommen schließlich zu alternativen Renditekonzeptionen für mehrperiodige Investments. Wir beschränken uns hierbei der Einfachheit halber auf ein Investment in Form eines Standardinvestments, charakterisiert durch eine Zahlungsreihe der Form $\{-az_0, z_1, \ldots, z_T\}$. Dabei bezeichnet az_0 den anfänglichen Investmentbetrag sowie $z_1, \ldots, z_T$ die positiven Rückflüsse aus dem Investment, d. h. $z_t > 0$.

Effektivverzinsung

Wiederanlageproblematik

Die primäre Zielsetzung ist dabei, wie bereits in Abschnitt 3.2.1 ausgeführt, die Bestimmung der tatsächlichen Rentabilität (effektive Rendite) des eingesetzten Kapital az_0 über den Gesamtzeitraum [0,T] des Investments. Hierfür muss (grundsätzlich) die Wertentwicklung der Rückflüsse bis zum Zeitpunkt T spezifiziert werden (Wiederanlageproblematik). Die einzelnen Methoden unterscheiden sich dann hinsichtlich der jeweils in sie eingehenden Wiederanlageprämisse.

Wir betrachten zunächst zwei Standardbeispiele für mehrperiodige Investments.

I. Festzinsinvestment:
Ein festverzinslicher Finanztitel werde zum Emissionszeitpunkt $t = 0$ zum Kurs K_0 gekauft und weise die Rückflüsse (Zins- und Tilgungszahlungen) $z_1, \ldots, z_T$ auf. Das Papier ist charakterisiert durch die Zahlungsreihe $\{-K_0, z_1, \ldots, z_T\}$.

Die Wiederanlageproblematik resultiert in diesem Fall aus der Wiederanlage der Rückflüsse. !

II. Mehrperiodiges Aktieninvestment:
Eine Aktie werde in $t = 0$ unmittelbar nach einer erfolgten Dividendenzahlung zum Ex-Dividenden-Kurs K_0 gekauft. Zu den Zeitpunkten $t = 1, \ldots, T$ erfolge jeweils eine Dividendenzahlung in Höhe von D_t. Zum Zeitpunkt $t = T$ werde die Aktie zum Ex-Dividenden-Kurs (d. h. dem Kurs unmittelbar nach erfolgter Dividendenzahlung) K_T verkauft. Die Zahlungsreihe dieser Investition ist gegeben durch

$$\{-K_0, D_1, \ldots, D_{T-1}, D_T + K_T\}$$

Die Wiederanlageproblematik resultiert in diesem Fall aus der Wiederanlage der Dividendenzahlungen.

Durchschnittliche Rendite

Wir wenden uns nun einer ersten Renditekonzeption zu, dem Ansatz der *durchschnittlichen Rendite*. Diese ist gegeben durch

macht am wenigsten Sinn bzw. nur für 1 Jahr

$$(3.13)\quad r_D = \frac{1}{T} \cdot \frac{\sum_{t=1}^{T} z_t - az_0}{az_0} \quad . \qquad \frac{1}{T} \cdot \frac{V_T - V_0}{V_0}$$

Im Falle $T = 1$ entspricht die durchschnittliche Rendite dabei der Einperiodenrendite. Im Falle $T > 1$ wird die Möglichkeit der Wiederanlage der Rückflüsse ignoriert bzw. ein Wiederanlagezins in Höhe von Null angesetzt. Zudem wird der Prozess der Verzinsung nicht korrekt modelliert (man vergleiche zu einem korrekten Ansatz die späteren Ausführungen zum modifizierten internen Zinsfuß).

Beispiel 3.8 Durchschnittliche Rendite

▸▸▸ $az_0 = 100;\ z_1 = 40;\ z_2 = 70$

Durchschnittliche Rendite:

$$r_D = \frac{1}{2} \cdot \left(\frac{(40+70)-100}{100} \right) = 0.05\ (5\%) \ .$$

Nun ergibt die Anlage von az_0 über zwei Perioden zu einem Zinssatz von 5%

$az_0 \cdot (1.05)^2 = 100(1.05)^2 = 110.25.$

Andererseits ergibt die Wiederanlage der Rückflüsse zu 5%

$z_1 \cdot (1.05) + z_2 = 40(1.05) + 70 = 112.$

Dieses Resultat offenbart, dass die Rendite auf Basis der eingeschlagenen Vorgehensweise nicht korrekt ermittelt wurde. ◂◂◂

Interner Zinsfuß, interne Rendite

Als zweite Konzeption zur Renditebestimmung betrachten wir den *internen Zinsfuß* (*interne Rendite, internal rate of return*). Die Bezeichnung interner Zinsfuß rührt daher, dass zu seiner Berechnung nur die Kenntnis der Zahlungsreihe selbst benötigt wird und keine weitergehenden exogenen Informationen. Der interne Zinsfuß r_I eines Investments $\{-az_0, z_1, \ldots, z_T\}$ ist dann dabei derjenige Zins, bei dessen Ansatz als Diskontierungsfaktor der Kapitalwert des Investments den Wert Null annimmt. Zu lösen ist somit die Gleichung (Barwertvariante)

$$\text{(3.14a)} \quad K_0(r) = -az_0 + \sum_{t=1}^{T} z_t \cdot (1+r)^{-t} = 0$$

bzw. äquivalent (Endwertvariante)

$$\text{(3.14b)} \quad K_T(r) = -az_0 \cdot (1+r)^T + \sum_{t=1}^{T} z_t \cdot (1+r)^{T-t} = 0$$

im Bereich $r \geq -1$ (der Extremfall $r = -1$ würde dabei dem kompletten Verlust des eingesetzten Kapitals entsprechen). Der interne Zinsfuß r_I ist dann die Lösung $r = r_I$ von (3.14a) oder alternativ (3.14b). Durch entsprechende Umformungen von (3.14a) bzw. (3.14b) erhält man als weitere äquivalente Varianten die Bedingungen

$$\text{(3.14c)} \quad az_0 = \sum_{t=1}^{T} z_t \cdot (1+r)^{-t}$$

$$\text{(3.14d)} \quad az_0 \cdot (1+r)^T = \sum_{t=1}^{T} z_t \cdot (1+r)^{T-t} \ .$$

Interpretation interne Rendite

Der anfängliche Investmentbetrag muss somit dem Barwert der Rückflüsse aus dem Investment entsprechen und der Endwert des anfänglichen Investments entsprechend dem Endwert der Rückflüsse. Die Beziehung (3.14c) liefert zugleich den Ausgangspunkt für eine Interpretation der internen Rendite. Die interne Rendite entspricht demjenigen Zinssatz, bei dessen Ansatz die Anfangsauszahlung dem fairen Wert der Zahlungsreihe der Rückflüsse aus dem Investment entspricht (man vergleiche hierzu die Interpretation des Barwerts als fairen Wert in Abschnitt 3.1).

Setzt man $x = 1 + r$ und betrachtet den Fall $T = 2$, so führt die Endwertvariante (3.14b) auf die Gleichung

$-az_0x^2 + z_1x + z_2 = 0,$

mithin einem Spezialfall der quadratischen Gleichung

$$ax^2 + bx + c = 0$$

mit der Standardlösung

$$x_{1,2} = \frac{-b \pm \sqrt{b^2 - 4ac}}{2a}.$$

Im allgemeinen Fall führt die Interne Zinsfuß-Gleichung auf die Problematik der Nullstellenbestimmung von Polynomen. Diese wird in Anhang 3B erörtert.

Existenz interner Zinsfuß

Im Falle eines Standardinvestments $\{-az_0, z_1, \ldots, z_T\}$ liegt nur ein Vorzeichenwechsel vor. Aus der Descarteschen Zeichenregel (auch: Cartesische Zeichenregel) lässt sich in diesem Falle ableiten, dass *genau ein* interner Zinsfuß $r_I > -1$ existiert. Ist darüber hinaus (man spricht dann von einem *Normalinvestment*) das sogenannte Deckungskriterium

Normalinvestment

$$\sum_{t=1}^{T} z_t > az_0$$

erfüllt, d. h., die Summe der Rückflüsse übersteigt die Anfangsinvestition (äquivalent hierzu ist offenbar $K_0(0) > 0$), so existiert sogar *genau ein positiver* interner Zinsfuß $r_I > 0$. Ein entsprechender Beweis wird in Anhang 3D gegeben. In Anhang 3E beschäftigen wir uns ferner mit allgemeinen Kriterien, unter denen die Eindeutigkeit und die Positivität der internen Rendite gewährleistet sind.

Kapitalwertfunktion

Die Abbildung 3-4 illustriert den Zusammenhang zwischen Kapitalwertfunktion $K_0(r)$ – der Variation des Kapitalwerts in Abhängigkeit vom Diskontierungszinssatz (hier: $r \geq 0$) – und dem internen Zinsfuß r_I.

Abb. 3-4

Kapitalwertfunktion und interner Zinsfuß bei einem Normalinvestment

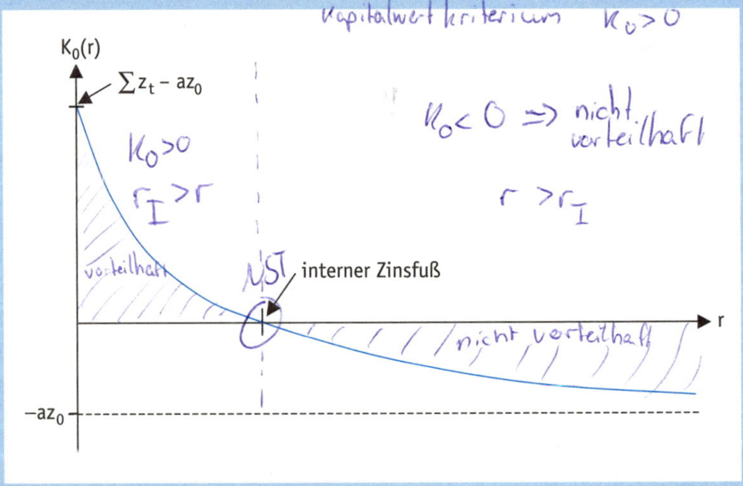

Interne-Rendite-Kriterium

Der interne Zinsfuß ist derjenige Diskontierungsfaktor, unter dem der Kapitalwert den Wert null annimmt. Nach den Ausführungen des Abschnitts 1.4 ist ein positiver Kapitalwert die Voraussetzung für die Durchführung einer Investition (Kapitalwertkriterium). Die interne Rendite ist somit diejenige Rendite, die genau die *Grenze zwischen der Durchführung und der Nicht-Durchführung* der Investition markiert. Dies führt zu dem folgenden *Interne-Rendite-Kriterium* zur Beurteilung der Vorteilhaftigkeit einer Investition

$$r_I > r,$$

wobei r der der Kapitalwertberechnung zugrunde gelegte Diskontierungsfaktor ist, sprich im Falle eines vollkommenen Kapitalmarkts der Marktzins. Wie die Abbildung 3-4 deutlich macht, sind Kapitalwertkriterium und Interne Rendite-Kriterium im Falle eines einzelnen Normalinvestments äquivalent. Diese Eigenschaft gilt nicht mehr für Nicht-Normalinvestments und ebenso nicht für den Fall des Vergleichs mehrerer Investments (auch wenn alles Normalinvestments sind). Die interne Rendite als Maßstab für die Vorteilhaftigkeit von Investments ist also mit großer Vorsicht zu betrachten. Dies gilt ebenso aufgrund der Problematik der internen Rendite als korrektem Maßstab für die Effektivverzinsung eines Investments, auf die wir noch zurückkommen werden. Betrachten wir zuvor aber noch einige Standardanwendungen der internen Rendite.

Spot Rates

Die internen Renditen der Einheitszerobonds werden als *Spot Rates* bezeichnet. Ist b(0,t) der Preis des Einheitszerobonds mit Laufzeit t, so lautet die Interne-Rendite-Gleichung

$$b(0,t) = 1 \cdot (1+r)^{-t}.$$

Aus der entsprechenden Auflösung nach $r = r_I(t)$ resultiert hieraus

$$(3.15)\quad r_I(t) = \sqrt[t]{\frac{1}{b(0,t)}} - 1.$$

Beispiel 3.9 **Spot Rate**

▸▸▸ Zu bestimmen ist die interne Rendite eines Zerobonds mit Rückzahlung N = 100 in 8 Jahren, der einen heutigen Kurs von 65.40 Euro aufweist.

Es gilt:

Interne Rendite-Gleichung (Endwertform): $100 = 65.40 \cdot (1+r)^8$

Interne Rendite: $r_I(8) = \sqrt[8]{\frac{100}{65.40}} - 1 = 0.0545 \quad (5.45\%)$. ◂◂◂

Yield to Maturity

Wenden wir uns damit einem weiteren Problemkreis zu, der Bestimmung der internen Rendite eines Bondinvestments. In diesem Kontext wird die interne Rendite auch als *Yield to Maturity* (YTM) bezeichnet.

Beispiel 3.10 **Yield to Maturity Standardbond**

▸▸▸ Betrachtet werde ein zweijähriger Standardbond mit 6.8% Nominalzins, Nennwert N = 100 und einem heutigen Kurs von 98.20 Euro. Bestimmen Sie die interne Rendite!

Zahlungsstrom: {−98.20, 6.8, 106.8}

Interne Rendite-Gleichung: (Endwertform, q = 1+r, Multiplikation mit -1)

$$98.20 \cdot q^2 - 6.8 \cdot q - 106.8 = 0$$

Lösung: $q_{1,2} = \dfrac{6.8 \pm \sqrt{46.24 + 41\,951.04}}{196.40} = \dfrac{6.8 \pm 204.93}{196.40}$

Zulässige Lösung: $q_I = 1.0781$ bzw. $r_I = 0.0781$ (7.81%). ◂◂◂

Beispiel 3.11 **Yield to Maturity eines Pari-Bonds**

▸▸▸ Ein Standardbond mit Restlaufzeit T, einem Nennwert N und einem Nominalzins in Höhe von i notiere in t = 0 zu pari, d. h. es gilt $az_0 = N$. Der Barwert der Rückflüsse des Bond ergibt sich aus der Beziehung (3.4). Die Interne Rendite-Gleichung lautet somit in diesem Fall

$$N = N\left[\frac{i}{r} + \left(1 - \frac{i}{r}\right)(1+r)^{-T}\right].$$

Offensichtlich ist diese Gleichung gerade für r = i erfüllt, d. h. bei einem zu pari notierenden Standardbond entspricht die Yield to Maturity gerade dem Nominalzins. Dieses Ergebnis ist spiegelbildlich zu dem Ergebnis des Abschnitts 3.1, dass im Falle r = i (Marktzins gleich Nominalzins) der faire Preis des Standardbonds gerade seinem Nennwert entspricht. ◂◂◂

Effektivzinssatz nach ISMA

Eine allgemeine international anerkannte Zinskonzeption ist der *Effektivzinssatz nach ISMA* (International Securities Market Association, früher: AIBD: Association of International Bond Dealers). Der Effektivzinssatz eines Zahlungsstroms $\{z(t_1), \ldots, z(t_n)\}$, $0 < t_1 < \ldots < t_n$, ist hierbei Lösung der Gleichung:

$$(3.16) \quad P_0(r) = \sum_{i=1}^{n} z(t_i) \cdot (1+r)^{-t_i} \; .$$

Basis des Effektivzinssatzes nach ISMA ist somit offenbar die interne Rendite im Kontext des verallgemeinerten Zahlungsstrommodells.

Zur Bestimmung des Effektivzinssatzes einer Zahlungsreihe der Form $\{z(t_1), \ldots, z(t_n)\}$ existieren diverse Praxisvarianten (Braess-Fangmeyer, Moosmüller; man vgl. hierzu etwa Kruschwitz 2010, Abschnitt 4.5). Diese unterscheiden sich primär durch den spezifischen Zinsansatz für unterjährige Perioden.

Ökonomische Problematik des internen Zinsfußes

Wenden wir uns damit der ökonomischen Problematik des internen Zinsfußes als Maßzahl für die Effektivverzinsung eines eingesetzten Kapitals zu. Die Endwertvariante (3.14d) zur Bestimmung der internen Rendite in der Form

$$az_0 \cdot (1+r_I)^T = \sum_{t=1}^{T} z_t \cdot (1+r_I)^{T-t}$$

legt die implizite Wiederanlageprämisse der Internen Zinsfuß-Methode offen. Es wird angenommen, dass sämtliche Wiederanlagen zum internen Zinsfuß des Ausgangsinvestments vorgenommen werden. Dies ist jedoch äußerst unrealistisch, denn der interne Zinsfuß ist ja gerade charakteristisch für das Ausgangsinvestment und nicht für Folgeinvestments. Die interne Rendite spiegelt zunächst einmal nur die spezifischen Verhältnisse des Ausgangsinvestments wider und nicht die der Reinvestitionen. Der interne Zinsfuß beinhaltet somit im Allgemeinen eine verzerrte Messung der Effektivverzinsung. Diese Problematik entfällt (natürlich auch bei alternativen Renditekonzeptionen) bei Investments in Form eines Zerobonds.

Im Weiteren betrachten wir ein Beispiel, um die angesprochene verzerrte Messung der Effektivverzinsung durch die Interne Zinsfuß-Methode zu illustrieren.

Beispiel 3.12 **Problematik der internen Rendite**

Problematik interne Rendite

▸▸▸ Ein Investor erwerbe einen Festzinstitel mit einem Nennwert von 100 000 Euro, einer dreijährigen Laufzeit und einer Nominalverzinsung von 3% zu einem Kurs von 94.5535%. Unter Ausblendung von Gebühren und steuerlichen Effekten investiert er somit 94 553.50 Euro, erhält nach Ende des ersten Jahres einen Kupon in Höhe von 3 000 Euro, am Ende des zweiten Jahres einen weiteren Kupon in Höhe von 3 000 Euro und nach Ablauf von 3 Jahren schließlich einen Rückfluss von 103 000 Euro (Kupon plus Tilgung). Die interne Rendite r ergibt sich dann als Lösung der Gleichung

$$94\,553.50(1+r)^3 = 3\,000(1+r)^2 + 3\,000(1+r) + 103\,000,$$

wobei hier die Endwertform der Gleichung für die interne Rendite gewählt wurde. Als Lösung dieser Gleichung ergibt sich $r = 0.05$, d. h. eine interne Rendite in Höhe von 5%.

Bei einer alternativen Anlage zu einer jährlichen Verzinsung von 5% würde der anfänglich investierte Betrag nach drei Jahren auf $94\,553.50(1.05)^3 = 109\,457.50$ Euro anwachsen. Das Investment in den Zinstitel führt also nur dann zu einer Effektivverzinsung des investierten Kapitals von 5%, wenn der Investor am Ende der Laufzeit ebenfalls über ein Vermögen von 109 457.50 Euro verfügt. Dies ist – wie die rechte Seite der Gleichung für die interne Rendite offenlegt – wiederum dann und nur dann der Fall, wenn die Kupons am Ende des ersten und des zweiten Jahres jeweils wieder zu 5% – d. h. zu genau der internen Rendite des Ausgangsinvestments (Festzinstitel) – bis zum Ende der Laufzeit wieder angelegt werden können:

$$(3\,000)(1.05)^2 + (3\,000)(1.05) + 103\,000 = 3\,150 + 3\,307.50 + 103\,000 = 109\,457.50$$

Kann aber für die Wiederanlage des Kupons nur eine Rendite erwirtschaftet werden, die *geringer* als 5% ist, dann sinkt dieser Endwert und damit ist auch die durch den Erwerb des Festzinstitels erwirtschaftete Effektivverzinsung geringer als 5%. ◂◂◂

Betrachten wir noch ein zweites Beispiel, das unter Zugrundelegung einer anderen Perspektive die Problematik der internen Rendite verdeutlicht.

Beispiel 3.13 **Vorgabe eines Sparziels**

▸▸▸ Ein Privatinvestor verfüge über einen investierbaren Betrag von 100 000 Euro, den er über 10 Jahre anlegen möchte. Sein Sparziel für das Ende des Anlagehorizonts leitet er aus der Anforderung einer jährlichen Verzinsung des vorhandenen Vermögens in Höhe von 5% ab. Entsprechend beträgt das Sparziel des Privatinvestors $100\,000(1.05)^{10} = 162\,889.46$ Euro.

Am Markt sei nun ein zu pari notierender Standardbond mit 10 Jahren Laufzeit, einem Nominalwert von 100 000 Euro sowie einem Nominalzins von 5%, d. h. einem jährlichen nachschüssigen Kupon in Höhe von 5 000 Euro, erhältlich. Gemäß Beispiel 3.11 entspricht die interne Rendite dieses Bonds gerade dem Nominalzins, d. h. 5%. Es stellt sich daher die Frage, ob der Erwerb eines Standardbonds mit diesen Konditionen die Erfüllbarkeit des Sparziels des Privatanlegers bereits sichert. Die Erreichung des Sparziels ist offenbar abhängig von dem mit dem Investment realisierbaren Endwert und dieser wiederum hängt ab von dem für die Wiederanlage der Kupons realisierbaren Wiederanlagezins. Unter der Annahme alternativer Wiederanlagezinsen ergeben sich die folgenden – am einfachsten unter Verwendung der Rentenendwertfaktoren aus Abschnitt 2.1 berechenbaren – Endwerte:

150 000.00 Euro – (Wiederanlagezins 0%)
152 311.06 Euro – (1%)
154 748.61 Euro – (2%)
157 319.40 Euro – (3%)
160 030.54 Euro – (4%)
162 889.46 Euro – (5%).

Wie ersichtlich ist damit das Sparziel des Investors nicht automatisch durch den Erwerb eines Standardbonds erfüllt, dessen Nominalzins oder dessen interne Rendite der jährlichen Verzinsungsanforderung des Anlegers entspricht, sondern nur dann, wenn auch die Wiederanlage der Kupons dieser Verzinsungsanforderung genügt. ◂◂◂

Alternative Interpretation interne Rendite

Abschließend soll noch festgehalten werden, dass die interne Rendite aber auch einer alternativen Interpretation zugänglich ist, im Rahmen derer die am Beispiel 3.12 dargestellte Problematik nicht mehr entsteht. Diese alternative Interpretation beruht auf der folgenden äquivalenten Darstellung von (3.14b):

$$\text{(3.17)}\quad \left[[az_0 \cdot (1+r_I) - z_1] \cdot (1+r_I) - \ldots - z_{T-1}\right] \cdot (1+r_I) - z_T = 0 .$$

Die interne Rendite gibt daher in korrekter ökonomischer Interpretation die Effektivverzinsung des *jeweils noch gebundenen Kapitals* an – im Unterschied zur Effektivverzinsung des *anfänglich eingesetzten Kapitals*.

Betrachten wir auch hierzu ein Beispiel.

Beispiel 3.14 **Reinterpretation der internen Rendite**

▸▸▸ Nimmt man die Interne Zinsfuß-Gleichung des Beispiels 3.12 als Ausgangspunkt, so kann man diese auch schreiben als

$$94\,553.50(1+r)^3 - 3\,000(1+r)^2 - 3\,000(1+r) - 103\,000 = 0.$$

Dies kann man äquivalent auch schreiben als

$$\{[94\,553.50(1+r) - 3\,000](1+r) - 3\,000\}(1+r) - 103\,000 = 0.$$

In Einzelschritte zerlegt führt dies – unter Ansatz der konkreten internen Rendite von 5% – auf die folgende Entwicklung des jeweils (unter expliziter Berücksichtigung von Zinseffekten) noch gebundenen Kapitals:

t = 0	94 553.50
t = 1	94 553.50 (1.05) – 3 000 = 99 281.18 – 3 000 = 96 281.18
t = 2	96 281.18 (1.05) – 3 000 = 101 095.23 – 3 000 = 98 095.23
t = 3	98 095.23 (1.05) – 103 000 = 103 000 – 103 000 = 0 .

Die Interpretation dieser Kapitalentwicklung lautet wie folgt. Die durch den Erwerb des Festzinstitels gebundenen 94 553.50 Euro würden bei einer alternativen Anlage zu fünf Prozent nach einem Jahr auf 99 281.18 Euro angestiegen sein. Die Kapitalbindung durch Erwerb des Titels am Ende des Jahres beträgt daher 99 281.18 Euro. Nach erfolgter teilweiser Freisetzung des gebundenen Kapitals durch die Zahlung des Kupons in Höhe von 3 000 Euro beträgt die Kapitalbindung noch 96 281.18 Euro. Analog sind die weiteren Schritte der vorstehenden zeitlichen Entwicklung der Kapitalbindung zu interpretieren. Am Ende des dritten Jahres ist mit der letzten Kuponzahlung und der Tilgung des Nominalbetrags das gebundene Kapital dann vollständig frei gesetzt. ◂◂◂

Allerdings ist anzumerken, dass der praktische Nutzwert dieser alternativen Interpretation der internen Rendite zumindest für den Vorteilhaftigkeitsvergleich von Investments gering ist, da unterschiedliche Investments in aller Regel einen unterschiedlichen Verlauf der Kapitalbindung aufweisen.

Modifizierte interne Rendite

Die Problematik der Wiederanlageprämisse, die der internen Rendite zugrunde liegt, bildet den Ausgangspunkt für die *modifizierte interne Rendite* (*Baldwin-Verzinsung*). Diese Methode erlaubt die Berücksichtigung eines realistischen Wiederanlagezinses r_0.

Die Vorgehensweise zur Bestimmung der modifizierten internen Rendite lautet wie folgt:

1. Spezifiziere einen Wiederanlagezinssatz r_0
2. Bestimme den zugehörigen Endwert der Rückflüsse
3. Bestimme den Zinsfuß r_B, unter dem der Investitionsbetrag auf diesen Endwert wächst.

$V_0(1+r)^T = V_T$

Formal ergibt sich die Endwertgleichung

$$\text{(3.18)}\quad az_0 \cdot (1+r_B)^T = \sum_{t=1}^{T} z_t \cdot (1+r_0)^{T-t} = (1+r_0)^T \cdot \sum_{t=1}^{T} z_t \cdot (1+r_0)^{-t} \quad .$$

Als explizite Lösung dieser Gleichung resultiert hieraus

$$(3.19)\quad r_B = (1+r_0)\cdot \sqrt[T]{\frac{1}{az_0}\cdot \sum_{t=1}^{T} z_t \cdot (1+r_0)^{-t}} - 1 \quad .$$

Es existiert damit stets eine eindeutige und zudem mathematisch einfach ermittelbare Lösung. Aufgrund der expliziten Berücksichtigung des Wiederanlagezinssatzes werden allerdings zusätzliche Informationen im Vergleich zur Internen Zinsfuß-Methode benötigt.

Beispiel 3.15 **Modifizierte interne Rendite**

▸▸▸ Nehmen wir in Fortführung des Beispiels 3.12 an, dass die rückfließenden Kupons am Ende des ersten und des zweiten Jahres sich mit einer realistischen Wiederanlagerendite r_0 verzinsen. Dann ergibt sich der Endwert der Rückflüsse zu

$$3\,000(1+r_0)^2 + 3\,000(1+r_0) + 103\,000.$$

Wäre die Effektivverzinsung r_B des anfänglich eingesetzten Kapitals bekannt, dann würde das anfänglich eingesetzte Kapital über drei Jahre wachsen auf

$$94\,553.50(1+r_B)^3.$$

Ein Gleichsetzen dieser beiden Endwerte mit anschließender Auflösung nach der gesuchten Effektivverzinsung liefert zunächst den folgenden Ausdruck:

$$r_B = \left[\frac{3\,000(1+r_0)^2 + 3\,000(1+r_0) + 103\,000}{94\,553.50}\right]^{1/3} - 1.$$

Betrachtet man sinnvoller Weise nur sichere Investments als Möglichkeiten für eine Wiederanlage, so gilt $r_0 \geq 0$. Der Fall $r_0 = 0$ liefert dann zum einen eine belastbare Untergrenze für die realisierbare Effektivverzinsung und entspricht gleichzeitig dem Fall, dass die Kupons nicht wiederangelegt werden bzw. die Wiederanlage der Kupons ausgeblendet wird. Im Falle $r_0 = 0$ resultiert eine Effektivverzinsung von

$$r_B = \left[\frac{109\,000}{94\,553.50}\right]^{1/3} - 1 = 0.0485$$

Die Effektivverzinsung beträgt in diesem Falle somit 4.85%.

Nimmt man hingegen an, dass die Wiederanlage der Kupons zu einer Rendite von (mindestens) 2% per annum erfolgt, so resultiert hieraus eine Effektivverzinsung des anfänglich investierten Kapitals von (mindestens)

$$r_B = \left[\frac{3\,000(1.02)^2 + 3\,000(1.02) + 103\,000}{94\,553.50}\right]^{1/3} - 1 = 0.0491.$$

Die Effektivverzinsung beträgt in diesem Falle somit 4.91%. ◂◂◂

Nun kann man gegen diese Vorgehensweise grundsätzlich einwenden, dass der resultierende Effektivzins offenbar von der Höhe des angenommenen Wiederanlagezinses abhängt. Dies ist in der Tat so, allerdings ist dies auch bei der Internen Zinsfuß-Methode der Fall, wenn auch weniger transparent. Grundsätzlich kann keine valide Methode zur Berechnung der Effektivverzinsung eines anfänglich eingesetzten Kapitals ohne eine entsprechende Annahme (»Wiederanlageprämisse«) auskommen. Die entscheidende Frage ist alleine, wie realistisch die getroffene Wiederanlageprämisse ist. Eine verbesserte Abschätzung der Effektivverzinsung gegenüber der internen Rendite lässt sich immer dann erreichen, wenn die Qualität der getroffenen Wiederanlageprämisse gegenüber der Internen Zinsfuß-Methode (d. h. Wiederanlage zur internen Rendite) verbessert wird. Zudem stellt (im Falle von sicheren Investments) die Annahme eines Wiederanlagezinses in Höhe von Null eine belastbare Untergrenze für eine realistische Effektivverzinsung dar.

$r_0 = r_I$

3.2.5 Rendite von Fondsinvestments

Zielsetzungen

Die Adäquanz einer Renditegröße im Kontext von Fondsinvestments ist abhängig von der mit der Renditebestimmung verbundenen Zielsetzung. Als primäre Ziele kommen hierbei in Frage:

- Die Messung der reinen Managementleistung
  Es sollen nur die durch das Fondsmanagement beeinflussbaren Dispositionen berücksichtigt werden.
- Die Messung der Gesamtperformance
  Es soll eine Beurteilung des Gesamterfolgs der Anlage aus Sicht des Investors erfolgen.

Erfolgen während der Laufzeit des Investmentfonds Einzahlungen in den Fonds bzw. Entnahmen aus dem Fonds, die nicht der Disposition des Fondsmanagements unterliegen, so gelangt man – wie die folgenden Analysen zeigen werden – bei Einnahme dieser unterschiedlichen Sichtweisen in der Tat zu unterschiedlichen Ergebnissen. Die grundlegende Situation ist in Abbildung 3-5 dargestellt.

Zahlungsmodell

Zur Analyse dieser Situation konzipieren wir zunächst ein allgemeines Zahlungsmodell für die Entwicklung des Gesamtwerts eines Fonds und zerlegen hierzu den Betrachtungszeitraum [0,T] in äquidistante Teilperioden (Monate, Jahre) [0,1], [1,2], ..., [T-1,T]. Wir treffen dann die folgenden Notationen:

v_0 = (Gesamt-)Wert des Fonds zu Beginn des Betrachtungszeitraums
v_1 = Wert des Fonds am Ende der ersten Teilperiode
$v_1 + z_1$ = Wert des Fonds zu Beginn der zweiten Teilperiode
v_2 = Wert des Fonds am Ende der zweiten Teilperiode
$v_2 + z_2$ = Wert des Fonds zu Beginn der dritten Teilperiode
⋮
v_T = Wert des Fonds am Ende des Betrachtungszeitraums

Dabei bezeichnen die Größen z_t die Nettozahlungen in ($z_t > 0$) bzw. aus ($z_t < 0$) dem Fonds zu den Zeitpunkten $t = 1,\ldots,T-1$, wobei wir davon ausgehen, dass diese jeweils exakt zu Periodenbeginn (bzw. fiktiv in der logischen Sekunde zwischen

Abb. 3-5

Beispielhafte Fondsentwicklung mit zwischenzeitlichen Zahlungen

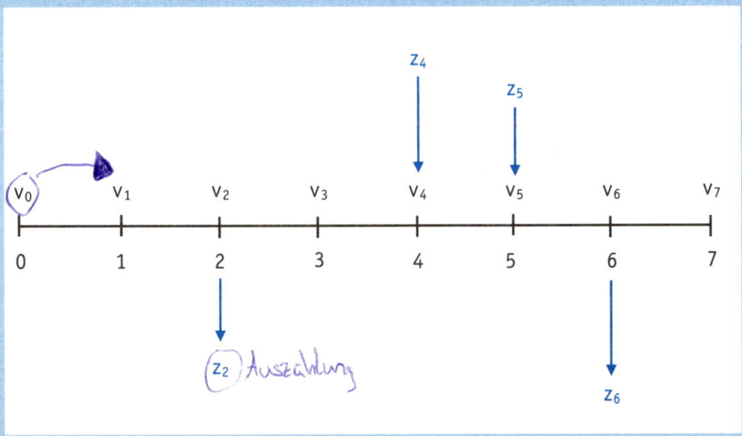

den Perioden [0,1], [1,2], ..., [T-1,T]) erfolgen. Im Fall $z_t = 0$ ist die Nettozahlung gerade gleich Null. Nettozahlung bedeutet hierbei, dass über alle Zu- und Abflüsse bedingt durch entsprechende Dispositionen der Einzelanleger saldiert wird. Insgesamt wird der Fonds somit aus einer kollektiven Sichtweise, d. h. über alle Einzelanleger aggregiert, betrachtet. Die Menge der einzelnen Anleger kann dabei in t = 0,...,T-1 variieren, d. h. die Einzahlungen in t = 1,...,T-1 können sowohl durch die Startgeneration als auch durch neue Anleger getätigt werden. Auszahlungen sind partielle oder komplette Desinvestitionen seitens der jeweils vorhandenen Anleger.

Wir treffen als weiteres die Annahme, dass ein thesaurierender Fonds vorliegt. Abflüsse sind daher stets nur Desinvestitionen seitens der Investoren und keine Ausschüttungen aus dem Fonds. Der allgemeine Fall eines nicht-thesaurierenden Fonds wird in Anhang 3K behandelt.

Die um Kapitalzuführungen bzw. -entnahmen modifizierte Rendite der Periode [t-1,t] (t = 1,...,T) ist ($z_0 := 0$) dann gegeben durch

$$(3.20)\quad r_t = \frac{v_t - (v_{t-1} + z_{t-1})}{v_{t-1} + z_{t-1}} = \frac{v_t}{v_{t-1} + z_{t-1}} - 1.$$

Der Wertzuwachs einer Periode ist dabei jeweils auf das gesamte zu Beginn der Periode investierte Kapital zu beziehen.

Zeitgewichtete Rendite (Perspektive Fondsmanager)

Die jeweiligen Einperiodenrenditen der Teilperioden geben dabei die Rendite des in der jeweiligen Teilperiode gebundenen Kapitals an. Hieraus ergibt sich gemäß den Ausführungen des Abschnitts 3.2.3 die zeitgewichtete Gesamtrendite zu

$$(3.21)\quad r_{ZGR}(0,T) = \left[\prod_{t=1}^{T} (1+r_t)\right] - 1 = \left[\prod_{t=1}^{T} \frac{v_t}{v_{t-1} + z_{t-1}}\right] - 1,$$

bzw. in annualisierter Form die *zeitgewichtete Rendite* zu

$$(3.22)\quad r_{ZGR} = \sqrt[T]{\prod_{t=1}^{T}(1+r_t)} - 1.$$

BVI-Methode

Die nicht im Einflussbereich des Fondsmanagers liegenden Timing-Effekte von externen Einlagen in den Fonds oder Entnahmen aus dem Fonds werden durch diese Vorgehensweise neutralisiert. Die zeitgewichtete Rendite stellt ein von der zeitlichen und betraglichen Struktur der Mittelzu- und -abflüsse unabhängiges Renditemaß dar. Die zeitgewichtete Rendite (*Time Weighted Rate of Return*, TWR) bildet somit ein geeignetes Maß für die Beurteilung der Leistung des Fondsmanagers, da dieser keinerlei Einfluss auf die Höhe z_t der Zu- bzw. Abflüsse besitzt. In Anhang 3K ist eine weitere in der Investmentpraxis weit verbreitete Renditekonzeption dargestellt, die BVI-Methode, die auf dem Anteilswertkonzept beruht. Es zeigt sich, dass die BVI-Methode und der TWR-Ansatz im Wesentlichen äquivalent sind.

Bisher haben wir die Perspektive des Fondsmanagers eingenommen. Dieser hat keinerlei Einfluss auf die Dispositionen der Anleger in den Fonds.

Wenden wir uns nunmehr der Perspektive der Investoren zu. Für diese ist das Fondsinvestment ein mehrperiodiges Investment, wie es in Abschnitt 3.2.4 behandelt worden ist. Gehen wir der Einfachheit wegen (um die bisherige Notation beibehalten zu können) davon aus, dass nur ein einzelner Investor (etwa ein großer institutioneller Investor wie im Falle eines Spezialfonds) existiert, dem sämtliche Zahlungen (konkret v_0, z_1, ..., z_{T-1}) zuzurechnen sind. Aus seiner Sicht ergibt sich die folgende Zahlungsreihe aus seinem Fondsinvestment:

$$\{-v_0, -z_1, ..., -z_{T-1}, v_T\}\ .$$

Kapitalgewichtete Rendite (Perspektive Investor)

Die interne Rendite r_I dieser Zahlungsreihe wird im Zusammenhang mit der Fondsperformancemessung auch *kapitalgewichtete Rendite* genannt. Er ergibt sich durch Lösung $r = r_I$ der Gleichung

$$(3.23)\quad v_0 \cdot (1+r)^T + \sum_{t=1}^{T-1} z_t \cdot (1+r)^{T-t} = v_T\ .$$

Aus Sicht eines einzelnen Investors wählt man den gleichen Ansatz, man muss dann nur auf die konkrete Zahlungsreihe, die durch sein Fondsinvestment ausgelöst wird, abstellen.

Beispiel 3.16 **Renditen von Fondsinvestments**

Fondsrenditen

▸▸▸ Wir betrachten zwei Investmentfonds A und B mit identischer Anlagepolitik. Die Ausgangsdaten lauten wie folgt:

	Vermögen in t = 0	Zufluss in t = 1
Fonds A	100 000 Euro	–
Fonds B	50 000 Euro	50 000 Euro

Beide Fonds erzielen im ersten Jahr eine Rendite von 10%, im zweiten Jahr von 5%. Die Wertentwicklungen lauten damit:

	v_0	$v_1 = v_0 \cdot (1.1)$	$v_2 = (v_1 + z_1) \cdot (1.05)$
Fonds A	100 000 Euro	110 000 Euro	115 500 Euro
Fonds B	50 000 Euro	55 000 Euro	110 250 Euro

Am Ende des zweijährigen Betrachtungszeitraums folgt damit für die Zahlungsreihen:

Fonds A	Fonds B
{-100 000, 0, 115 500}	{-50 000, -50 000, 110 250}

Interne Rendite Fonds A (Endwertform):

$100\,000 \cdot (1+r_{I,A})^2 = 115\,500 \Rightarrow r_{I,A} = 7.47\%$

Interne Rendite Fonds B (Endwertform):

$50\,000 \cdot (1+r_{I,B})^2 + 50\,000 \cdot (1+r_{I,B})^1 = 110\,250 \Rightarrow r_{I,B} = 6.68\%$

Trotz einer identischen Anlagepolitik sind die kapitalgewichteten Renditen (erwartungsgemäß) unterschiedlich. Auf der anderen Seite ergibt sich für die zeitgewichtete Rendite (erwartungsgemäß) ein identischer Wert.

Fonds A	$1 + r_{ZGR}\ (0,2) = \frac{110000}{100000} \cdot \frac{115500}{110000} = 1.1 \cdot 1.05 = 1.155$
Fonds B	$1 + r_{ZGR}\ (0,2) = \frac{55000}{50000} \cdot \frac{110250}{105000} = 1.1 \cdot 1.05 = 1.155$
In annualisierter Form:	$r_{ZGR} = \sqrt{1.155} - 1 = 0.0747 \quad (7.47\%)$

3.2.6 Fallstudie: Fondsinvestment

Fallstudie

Gegeben seien die folgenden Daten hinsichtlich der Wertentwicklung eines Fondsinvestments:

Wertentwicklung eines Investmentfonds

Vermögen in t = 0	500 000 Euro
Absoluter Wertzuwachs bis t = 1	50 000 Euro
Vermögen nach Zuwachs in t = 1	550 000 Euro
Externer Zufluss in t = 1	1 000 000 Euro
Vermögen nach Zufluss in t = 1	1 550 000 Euro
Absoluter Wertverlust bis t = 2	- 100 000 Euro
Vermögen nach Verlust in t = 2	1 450 000 Euro

Wie hoch sind die (annualisierte) zeitgewichtete Rendite bzw. die kapitalgewichtete Rendite?

Bei der zeitgewichteten Rendite wird die Managementleistung der beiden Perioden zuerst isoliert ermittelt.

Periode 1	**Periode 2:**
$\frac{550000}{500000}-1=1.1-1$ $=0.1\,(10\%)$	$\frac{1450000}{1550000}-1=0.93548-1$ $=-0.06452\,(-6.452\%)$

Die zeitgewichtete Rendite p. a. berechnet sich dann als geometrisches Mittel:

$$r_{ZGR}=\sqrt{\frac{550000}{500000}\cdot\frac{1450000}{1550000}}-1=\sqrt{1.1\cdot(0.93548)}-1$$

$$=1.0144-1=0.0144\,(1.44\%).$$

Der prozentuale Wertzuwachs der ersten Teilperiode wiegt somit schwerer als der Wertverlust in der zweiten Teilperiode, die Gesamtrendite aus Sicht des Managers des Investmentfonds ist positiv.

Die interne Rendite berechnet sich gemäß (Endwertform):

$$500\,000 \cdot (1 + r)^2 + 1\,000\,000 \cdot (1 + r) = 1\,450\,000.$$

Die einzig ökonomisch sinnvolle Lösung $r = r_I$ lautet

$1 + r_I = 0.974842$ bzw. $r_I = -0.025158$ (–2.5158%),

die Gesamtrendite aus Sicht des Investors ist somit negativ. Die Wertentwicklung des jeweils gebundenen Kapitals unter dem Zinssatz –2.5158% lautet entsprechend:

Gebundenes Kapital in t = 0	*500 000 Euro*
Verzinsung bis t = 1: 500 000 · (0.974842) =	*487 421 Euro*
Gebundenes Kapital nach Zufluss in t = 1	*1 487 421 Euro*
Verzinsung bis t = 2: 1 487 421 · (0.974842) =	*1 450 000 Euro*

3.3 Aufgaben zu Kapitel 3

Hinweis: Die mit einem ★ gekennzeichneten Aufgaben weisen einen entsprechend höheren Schwierigkeitsgrad auf.

Aufgaben zu Abschnitt 3.1

Aufgabe 3.1.1

Bestimmen Sie den fairen Kurs der folgenden Finanztitel bei einem Marktzinssatz von r = 10% im Zeitpunkt t = 0:

a) Ein in t = - 3 ausgegebener Zerobond mit einer Laufzeit von 10 Jahren und einem Tilgungsbetrag von 800 Euro.

b) Ein Zinstitel mit den Zinszahlungen {9 000, 10 000, 11 000} in den Perioden t = 1, 2, 3 sowie Rückzahlung des Nennwertes von 100 000 Euro in t = 3.

c) Ein Wertpapier eines erfolgreichen Unternehmens, das bis in alle Ewigkeit eine jährliche Dividende in Höhe von 25 Euro abwirft. Die nächste Dividendenzahlung erfolgt in genau einem Jahr.

d) Ein Wertpapier eines weniger erfolgreichen Unternehmens, das in den nächsten 9 Jahren eine Dividende in Höhe von 10 Euro abwirft, dann aber insolvent wird. Die Aktien verfallen wertlos.

e) Ein Wertpapier eines besonders erfolgreichen Unternehmens. In t = 1 werde eine Dividende in Höhe von 20 Euro ausgeschüttet, die jedes darauf folgende Jahr um 6% p. a. anwächst.

Aufgabe 3.1.2

Entscheider Ernst betrachtet im Rahmen einer bedeutenden Investitionsentscheidung die folgenden Finanztitel:

- *Titel A: Ein Standardbond mit einer Restlaufzeit von 3 Jahren, Nennwert 45 Euro und nachschüssigen Zinsen in Höhe von 9% p. a. Die gegenwärtig anfallenden Zinsen sind bereits ausgezahlt.*

- *Titel B: Ein Zerobond mit Laufzeit von 7 Jahren und Nennwert 58 Euro, der vor 4 Jahren ausgegeben wurde.*
- *Titel C: Eine Aktie eines Unternehmens, das ab dem nächsten Jahr eine jährliche Dividende ausgeben wird, die beginnend bei 2.50 Euro zweimal um 2% p. a. wächst. Die Aktie weise nach der dritten Dividendenzahlung einen Wert von 50 Euro auf.*

a) *Bestimmen Sie den fairen Wert der Finanztitel bei einem Kalkulationszinssatz von $r = 5\%$ p. a. Welchen der Titel sollte Ernst wählen, wenn er sie zu einem Marktpreis von jeweils 50 Euro erwerben könnte?*
b) *Welche Entscheidung sollte Ernst fällen, wenn er mit einem Zinssatz (jeweils p. a.) von 1% im ersten, 5% im zweiten und 9% im dritten Jahr kalkuliert?*
c) *Ändert sich die Entscheidung, wenn die Reihenfolge der Kalkulationszinsssätze umgekehrt ist?*

Aufgabe 3.1.3 ★

Kalle Kater, Eigner des weltbekannten Rattengiftherstellers KK, bringt sein Unternehmen in $t = 0$ an die Börse. Der Ausgabekurs der Aktie beträgt 100 Euro, die erste Dividende in Höhe von 2.50 Euro werde exakt zwei Jahre nach Börsengang ausgeschüttet. In der Folgezeit entwickelt sich die Aktie wie folgt:

- *Zunächst wächst die Dividende 10 Jahre lang mit einer Rate von jährlich 2%.*
- *In den darauf folgenden 7 Jahren stagniert das Dividendenwachstum ebenso wie die Gewinnsituation.*
- *Der Vorstand der KK AG fährt daraufhin eine Marktentwicklungsstrategie und beschließt eine Ausweitung der Produktpalette um Bärentöter und sonstige Hilfsmittel zur Großwildjagd. Gewinne werden 4 Jahre lang nicht ausgeschüttet, sondern in den Aufbau und die Konsolidierung des neuen Geschäftsfeldes investiert.*
- *Diese Maßnahme erweist sich als voller Erfolg, die Dividende erreicht im folgenden Jahr das Niveau vor der Expansion und wächst von da an bis in alle Ewigkeit um 4% jährlich.*

a) *Beurteilen Sie, ob die Aktie in $t = 0$ korrekt bewertet war, wenn der Kalkulationszinssatz 5% p. a. beträgt.*
b) *Wie fällt ihr Urteil aus Aufgabenteil a) aus, wenn die Welt exakt 100 Jahre nach dem Börsengang und Sekunden vor der Auszahlung der Dividende untergeht, nachdem die KK AG ihre neue Allzweckwaffe KKoeter auf den Markt gebracht hat?*

Aufgabe 3.1.4 ★

Investmentbanker Daniel plant am 01.07.2005 ein Investment zu tätigen und hat dafür bei einem Kalkulationszinssatz von 5% p. a. und unter Verwendung der Konvention 30/360 die folgenden Alternativen zur Auswahl:

- *Die Aktie der Sensibil AG wird gegenwärtig zu 60 Euro gehandelt. Die nächste Dividende wird am 01.09.2005 ausgegeben und bleibt bis in alle Ewigkeit konstant bei 3 Euro.*
- *Die Aktie der Firm AG hat derzeit ebenfalls einen Marktwert von 60 Euro. Zwar ist aufgrund derzeitiger Investitionen in den nächsten Jahren nicht mit Ausschüt-*

tungen zu rechnen, ab einer Dividendenzahlung in Höhe von 2 Euro am 01.03.2008 wächst die Dividende jedoch mit 2% pro Jahr.

a) Berechnen Sie den fairen Wert der beiden Wertpapiere per 01.07.2005. Welches Wertpapier sollte Daniel erstehen?

b) Gehen Sie nun davon aus, dass die Dividenden auf konjunkturelle Schwankungen reagieren. Die Dividende der Sensibil AG liegt während der Boomphasen in allen ohne Rest durch vier teilbaren Jahren 10% über und während der Depression in allen restlichen geradzahligen Jahren 10% unter dem in a) angenommenen Wert. Die Dividende der Firm AG erhöht sich in Jahren des Booms um 0.2 Euro gegenüber dem in a) angenommenen Wert, ansonsten bleibt sie unverändert. Berechnen Sie wiederum die fairen Werte und helfen Sie Daniel bei der Entscheidung.

Aufgaben zu Abschnitt 3.2

Aufgabe 3.2.1

Investor I bieten sich zwei Anlagemöglichkeiten für sein Kapital, Variante A bietet bei zweijähriger Laufzeit eine Verzinsung von 11.5% p. a., Variante B weist eine sehr lange Laufzeit auf und verzinst das Kapital zunächst jeweils ein Jahr mit 9%, 15%, 17.6% und 13% p. a., in der Folge für drei Jahre mit 14.2% p. a. und abschließend für je zwei Jahre zu 10% und 16% p. a. Die Zinsen werden jeweils reinvestiert.

a) Bestimmen Sie die arithmetisch annualisierte Rendite r_A sowie die geometrisch annualisierte Rendite r_G, falls I zunächst in Variante A investiert und die Rückflüsse anschließend in Variante B anlegt. Was gilt allgemein für die Beziehung zwischen r_A und r_G?

b) Inwieweit ändert sich Ihre Berechnung aus a), wenn I sein Kapital zunächst in Variante B und dann erst in Variante A investiert?

Aufgabe 3.2.2

Ein Standardbond mit einem Nennwert N von 100 Euro und den Rückzahlungen {Z, Z, Z, Z, Z + N}, wobei $Z = N \cdot i$ hat in $t = 0$ einen fairen Wert von 109.74 Euro. Die erste Kuponzahlung findet in $t = 1$ statt. Das Marktzinsniveau liege bei 5% p. a. Wie hoch ist der Nominalzinssatz i des Bonds?

Aufgabe 3.2.3

Sie können einen Zinstitel mit einer Restlaufzeit von 8.7 Jahren für 759.14 Euro erwerben. Die nächste Zinszahlung in Höhe von 25 Euro erfolgt in 0.7 Jahren, danach jährlich in gleich bleibender Höhe bis zum Laufzeitende. Das Marktzinsniveau liege bei 7% p. a.

Wie hoch muss der am Ende der Laufzeit zurückgezahlte Nennwert mindestens sein, damit der Kauf des Zinstitels für Sie vorteilhaft ist?

Aufgabe 3.2.4

Bestimmen Sie die interne Rendite der folgenden Investitionen und beurteilen Sie, ob die jeweilige Investition bei einem Marktzinssatz von 5% p. a. durchgeführt werden sollte.

a) *Broker B erwirbt in $t = 0$ ein Aktienpaket für 990 000 Euro und veräußert es nach einem Jahr für 1 000 000 Euro. Zwar fällt in $t = 0$ eine Verwaltungsgebühr von 10 000 Euro an, von der Bonuszahlung in Höhe von 45 000 Euro in $t = 1$ lässt sich B jedoch überzeugen. Eine Dividende wird hingegen nicht ausgeschüttet.*

b) *Kleinanleger K erwirbt in $t = 0$ eine Aktie für 100 Euro, die er ein Jahr später mit einem Gewinn von 4 Euro verkauft. Zusätzlich erhält er in $t = 1$ eine Dividende in Höhe von 1% des Wertes der Aktie in $t=1$.*

c) *Wirtschaftsstudent W erwirbt am 1.1.2007 einen Zerobond zu 120 Euro, der am 1.1.2012 zu 160 Euro getilgt wird.*

d) *Der Schokoladenhersteller S tätigt in $t = 0$ eine Investition in Höhe von 100 000 Euro in ein neues Werk im Mannheimer Süden, das ihm zusätzliche Erlöse von 55 000 Euro in $t = 1$ und 54 000 Euro in $t = 2$ verspricht.*

Aufgabe 3.2.5

Die Stuse-AG mit Sitz in Kassel möchte expandieren und benötigt zur Finanzierung ihrer Pläne einen Kredit in Höhe von 100 000 Euro. Die A-Bank verlangt einen Nominalzinssatz von 9% p. a., wobei sie eine monatliche Zinskapitalisierung und unterjährige Zinsverrechnung anwendet, um die jeweils am Jahresende zu zahlenden Zinsen zu bestimmen.

a) *Berechnen Sie zunächst den sich ergebenden effektiven Jahreszinssatz r_A bei einer Kreditlaufzeit von einem, zwei und drei Jahren.*

   Die Stuse-AG entscheidet sich für eine zweijährige Kreditlaufzeit, erhält aber noch ein Konkurrenzangebot der B-Bank, bei dem für einen Kredit in Höhe von 100 000 Euro der Zinssatz im ersten Jahr 10.0% und im zweiten Jahr 8.8% (jeweils p. a.) betragen würde.

b) *Wie hoch ist der resultierende effektive Jahreszins r_B bei der B-Bank, wenn die Zinsen jeweils am Jahresende gezahlt werden müssen? Welche der beiden Alternativen sollte die Stuse-AG wählen, wenn sie ihrer Entscheidung den effektiven Jahreszinssatz zugrunde legt?*

c) *Wie hoch wäre der effektive Jahreszinssatz der B-Bank, wenn die Zinsen nicht jeweils am Jahresende gezahlt würden, sondern erst zusammen mit der Rückzahlung nach zwei Jahren erfolgten (jährliche Zinskapitalisierung)?*

   Die D-Bank offeriert einen Kredit, der dem Angebot der B-Bank aus b) entspricht, jedoch liegt der Zinssatz zuerst bei 8.8% und dann bei 10.0% (jeweils p. a.).

d) *Ist dies hinsichtlich des effektiven Jahreszinssatzes ein günstigeres Angebot für die Stuse-AG?*

Aufgabe 3.2.6 ★

Hannes möchte einen einjährigen Kredit bei seiner Bank in Höhe von 100 Euro aufnehmen. Sein Bankberater Bruno bietet ihm einen effektiven Jahreszinssatz von 20%

an. Weil Hannes damit verständlicherweise nicht zufrieden ist, bietet ihm sein Berater an, anstatt 100 Euro Tilgung nach einem Jahr nur 90 Euro zurückzahlen zu müssen und den Kredit damit dennoch vollständig getilgt zu haben.

a) Wie hoch ist nun der resultierende effektive Jahreszinssatz?
Nach erfolgreicher Tilgung des ersten Kredites bittet Hannes seinen Berater Bruno um einen weiteren Kredit in gleicher Höhe. Dieses Mal soll die Laufzeit allerdings zwei Jahre betragen. Der ausgebuffte Banker verlangt wiederum 20% effektiven Jahreszinssatz. Natürlich ist Hannes damit überhaupt nicht einverstanden. Er verlangt stattdessen ein ebenso gutes Angebot wie ein Jahr zuvor und fordert daher die Reduktion des Rückzahlungsbetrags um 20 Euro. Gehen Sie in der gesamten Aufgabe von einer jährlichen Kapitalisierung des Zinses aus (Zinseszins fällt an).

b) Wie hoch ist der resultierende effektive Jahreszinssatz in Hannes Forderung? Bruno möchte Hannes durchaus ein verbessertes Angebot machen. Allerdings darf der effektive Jahreszinssatz des Bankers unter keinen Umständen geringer sein, als bei dem einjährigen Kredit. Sollte sich der Banker auf Hannes Forderung einlassen?

c) Da Bruno der Forderung erstaunlich schnell nachkommt, wird Hannes misstrauisch und fragt seinen mathematisch begabten Nachbarn um Rat. Dieser gibt zu bedenken, dass Hannes die Tücken des Zinseszinses (jährliche Zinskapitalisierung) beachten müsse. Er rät ihm daher, einen 21%igen Abschlag auf den anfänglichen Kreditbetrag (21 Euro) zu fordern, denn schließlich sei ja immer noch $1.1^2 - 1 = 21\%$. Resultiert dadurch der effektive Jahreszinssatz aus Aufgabenteil a)?

d) Nachdem der Banker auch dieses Angebot verdächtig schnell angenommen hat, ersucht Hannes einen Finanzmathematikexperten nach Rat, um herauszufinden, wie hoch der von ihm geforderte Abschlag (in Prozent) sein sollte, damit der effektive Jahreszinssatz 10% beträgt. Was wird ihm dieser sagen?

Aufgabe 3.2.7

Der Bauer B erwägt am 01.01.2005 die Anschaffung von 50 Kühen der Rasse »Turbo-Melk« zum Preis von 500 Euro pro Tier. Ihm würden zu Beginn zusätzliche Kosten in Höhe von 5 000 Euro zur Umgestaltung seiner Stallungen und jährlich jeweils am Jahresende 7 500 Euro für Futtermittel entstehen, seine Einnahmen wären jedes Jahr 25 000 Euro höher als ohne die Neuanschaffung. Die laufenden Kosten bestreitet B aus den laufenden Einnahmen, Einnahmeüberschüsse bringt er gesammelt am Jahresende zur Bank. Nach zwei Jahren hat es sich ausgemolken und die Kühe verenden.

a) Berechnen Sie die interne Rendite des Investitionsprojekts.

b) Bestimmen Sie die modifizierte interne Rendite bei einem Wiederanlagezinssatz von 5% p. a.

c) Erläutern Sie den Unterschied zwischen den a) und b) zugrunde liegenden Annahmen und stellen Sie Vor- und Nachteile der modifizierten internen Rendite dar.

Aufgabe 3.2.8

Als Sie gerade in tiefe Trauerstimmung versunken sind über das aktuell niedrige Zinsniveau von 3%, an dem sich in absehbarer Zeit auch nichts ändern wird, erscheint plötzlich Kriemhild, ihre langjährige und sehr freundschaftlich verbundene Bankberaterin. Sie eröffnet Ihnen die Möglichkeit zur Investition in eine Anlage mit 5-jähriger Laufzeit, bei der Sie von einem steigenden Zinssatz profitieren. Im ersten Jahr erhalten Sie 3%, danach 3.5%, 3.75%, 4% und im letzten Jahr 4.5%. Die anfallenden Zinsen erhöhen dabei Ihr investiertes Kapital.

a) Bestimmen Sie die Effektivverzinsung von Kriemhilds Angebot.
Hochglücklich berichten Sie Ihrem Freund Gunther von dieser Offerte, der Ihnen entgegnet, dass er von seiner Brunhild eine viel bessere 5-jährige Anlageoption erhalten habe, die ihm 4.5% einbringe. Völlig konsterniert überprüfen Sie Gunthers Anlage und stellen fest, dass er nur im ersten Jahr 4.5% erhält, danach 4%, 3.75%, 3.5% und schließlich 3%. Auch bei seinem Angebot erhöhen die Zinsen das investierte Kapital.

b) Hat Kriemhild oder Brunhild mehr zu bieten?
Sie möchten Brunhild davon in Kenntnis setzen, dass solch hinterlistige Lockangebote doch gar nicht zu ihrem ansonsten recht kämpferischen Wesen passen. Sie gibt Ihnen Recht und umgarnt Sie mit einem Alternativangebot: Sie bietet die gleiche Zinsstaffel wie Kriemhild, jedoch mit 4.75% statt 4.5% im letzten Jahr. Zahlentrunken kehren Sie von der angenehmen Begegnung mit Brunhild heim und beschließen, ihr Angebot mit Kriemhild zu besprechen.

c) Welche Effektivverzinsung weist Brunhilds Nachbesserung auf?
Kriemhild missfällt Ihr Besuch bei Brunhild sehr, zudem vermutet Sie, dass mehr dahinter steckt, als Sie berichten. Bei einer genauen Analyse von Brunhilds Alternative stellt sie fest, dass die anfallenden Zinsen nicht die Anlagesumme erhöhen, sondern ausbezahlt werden und dann zum Zinsniveau von 3% angelegt werden müssen. Kriemhild flüstert Ihnen noch ins Ohr, was Sie tun müssen, um Brunhilds Offerte tatsächlich vergleichen zu können und zieht sich danach zurück.

d) Vergleichen Sie.
Verblüfft vom Ergebnis sinnieren Sie noch lange, ob Ihnen die Bekanntschaft von Gunther und Brunhild vielleicht eines Tages zum Nachteil gereichen könnte.

Aufgabe 3.2.9

Sie beabsichtigen, Ihr Vermögen in ein »Anwachssparen« zu investieren. Der Jahreszinssatz, den Sie hierbei erhalten, steigt jährlich. Er beträgt zunächst 3%, im zweiten Jahr 3.50%, im dritten 4% und im vierten und letzten Jahr schließlich ganze 5%.

a) Die Zinsen werden jeweils am Jahresende kapitalisiert (reinvestiert). Wie hoch ist die annualisierte geometrische Rendite?

b) Die Bank ändert die Konditionen. Obige Zinssätze gelten zwar weiterhin, doch werden die Zinsen nun nicht mehr reinvestiert, sondern ausgeschüttet. Die Rückflüsse können Sie nur zu 3% p. a. anlegen. Wie hoch ist der modifizierte interne Zinsfuß?

Aufgabe 3.2.10

Drei Jahre bevor Sie sich – mangels interessiertem Nachwuchs – von Ihrem landwirtschaftlichen Betrieb trennen wollen, erhalten Sie Besuch von einem Verkäufer für Kartoffelerntemaschinen. Dieser offeriert Ihnen ein neuartiges Modell für 30 000 Euro, mit dem Sie Ihren Ertrag steigern könnten. Bei der Ernte in einem Jahr und in zwei Jahren würden Sie jeweils 4 000 Euro mehr erlösen, in drei Jahren nur noch 3 000 Euro mehr als ohne die Maschine. In drei Jahren würden Sie zudem den gebrauchten Kartoffelernter für 25 000 Euro verkaufen.

a) Wie hoch ist der modifizierte interne Zinsfuß dieser Investition, wenn Sie zwischenzeitliche Rückflüsse für 5% p. a. anlegen können?
Noch während Sie über die Anschaffung nachdenken, bietet Ihnen Ihr Bankberater an, 30 000 Euro für drei Jahre zu einem Zinssatz von 8% p. a. bei jährlicher Zinskapitalisierung anzulegen.

b) Welchen Zinssatz müssten Sie bei der Wiederanlage der Rückflüsse aus der Investition in die Erntemaschine erzielen, damit die Alternativen »Investition in neuen Kartoffelernter« und »Bankanlage« gleichwertig sind?

Aufgabe 3.2.11

Ihnen sind die folgenden Daten zur Wertentwicklung eines Investmentfonds gegeben:

Vermögen in t = 0	***100000 Euro***
Wertzuwachs bis t = 1	*20000 Euro*
Vermögen nach Zuwachs in t = 1	*120000 Euro*
Externer Zufluss in t = 1	*200000 Euro*
Vermögen nach Zufluss in t = 1	*320000 Euro*
Wertzuwachs bis t = 2	*128000 Euro*
Vermögen nach Zuwachs in t = 2	*448000 Euro*

a) Wie hoch ist die annualisierte zeitgewichtete Rendite?

b) Wie hoch ist die annualisierte kapitalgewichtete Rendite?

Aufgabe 3.2.12

Betrachten Sie die Fonds A und B, die von den Fondsmanagern Adelbert und Bertram verwaltet werden.

a) Adelbert erzielt in der dritten Periode eine Wertsteigerung von 25% und in der vierten Periode stolze 87.5%. Die Rendite im zweiten Jahr beträgt ein Viertel der Rendite des ersten Jahres. Über die insgesamt vier Perioden erzielt Adelbert eine annualisierte zeitgewichtete Rendite von 50%. Berechnen Sie zunächst die Renditen, die Adelbert in den ersten beiden Jahren erzielt.

b) *Bertram erzielt in den Jahren eins bis drei eine Rendite von jeweils 25% und liegt daher deutlich hinter Adelbert zurück. Um nicht gefeuert zu werden, muss er also in der vierten und letzten Periode die allerbesten Wahrsager konsultieren, um zumindest die gleiche Gesamtrendite wie Adelbert zu erreichen. Bestimmen Sie, um wie viel hierfür im vierten Jahr die von Bertram erzielte Rendite die von Adelbert erzielte übersteigen muss.*
c) *Bertram erziele in der vierten Periode die in Teil b) errechnete Mindestrendite. Welchem der beiden sollte Anlegerin Charlotte, die vor dem dritten Jahr 400 000 Euro und vor dem vierten 4 780 000 Euro anlegt und ihre Mittel nach dem vierten Jahr wieder zurückbekommen will, ihr Geld anvertrauen?*
d) *Anlegerin Dorothea stehen ebenfalls 400 000 Euro bzw. 4 780 000 Euro zur Verfügung, allerdings bereits vor dem ersten bzw. zweiten Jahr. Wie sollte sie sich entscheiden, wenn sie ihr Geld nach dem zweiten Jahr wieder benötigt?*

Aufgabe 3.2.13

Anleger Arnold hat die Möglichkeit, entweder in Fonds A oder in Fonds B zu investieren. Er möchte zunächst 100 000 Euro und in einem Jahr weitere 200 000 Euro anlegen und seine Mittel nach zwei Jahren zurückziehen.

Fondsmanager Ferdinand, der sich um Fonds A bemüht, hat ein schlechtes erstes Jahr mit einer Rendite von lediglich 20%, steigert sich im zweiten Jahr jedoch auf überzeugende 40%. Fondsmanager Fridolin, der für das Management von Fonds B zuständig ist, erreicht eine Rendite von 30% in beiden Jahren.

a) *Berechnen Sie die zeitgewichtete Rendite der beiden Alternativen.*
b) *Berechnen Sie die kapitalgewichtete Rendite der beiden Alternativen.*
c) *Wofür werden zeitgewichtete und kapitalgewichtete Renditen verwendet? Welches Maß ist für Arnold von Interesse? Für welche der beiden Anlagemöglichkeiten sollte er sich entscheiden?*

Aufgabe 3.2.14 ★

Sie planen eine zweijährige Kapitalanlage. Dazu kaufen Sie am 01.01.2006 kurz nach der Kuponzahlung einen Standardbond mit einer Restlaufzeit von 2 Jahren und einer jährlichen Kuponzahlung in Höhe von 5% des Nennwerts. Der Bond ist fair bewertet und notiert zum Kaufzeitpunkt zu pari, d. h. der Preis der Anleihe entspricht ihrem Nennwert. Da die Anleihe im Jahr 2006 eine beachtliche Kurssteigerung aufgewiesen hat, verkaufen Sie sie am 01.01.2007 kurz nach der Kuponzahlung. Der Kurs liegt zu diesem Zeitpunkt 6% über Ihrem Einkaufskurs. Das frei werdende Kapital legen Sie im zweiten Jahr bei einer kontinuierlichen Verzinsung zu einer Zinsrate von 3% an. Bestimmen Sie die Effektivverzinsung Ihrer Investition für diesen Zeitraum.

Anhang 3A: Geometrische Reihe

Geometrische Reihe

Wir gehen der folgenden Problemstellung nach: Welchen Wert hat die geometrische Reihe ($-1<x<1$)

$$\sum_{t=0}^{\infty} x^t = 1 + x + x^2 + \ldots + x^{t-1} + \ldots ?$$

Da sich die geometrische Reihe als Grenzwert der geometrischen Summe gemäß Anhang 2A ergibt, ist der Grenzwert von

$$\frac{1-x^t}{1-x} \text{ für } t \to \infty$$

zu bestimmen.
Offenbar gilt damit für $-1<x<1$:

$$\sum_{t=0}^{\infty} x^t = \frac{1}{1-x} \quad . \tag{3A.1}$$

Anhang 3B: Nullstellen von Polynomen

Polynom

Eine Funktion $f(x) = a_0 + a_1 \cdot x + a_2 \cdot x^2 + \ldots + a_{n-1} \cdot x^{n-1} + a_n \cdot x^n$ wird als *Polynom vom Grad n* bezeichnet. Mit der Variablentransformation $x = 1 + r$ führt die Endwertvariante (3.14b) der Internen Zinsfuß-Gleichung auf das Problem der Bestimmung einer Nullstelle eines Polynoms vom Grade T. Bei der Barwertvariante (3.14a) ist die Variablentransformation $x = 1/(1 + r)$ vorzunehmen.

Wurzeln

Polynome besitzen im Allgemeinen mehrfache Nullstellen (»Wurzeln«). Die Betrachtung von Standardinvestments garantiert aber (als Spezialfall der Descartschen Zeichenregel) die Existenz genau einer positiven Lösung in x.

Ein weiteres Problem besteht darin, dass geschlossene Formeln für die Wurzeln von Polynomen nur für quadratische ($n = 2$), kubische ($n = 3$; Cardano) und Gleichungen vierten Grades (Ferrari) existieren. Für $n > 4$ kann nachgewiesen werden (Abel), dass eine solche geschlossene Formel nicht existieren kann. Im Allgemeinen müssen somit numerische Verfahren zur approximativen Bestimmung von internen Zinsfüßen eingesetzt werden. Ein Standardverfahren ist hierbei das in Anhang 3C dargestellte Newton-Verfahren.

Anhang 3C: Newton-Verfahren

Newton-Verfahren

Das Newton-Verfahren ist ein allgemeiner Ansatz zur Bestimmung der nummerischen Lösung der Gleichung f(x) = 0 für beliebige Funktionen f. Die Idee besteht hierbei darin, ausgehend von einem Wert x_n die Nullstelle von f anzunähern, indem man den Schnittpunkt x_{n+1} der Tangente an $f(x_n)$ bestimmt. Die Abbildung 3C-1 illustriert diese Idee.

Abb. 3C-1

Grafische Idee des Newton-Verfahrens

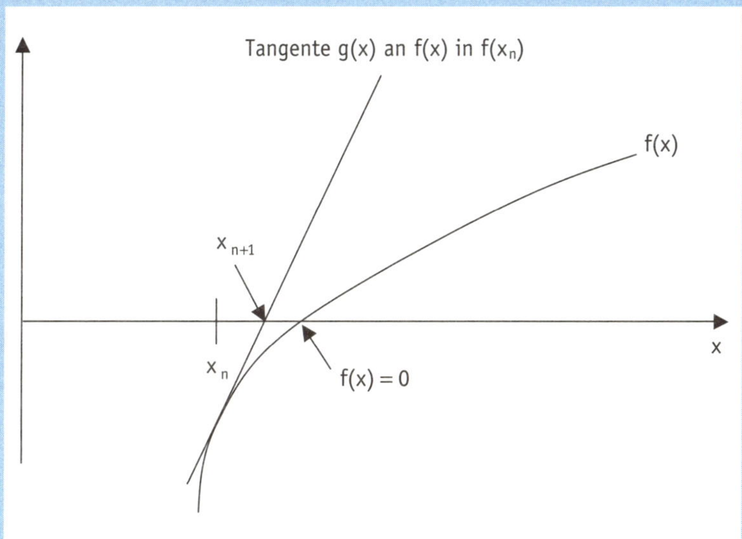

Tangentengleichung

Ausgehend von einem beliebigen Startwert x_0 lautet die Tangentengleichung

(3C.1) $g(x) = f(x_0) + f'(x_0) \cdot (x - x_0)$.

Deren Nullstelle x_1, d. h. die Lösung von $g(x_1) = 0$, ist dann gegeben durch

(3C.2) $x_1 = x_0 - \dfrac{f(x_0)}{f'(x_0)}$.

Iterationsverfahren

Das Iterationsverfahren zur approximativen Nullstellenbestimmung basiert dann auf der Betrachtung der Folge (n = 0, 1, 2, ...)

(3C.3) $x_{n+1} = x_n - \dfrac{f(x_n)}{f'(x_n)}$.

Anhang 3D: Interne Rendite Normalinvestment

Der Kapitalwert eines Normalinvestments $\{-az_0, z_1, \ldots, z_T\}$ ist zunächst gegeben durch

$$(3D.1)\quad K_0(r) = -az_0 + \sum_{t=1}^{T} z_t \cdot (1+r)^{-t} \quad .$$

Differentiation nach r ergibt

$$(3D.2)\quad dK_0(r)/dr = -\sum_{t=1}^{T} t \cdot z_t \cdot (1+r)^{-(t+1)} \quad .$$

Kapitalwertfunktion

Da t und z_t positiv, gilt $dK_0(r)/dr < 0$, so lange $r > -1$. Die Kapitalwertfunktion ist somit streng monoton fallend.

Deckungskriterium

Da bei Erfüllung des Deckungskriteriums

$$K_0(0) = \sum_{t=1}^{T} z_t - az_0 > 0$$

und ferner

$$\lim_{r \to \infty} K_0(r) = -az_0$$

gilt, muss eine einzige positive Nullstelle der Kapitalwertfunktion existieren. Wird das Deckungskriterium aufgegeben, so existiert aufgrund von

$$\lim_{r \to -1} K_0(r) = \infty$$

eine einzige Nullstelle zumindest im Bereich $r_I > -1$.

Konvexität

Eine weitere Differentiation von (3D.2) nach r ergibt

$$(3D.3)\quad d^2K_0(r)/dr^2 = \sum_{t=1}^{T} t \cdot (t+1) \cdot z_t \cdot (1+r)^{-(t+2)} .$$

Da dieser Ausdruck im Bereich $r > -1$ positiv ist, ist die Kapitalwertfunktion zudem konvex.

Anhang 3E: Eindeutigkeit und Positivität der internen Rendite

In diesem Anhang gehen wir allgemein der Frage nach, unter welchen Bedingungen ein Zahlungsstrom $\{z_0, z_1, \ldots, z_T\}$ genau einen internen Zinsfuß besitzt. Setzen wir $x = 1+r$, so lautet die Endwertform der Bestimmungsgleichung für die interne Rendite

(3E.1) $z_0 x^T + z_1 x^{T-1} + ... + z_{T-1} x + z_T = 0$.

Die generelle Frage ist somit, wann dieses Polynom genau eine (reellwertige) Lösung (Nullstelle des Polynoms) $x > 0$ bzw. sogar $x > 1$ aufweist.

Akkumulationsfaktoren

Wir definieren zunächst noch die folgenden Akkumulationsfaktoren ($t = 0, \ldots, T$)

(3E.2) $A_t = \sum_{i=0}^{t} z_i$.

Diese entsprechen der Summe der (nicht diskontierten) Zahlungen bis zum Zeitpunkt t. Der Zahlungsfolge $\{z_0, z_1, \ldots, z_T\}$ wird damit eine korrespondierende Folge $\{A_0, A_1, \ldots, A_T\}$ zugeordnet.

Descartesche Zeichenregel

Die Descartesche Zeichenregel (auch Cartesische Zeichenregel) besagt zunächst, dass die Anzahl der positiven Lösungen von (3E.1) gleich ist

- der Anzahl der Vorzeichenwechsel der Folge $\{z_0, z_1, \ldots, z_T\}$
  oder
- einer um eine gerade Zahl kleineren Anzahl.

Beispiel 3E.1

▸▸▸ Das Polynom $f(x) = x^5 - x^4 + 2x^3 + x^2 - 3x + 2$ korrespondiert zu der Folge {+1, −1, +2, +1, −3, +2}, die vier Vorzeichenwechsel aufweist. Damit besitzt das Polynom vier, zwei oder keine positiven Nullstellen. Das Polynom $f(x) = -x^5 - x^4 - 2x^3 + x^2 + 3x + 2$ korrespondiert zu der Folge {−1, −1, −2, +1, +3, +2} und weist nur einen Vorzeichenwechsel auf. Damit besitzt das Polynom genau eine positive Nullstelle.

Weist die Folge $\{z_0, z_1, \ldots, z_T\}$ eine ungerade Anzahl von Vorzeichenwechseln auf, so existiert damit mindestens eine Nullstelle $x > 0$ und somit $r_I > -1$, d. h. eine ökonomisch sinnvolle interne Rendite. Weist die Folge insbesondere nur einen Vorzeichenwechsel auf, so existiert genau eine interne Rendite $r_I > -1$. Insbesondere alle Standardinvestments erfüllen diese Bedingung. Wie in Anhang 3D nachgewiesen, kann man im Falle von Standardinvestments sogar die (eindeutige) Existenz einer positiven internen Rendite nachweisen, wenn das Deckungskriterium erfüllt ist, d. h. $A_T > 0$ in Termen der Akkumulationsfaktoren gilt.

Norstrom (1972) hat nun nachgewiesen, dass dieses Resultat stark verallgemeinert werden kann, wobei es ausschließlich auf die Folge der Akkumulationsfaktoren ankommt. Wechselt die Folge $\{A_0, A_1, \ldots, A_T\}$ nur einmal das Vorzeichen und gilt $A_T \neq 0$, so existiert genau eine positive interne Rendite. ◂◂◂

Beispiel 3E.2

▸▸▸ Der Zahlungsstrom $\{-az_0, ez_1, \ldots, ez_{T-1}, -az_T\}$, bei der einer anfänglichen Auszahlung zunächst nur Einzahlungen folgen, bis zum Schluss wieder eine Auszahlung (etwa: Kosten der Desinvestition) erfolgt, weist zwei Vorzeichenwechsel auf. Zur Existenz genau einer positiven internen Rendite genügt dann, dass die Bedingung $A_T = -az_0 + ez_1 + \ldots + ez_{T-1} - az_T > 0$ erfüllt ist.

Das Kriterium von Norstrom ist hinreichend für die Existenz einer positiven internen Rendite, aber nicht notwendig, d. h. nicht äquivalent zu ihrer Existenz.

Beispielsweise besitzt der Zahlungsstrom {–1, 2, –2, 4} eine eindeutige positive interne Rendite, die hieraus resultierende Folge der Akkumulationsfaktoren {–1, 1, –1, 3} weist jedoch drei Vorzeichenwechsel auf. ◂◂◂

Anhang 3F: Effektivzinsberechnung nach Preisangabeverordnung

Preisangabeverordnung

Im Kontext einer Kreditaufnahme stellt eine Effektivzinsberechnung auf den tatsächlichen Kreditzins – im Unterschied zum nominellen Kreditzins – unter Berücksichtigung sämtlicher mit der Kreditnahme verbundenen Kosten ab. Die Berechnung der Effektivverzinsung ermöglicht es damit, alternative Finanzierungsangebote mit unterschiedlichen Konditionen miteinander vergleichbar zu machen. Solche unterschiedlichen Konditionen können etwa darin bestehen, dass unterschiedliche Gebühren oder Provisionen, etc. veranschlagt werden oder, dass zu Beginn der Vertragslaufzeit ein unterschiedlich hohes Disagio (der Kreditbetrag wird also nicht in voller Höhe ausbezahlt, sondern um das Disagio vermindert) vereinbart wird. Und natürlich können sich die Kreditkonditionen hinsichtlich des nominellen Kreditzinses und der vertraglich vereinbarten Rückzahlungszeitpunkte unterscheiden.

In Deutschland fordert Par. 6(1) der Preisangabeverordnung (PAngV) zunächst grundsätzlich, dass bei Krediten ein effektiver Jahreszins auszuweisen ist. Zudem regelt die PAngV die entsprechenden Berechnungsmodalitäten. Die PAngV stammt aus dem Jahr 1985 und wurde im Zeitablauf mehrfach geändert, zuletzt im Juli 2010. Seit dem Jahr 2000 (infolge der Umsetzung einer entsprechenden EU-Richtlinie) ist die methodische Grundlage der Berechnung des Effektivzinses nach PAngV die Gleichung (3.16) des Haupttexts, d. h. die ISMA-Methode. Ferner regelt die PAngV die anzuwendende Zinskonvention. Dabei wird ein Jahr zu 365 Tagen angesetzt bzw. Schaltjahre zu 366 Tagen. Das Jahr wird zudem in 12 Standardmonate unterteilt, wobei ein Standardmonat 365/12 = 30.41666 Tage umfasst (unabhängig davon, ob es sich um ein Schaltjahr handelt oder nicht). Die Zinskonvention kann somit als 30.41666/actual apostrophiert werden.

Anhang 3G: Duration

Duration

Gegeben sei ein Zahlungsstrom $\{z_0, z_1, \ldots, z_T\}$, dessen Barwert unter einem anfänglichen Zinssatz r gegeben ist durch

$$(3G.1)\quad K_0(r) = \sum_{t=1}^{T} z_t (1+r)^{-t}.$$

Die (Macaulay-)Duration definiert durch

$$(3G.2)\quad D(r)=\frac{\sum_{t=1}^{T} t z_t (1+r)^{-t}}{K_0(r)} ,$$

bei der im Zähler die Zahlungen z_t im Vergleich zum Barwert zeitgewichtet eingehen, stellt ein einfaches Maß für das Zinsänderungsrisiko dar, denn es gilt für kleine Änderungen Δr des Zinssatzes die approximative Beziehung

Zinsänderungsrisiko

$$(3G.3)\quad \frac{K_0(r+\Delta r)}{K_0(r)} \approx -\frac{\Delta r}{1+r} D(r) .$$

Die relative (im Verhältnis zum Ausgangsbarwert) Änderung des Barwerts ist bei gegebener (kleiner) Zinsänderung proportional zur Duration (ausgewertet im Ausgangszins). Damit ist das Zinsänderungsrisiko im Sinne des Barwerts umso größer, je größer die Duration des Zahlungsstroms (und vice versa). Um zu dem Ergebnis (3G.3) zu gelangen, muss man allerdings voraussetzen, dass die Zinsänderung sehr bald (im Idealfall praktisch unmittelbar) nach t = 0 erfolgt. Für weitere Details im Kontext der Duration als Maß für das Zinsänderungsrisiko sei auf Albrecht/Maurer (2008, Abschnitt 8.5.1) verwiesen.

Wir schließen mit einem Beispiel.

Beispiel 3G.1

▸▸▸ Der Ausgangszinssatz betrage 5% und die Duration des Zahlungsstroms sei 3.65. Eine (unmittelbar erfolgende) Erhöhung des Zinssatzes auf 5.5% führt approximativ auf eine relative Kursänderung von

$$-\frac{0.005}{1.05}\cdot 3.65 = -0.01738,$$

d.h. um eine Kurssenkung von (approximativ) 17.38%. Eine Verminderung des Zinssatzes auf 4.5% führt entsprechend approximativ zu einer relativen Kursänderung von

$$-\frac{-0.005}{1.05}\cdot 3.65 = 0.01738,$$

d.h. zu einer Kurserhöhung von (approximativ) 17.38%. ◂◂◂

Anhang 3H: Zinsstrukturkurven

Analysiert man die Renditen von börsengehandelten Festzinstiteln, etwa Bundesanleihen, so stellt man fest, dass diese in der Regel nicht unabhängig von der Laufzeit des Titels (fristigkeitsunabhängig) sind, sondern mit der Laufzeit variieren, d.h. eine *Fristigkeitsabhängigkeit* aufweisen. Dies gilt insbesondere auch für die Renditen von Zerobonds, den in Gleichung (3.15) eingeführten Spot Rates. Die Abhängigkeit der Spot Rates von der Laufzeit t notiert man mit r_t und bezeichnet

Zinsstruktur

die Folge $\{r_t;\ t = 1, \ldots, T\}$ der fristigkeitsabhängigen Spot Rates als *Zinsstrukturkurve* (Fristigkeitsstruktur der Zinssätze, Term Structure of Interest Rates).

Der Preis b(0,t) eines Einheitszerobonds, d.h. eines Zerobonds, der im Zeitpunkt t eine Geldeinheit zurückzahlt, ist entsprechend

$$(3H.1)\quad b(0,t) = 1 \cdot (1+r_t)^{-t} = (1+r_t)^{-t}\ .$$

Der Barwert eines Zahlungsstroms $\{z_1, \ldots, z_T\}$ ergibt sich damit zu

$$(3H.2)\quad K_0(r_1, \ldots, r_T) = \sum_{t=1}^{T} z_t b_t = \sum_{t=1}^{T} z_t (1+r_t)^{-t}\ .$$

Ein anfänglich in den Zerobond mit Laufzeit t investiertes Kapital K_0 wächst ferner über t Perioden auf die Größe

$$(3H.3)\quad K_t = K_0 (1+r_t)^t,$$

d.h. die Größe $1 + r_t$ ist der für den Zeitraum [0,t] – und nur für diesen Zeitraum – relevante kapitalmarktkonsistente Aufzinsungsfaktor.

Flache Zinsstruktur

Im Spezialfall $r_1 = \ldots = r_T = r$, man spricht in diesem Fall von einer *flachen Zinsstrukturkurve*, ergibt sich gerade wieder der in Kapitel 1 behandelte Basisfall eines Barwerts. Dies zeigt, dass die traditionelle Barwertkonstruktion in der Finanzmathematik nur ein Spezialfall ist und gemäß (3H.2) erweitert werden muss, um zu einer kapitalmarktkonsistenten Bewertung zu gelangen.

Betrachten wir abschließend noch ein aus *Albrecht/Maurer* (2008, S. 422) entnommenes empirisches Beispiel. Die Abbildung 3H-1 illustriert die empirischen Zinsstrukturen dreier Staaten, so wie sie am 21. März 2000 festgestellt wurden.

Abb. 3H-1

Empirische Zinsstrukturkurven vom 21. März 2000

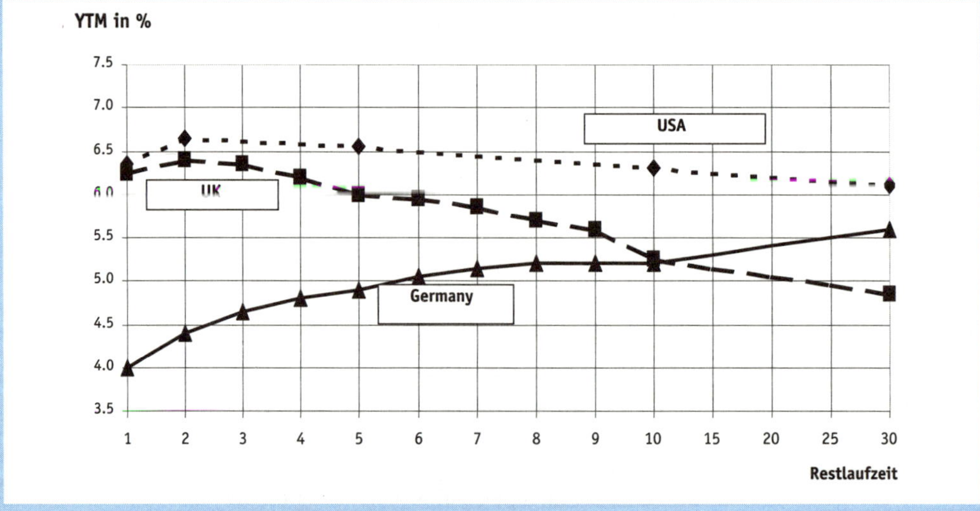

Man erkennt, dass die in den Vereinigten Staaten zu diesem Zeitpunkt herrschende Zinsstrukturkurve (wenn auch nur annähernd) flach war, wohingegen sie in Deutschland eine monoton steigende Form (sog. *normale Zinsstruktur*) aufwies. Die in Großbritannien zu diesem Zeitpunkt herrschende Zinsstruktur ist (überwiegend) monoton fallend, man spricht in diesem Fall von einer *inversen Zinsstruktur*. Damit haben wir zugleich drei gängige Basistypen von Zinsstrukturkurven illustriert (flache, normale, inverse Zinsstruktur). Für eine weitergehende Analyse von Zinsstrukturen verweisen wir auf *Albrecht/Maurer* (2008, Abschnitt 8.3).

Basistypen der Zinsstruktur

Anhang 3I: Verhältnis von arithmetischem und geometrischem Mittel

Die Behauptung des Haupttexts (Abschnitt 3.2.3) lautet

$$\frac{1}{T}(r_1 + \ldots + r_T) \geq \sqrt{(1+r_1) \cdot \ldots \cdot (1+r_T)} - 1,$$

wobei das Gleichheitszeichen nur für $r_1 = \ldots = r_T$ gelte. Mit $x_t = 1 + r_t$ ist dies äquivalent zu

$$x_1 + \ldots + x_T \geq T \cdot \sqrt[T]{x_1 \cdot \ldots \cdot x_T}$$

bzw. zu

$$H(x_1, \ldots, x_T) := \ln(x_1 + \ldots + x_T) - \ln T - \frac{1}{T}\sum_{t=1}^{T} \ln x_t \geq 0.$$

Wir beschränken uns im Weiteren auf die Bestimmung des lokalen Minimums der Funktion H (und hier auf die Überprüfung der notwendigen Bedingungen). Zu lösen sind die Gleichungen

$$0 = \frac{\partial H}{\partial x_t} = \frac{1}{x_1 + \ldots + x_T} - \frac{1}{T} \cdot \frac{1}{x_t}, \quad t = 1, \ldots T$$

bzw.

$$Tx_t = x_1 + \ldots + x_T \text{ für } t = 1, \ldots T$$

Die Lösung dieser Gleichungen und somit das lokale Minimum der Funktion H ist dann gegeben durch $x_1 = \ldots = x_T$, im lokalen Minimum nimmt H den Wert 0 an.

Anhang 3J: Dividendendiskontierungsmodelle (DDM)

Wir betrachten zunächst die in Abbildung 3J-1 illustrierte Situation eines mehrperiodigen Aktieninvestments.

Abb. 3J-1

Mehrperiodiges Aktieninvestment

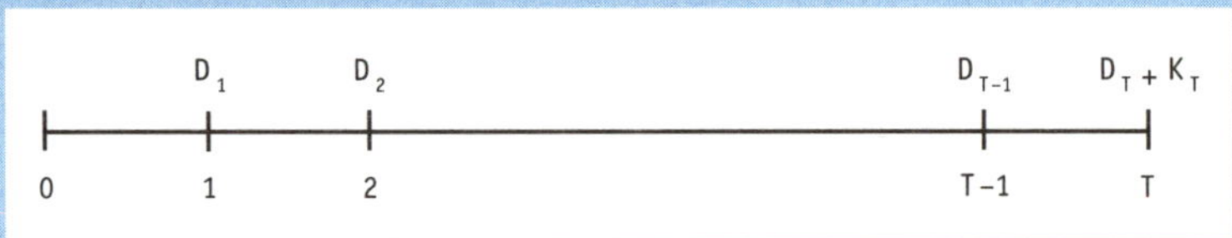

Fairer Wert Aktieninvestment

Das Aktieninvestment löst Dividendenzahlungen zu den Zeitpunkten t = 1, ..., T aus und werde in t = T zu einem Ex-Dividendenkurs (Kurs unmittelbar nach erfolgter Zinszahlung) K_T verkauft. Gesucht ist nun der faire Wert dieses Zahlungsstroms, d. h. der faire Kurs der Aktie zum Zeitpunkt t = 0 (ebenfalls unmittelbar nach erfolgter Dividendenzahlung).

Unter der Hypothese, dass alle Zahlungen sicher sind, entspricht dieser faire Wert dem Barwert der Zahlungen, d. h.

$$(3J.1) \quad v_0 = \sum_{t=1}^{T} D_t (1+r)^{-t} + K_T (1+r)^{-T}.$$

Required rate of return

Wie bereits im Haupttext (Abschnitt 3.1) im Kontext des DDM nach Gordon ausgeführt, besteht eine fundamentale Problematik dieser Vorgehensweise darin, dass die in den Barwert (3J.1) eingehenden Zahlungen nicht wirklich bekannt, sondern unsicher sind. Diese Problematik versucht man bei der praktischen Anwendung des Modells dadurch aufzulösen, dass man einen risikoadjustierten, von den Investoren geforderten Zins (required rate of return) verwendet und von Schätzungen der betreffenden Zahlungen ausgeht.

Transversalität

Eine zweite Problematik besteht dann darin, dass der Kurs K_T der Aktie am Ende des Zeithorizonts nicht zuverlässig spezifiziert werden kann, da er dem Grunde nach zufallsbestimmt ist. Diese Problematik löst man üblicherweise dadurch auf, dass man zu einem unendlichen Zeithorizont übergeht und der Barwertbildung nur noch die Folge der (besser abschätzbaren) künftigen Dividendenzahlungen $\{D_t;\ t = 1, \ldots, T, \ldots\}$ zugrunde legt. Dies erfordert jedoch bei korrekter Argumentation die Gültigkeit der folgenden Bedingung (in der Literatur auch als *Transversalität* bezeichnet) für den (geschätzten) Kurswert

$$(3J.2) \quad \lim_{T \to \infty} \frac{K_T}{(1+r)^T} = 0.$$

Das (geschätzte) Kurswachstum muss somit geringer als das Wachstum des verwendeten Diskontierungsfaktors ausfallen. Im Rahmen der weiteren Analyse nehmen wir an, dass die Transversalitätsbedingung erfüllt ist. Es gilt dann

$$(3J.3) \quad v_0 = \lim_{T \to \infty} \sum_{t=1}^{T} D_t (1+r)^{-t} = \sum_{t=1}^{\infty} D_t (1+r)^{-t}.$$

Dabei nehmen wir an, dass (im Einzelfall noch näher zu spezifizierende) Bedingungen erfüllt sind, die die Existenz des Grenzwerts, d. h. die Konvergenz der unendlichen Reihe, sichern.

Gordon-Growth-Modell

Weiter gehende Aussagen erhält man dadurch, dass man die Struktur der Folge $\{D_t;\ t \geq 1\}$ der künftigen Dividenden weiter konkretisiert. In dem im Haupttext (Abschnitt 3.1) betrachteten Gordon-Growth-Modell wird beispielsweise die Hypothese

$$(3J.4) \quad D_t = D_0(1+g)^t, \quad t \geq 1$$

getroffen, d. h. es wird eine konstante Wachstumsrate g der Dividenden (wobei $g < r$ zu wahren ist) unterstellt.

Zwei-Phasen-Modell

Die Hypothese eines auf ewige Zeiten unveränderten Dividendenwachstums ist natürlich wenig realistisch. Als Alternative betrachten wir als zentrale Variante des Gordon-Modells das *Zwei-Phasen-DDM*. Es beinhaltet zwei unterschiedliche Phasen mit zugehöriger, jeweils konstanter Wachstumsrate. Phase 1 reiche von t = 1, ..., n, hier gelte $D_t = D_0\ (1+g)^t$ und Phase 2 beginne danach, hier gelte $D_{n+t} = D_n\ (1+g_M)^t$, $(t \geq 1)$. Es folgt dann (unter Benutzung sowohl der geometrischen Summe als auch der geometrischen Reihe):

$$v_0 = D_0 \frac{1+g}{1+r} \sum_{t=0}^{n-1} \left(\frac{1+g}{1+r}\right)^t + (1+r)^{-n} D_n \frac{1+g_M}{1+r} \sum_{t=0}^{\infty} \left(\frac{1+g_M}{1+r}\right)^t$$

$$(3J.5) \quad = D_1 \frac{\left[1-\left(\frac{1+g}{1+r}\right)^n\right]}{r-g} + (1+r)^{-n} D_{n+1} \frac{1}{r-g_M}$$

$$= \frac{D_1}{r-g}\left[1-\left(\frac{1+g}{1+r}\right)^n\right] + \frac{D_1}{r-g_M} \frac{1+g_M}{1+r}\left(\frac{1+g}{1+r}\right)^{n-1}.$$

Eine Standardinterpretation besteht darin, dass in der ersten Phase das Unternehmen unterschiedlich (i. d. R. stärker) wächst als der für das Unternehmen relevante Teilmarkt und dann die Wachstumsrate auf Marktniveau sinkt bzw. man wegen der Prognoseproblematik für das Dividendenwachstum des Unternehmens das geschätzte langfristige mittlere Marktwachstum ansetzt.

Beispiel 3J.1 **Zwei-Phasen-DDM**

▸▸▸ Für die Aktie der XZ-AG erwarten die Analysten für die nächsten fünf Jahre ein überdurchschnittliches Dividendenwachstum von 8%. Danach werde ein langfristiges Dividendenwachstum von 5% angenommen. Für den Wert der Aktie gemäß dem Zwei-Phasen-DDM folgt dann aus (3J.5)

$$v_0 = \frac{10\cdot(1.08)}{0.02}\left[1-\left(\frac{1.08}{1.10}\right)^5\right] + \frac{10\cdot(1.08)}{0.05}\frac{1.05}{1.10}\left(\frac{1.08}{1.10}\right)^4$$
$$= 238.93\,. \quad ◂◂◂$$

Drei-Phasen-Modell

In der US-amerikanischen Investmentpraxis wird standardmäßig mit einem *Drei-Phasen-DDM* gearbeitet. Die erste und dritte Phase entsprechen dabei dem Zwei-

Phasen-DDM, die mittlere Phase ist durch ein gleichmäßiges Absinken von g auf g_M gekennzeichnet.

Allen vorstehend aufgeführten DDM ist gemeinsam, dass die Wachstumserwartungen eine wesentliche Grundlage bei der Bewertung von Aktien darstellen. Würde der Kapitalmarkt nur die aktuelle Dividende als ewige Rente diskontieren, so würden die Aktienkurse nur einen Bruchteil ihres tatsächlichen Preises darstellen.

Markteffizienz

Eine alternative Möglichkeit der Verwendung von DDM besteht darin, die in den Marktpreisen enthaltenen impliziten Wachstumserwartungen zu bestimmen. Folgt man Thesen der Markteffizienz, so spiegeln sich in den Aktienpreisen zu jedem Zeitpunkt sämtliche bewertungsrelevanten Informationen wider. Es wäre also müßig, nach dem fairen Preis einer Aktie zu suchen. Dieser ist bereits in Form des aktuellen Marktpreises gegeben. Aber man kann immerhin die marktimpliziten Wachstumserwartungen transparent machen. Im Rahmen des Gordon-Growth-Modells gilt dabei bei beobachtetem aktuellen Preis v_0 und (geschätzter) künftiger Dividendenrendite D_1:

$$g = r - \frac{D_1}{v_0}. \qquad (3J.6)$$

Implizite Wachstumserwartung

Damit ist die in den Kursen implizite Wachstumserwartung aber erst dann eindeutig isolierbar, wenn über die Höhe des (risikoadjustierten) Diskontierungsfaktors Übereinstimmung erzielt wurde.

Beispiel 3J.2 **Implizite Wachstumserwartungen auf Basis des Gordon-Growth-Modells**

▸▸▸ Gegeben sei eine Aktie mit heutigem Kurs v_0 = 2 500 und einer Dividende D_1 von 30 Geldeinheiten. Unterstellen Sie einen risikoadjustierten Diskontierungsfaktor von 10%. Wie hoch sind die impliziten Erwartungen des Marktes über das Dividendenwachstum gemäß des Gordon-Growth-Modells?

Gemäß (3J.6) ergibt sich:

$$g = 0.10 - \frac{30}{2500} = 0.10 - 0.012 = 0.088 .$$

Die implizite (ewige!) Wachstumserwartung beträgt somit 8.8%. ◂◂◂

Anhang 3K: BVI-Methode

BVI-Methode

Die BVI-Methode zur Bestimmung der Wertentwicklung von Investmentfonds wurde vom Bundesverband Investment und Asset Management (BVI) entwickelt und hat sich in der Investmentpraxis als Standardverfahren durchgesetzt. Die Methode geht aus von einer Einmalanlage und erfolgt auf der Basis der Anteilswerte. Ausgangspunkt zur Berechnung des Anteilswerts AW_t zum Zeitpunkt t (t = 0,1,...T) ist der Inventarwert (Net Asset Value) v_t zum Zeitpunkt t. Der Inventarwert des Fonds umfasst dabei die Werte aller Vermögensgegenstände einschließlich

Inventarwert (Net Asset Value)

sämtlicher Erträge (Zinsen, Dividenden, Mieteinnahmen) und unter Berücksichtigung aller Aufwendungen auf Fondsebene (etwa Verwaltungsvergütungen). Nicht berücksichtigt sind hierbei die individuellen Aufwendungen des einzelnen Anlegers (etwa individuelle Depotgebühren oder der Ausgabeaufschlag), da sich diese von Bank zu Bank unterscheiden bzw. je nach gewähltem Vertriebsweg und Anlagesumme variieren. Die BVI-Methode spiegelt somit ausschließlich die Wertentwicklung der durch den Fonds gehaltenen Investments abzüglich der auf Fondsebene angefallenen Kosten wider.

Anteilswert eines Fonds

Der Anteilswert eines Fonds ermittelt sich dann als Quotient des Inventarwerts des Fonds und der ausgegebenen Anteile.

Thesaurierender Fonds

Beginnen wir mit der Analyse eines thesaurierenden Fonds. Es bezeichne n_t die Anzahl der zu Beginn der Periode [t, t+1) ausgegebenen Anteile (t = 0,1,…,T−1), insbesondere gilt

(3K.1) $AW_0 = v_0 / n_0$.

Es wird nun angenommen, dass während der Periode [t, t+1) die Anzahl der ausgegebenen Anteile unverändert bleibt. Somit gilt für den Wert des Fonds am jeweiligen Periodenende

(3K.2) $v_t = n_{t-1} \cdot AW_t \quad (t = 1,\ldots,T)$.

Zuzahlungen $z_t > 0$ in den Fonds bzw. Entnahmen $z_t < 0$ aus dem Fonds finden jeweils am Periodenende statt (t = 1,…,T−1) und führen annahmegemäß zu einer Erhöhung bzw. Reduktion der Anteile im Umfang von z_t/AW_t, d. h. es gilt ($z_0 = 0$)

(3K.3a) $v_t + z_t = n_{t-1} AW_t + z_t = n_t \cdot AW_t \quad (t = 1,\ldots,T)$

bzw.

(3K.3b) $n_t = n_{t-1} + \dfrac{z_t}{AW_t}$.

Die Rendite r_t der Periode [t, t+1), also vor der Zuführung bzw. Entnahme in Höhe von z_t, ergibt sich nach dem Anteilswertkonzept nunmehr als *Wertveränderung der Anteile*, d. h.

(3K.4a) $r_t = \dfrac{AW_t}{AW_{t-1}} - 1$.

Da nach (3K.3a) $AW_{t-1} = (v_{t-1} + z_{t-1}) / n_{t-1}$ und nach (3K.2) $AW_t = v_t / n_{t-1}$, resultiert hieraus

$$r_t = \frac{AW_t}{AW_{t-1}} - 1 = \left[\frac{v_t}{n_{t-1}} \Big/ \frac{v_{t-1} + z_{t-1}}{n_{t-1}}\right] - 1$$

und damit insgesamt

(3K.4b) $r_t = \dfrac{v_t}{v_{t-1} + z_{t-1}} - 1$.

Der Vergleich mit dem Haupttext (Abschnitt 3.2.5, Beziehung (3.20)) zeigt nun, dass unter den getroffenen Prämissen die Rendite nach der BVI-Methode offenbar mit der zeitgewichteten Rendite übereinstimmt. Die Periodisierung bzw. Annualisierung der Rendite erfolgt dann wie im Haupttext (Abschnitt 3.2.5, Beziehung (3.22)).

Nicht-thesaurierender Fonds

Analysieren wir nun allgemeiner den Fall eines nicht-thesaurierenden Fonds, d.h. es ist erlaubt, dass während der Periode [t, t+1) Ausschüttungen erfolgen (t = 0,1,...,T−1). Um die Wertentwicklung eines thesaurierenden Fonds und eines nicht-thesaurierenden Fonds vergleichbar zu machen, trifft man nun die zentrale Prämisse, dass der ausgeschüttete Betrag unmittelbar nach seinem Anfall zum Erwerb neuer Fondsanteile zum Anteilswert nach Ausschüttung verwendet wird. Wir analysieren diese Vorgehensweise anhand einer einzelnen Ausschüttung der Höhe D zu einem Zeitpunkt $t < s < t+1$. Der Wert eines Anteils unmittelbar vor der Ausschüttung betrage AW_s, unmittelbar nach der Ausschüttung beträgt der Wert daher $AW_s^{ex} = AW_s - D$. Die Ausschüttungsverhältnisse sind noch einmal in Abbildung 3K-1 illustriert.

Abb. 3K-1

Ausschüttung aus einem Investmentfonds

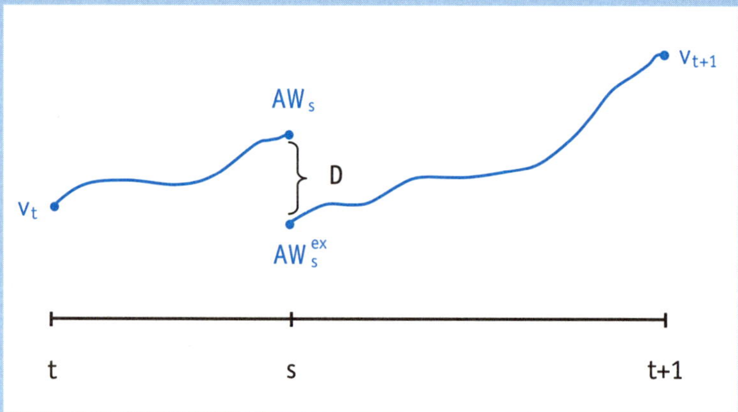

Besitzt der Investor zu Periodenbeginn nun n_t Anteile, so kann er aufgrund der Ausschüttung

(3K.5) $n_s = n_t \cdot D / AW_s^{ex}$.

zusätzliche Fondsanteile erwerben.

Der absolute Vermögenswert am Ende der Periode ist daher

$$(n_t + n_s) \cdot AW_{t+1} = n_t \cdot (1 + D / AW_s^{ex}) \cdot AW_{t+1}.$$

Die korrespondierende Einperiodenrendite beträgt daher

$$\begin{aligned}(3K.6)\quad &\frac{n_t \cdot (1 + D / AW_s^{ex}) \cdot AW_{t+1}}{n_t \cdot AW_t} - 1 \\ &= \left(1 + \frac{D}{AW_s^{ex}}\right) \cdot \frac{AW_{t+1}}{AW_t} - 1 .\end{aligned}$$

Die relative Wertentwicklung AW_{t+1}/AW_t der Anteilswerte über die Periode ist daher mit dem Korrekturfaktor $1 + D / AW_s^{ex}$ zu multiplizieren. Erfolgen zwei oder mehr Ausschüttungen in der Periode, so sind entsprechend zwei oder mehr korrespondierende Korrekturfaktoren zu bilden. Die vorstehend dargelegte Vorgehensweise soll nun noch anhand eines Beispiels illustriert werden.

Beispiel 3K.1 **Rendite von Investmentfonds unter Berücksichtigung von Ausschüttungen**

▸▸▸ Der Anteilspreis eines Investmentfonds beträgt am Jahresanfang 100 Euro und am Jahresende 106 Euro. Innerhalb des Jahres erfolgen zwei Ertragsausschüttungen in Höhe von 2.5 Euro bzw. 3 Euro pro Anteilsschein. Dabei beträgt der Preis eines Anteils unmittelbar nach der ersten (zweiten) Ertragsausschüttung 99 Euro (104 Euro). Der erste Korrekturfaktor berechnet sich gemäß 1 + 2.5/99 = 1.02525 und der zweite gemäß 1 + 3/104 = 1.02885, was zu einer Gesamtrendite gemäß Anteilswertkonzept in Höhe von r_{AWK} = (106 · 1.02525 · 1.02885) /100 – 1 = 11.78% führt. ◂◂◂

Ausgabeaufschlag

Abschließend gehen wir noch der Frage nach, wie ein anfänglicher Ausgabeaufschlag bei einem Einmalinvestment auf die Rendite wirkt. Der Ausgabeaufschlag betrage 100c% (0 < c < 1) des investierten Kapitals. Der anfängliche Ausgabeaufschlag verteuert den anfänglichen Anteilswert auf $AW_0(1+c)$.

Ausgehend von einem anfänglich investierten Kapital in Höhe von K_0 kann der Anleger somit $n_0 = K_0/AW_0(1+c)$ Anteile erwerben, der Vermögenswert zum Zeitpunkt T beträgt daher $K_T = n_0 AW_T = n_0 AW_0[1+r(0,T)]$. Dies führt zu einer Gesamtrendite nach Berücksichtigung des Ausgabeaufschlags von

$$\begin{aligned}(3K.7)\quad &1 + r_c(0,T) = \frac{K_T}{K_0} = \frac{n_0 AW_0 [1 + r(0,T)]}{K_0} \\ &= \frac{1 + r(0,T)}{1 + c}\end{aligned}$$

bzw. in annualisierter Form von

$$\begin{aligned}(3K.8)\quad &\left(\frac{1 + r(0,T)}{1 + c}\right)^{1/T} - 1 \\ &= \frac{1 + r_{ZGR}}{(1 + c)^{1/T}} - 1 ,\end{aligned}$$

wobei r_{ZGR} die zeitgewichtete Rendite bezeichne.

4 Lösungsskizzen zu den Aufgaben

4.1 Lösungsskizzen zu Kapitel 1

4.1.1 Lösungsskizzen zu Abschnitt 1.1

Aufgabe 1.1.1

Basis-Zahlungsstrommodell, Periodenlänge 1 Jahr

$Z_{\text{Festzinstitel}} = \{-70\,000,\ 7\,000,\ 7\,000,\ 7\,000,\ 7\,000,\ 77\,000\}$

$Z_{\text{Aktie}} = \{0,\ -60\,000,\ 6\,000,\ 7\,000,\ 63\,000\}$

$Z_{\text{Nullkuponanleihe}} = \{0,\ 0,\ -120\,000,\ 0,\ 0,\ 0,\ 160\,000\}$

$Z_{\text{Gesamt}} = \{-70\,000,\ -53\,000,\ -107\,000,\ 14\,000,\ 70\,000,\ 77\,000,\ 160\,000\}$

Aufgabe 1.1.2

a) Basis-Zahlungsstrommodell, Periodenlänge 1 Jahr

$Z_{\text{Anleger A}} = \{-25\,000,\ 0,\ 0,\ 0,\ 35\,000\}$

$Z_{\text{Investor I}} = \{25\,000,\ -2\,500,\ -2\,500,\ -2\,500,\ -27\,500\}$

$Z_{\text{Bank B}} = \{0,\ 2\,500,\ 2\,500,\ 2\,500,-7\,500\}$

b) Verallgemeinertes Zahlungsstrommodell,

$t_0 = 0,\ t_1 = 1,\ t_2 = 2,\ t_3 = 2.5,\ t_4 = 2.75,\ t_5 = 3,\ t_6 = 4$

Zahlungsstrom aus Sicht des Anlegers A: $z(t_0) = -25\,000$, $z(t_3) = 26\,000$, $z(t_4) = -25\,000$, $z(t_6) = 35\,000$

Zahlungsstrom aus Sicht des Anlegers C: $z(t_3) = -26\,000$, $z(t_4) = 25\,000$

Zahlungsstrom aus Sicht des Investors I: $z(t_0) = 25\,000$, $z(t_1) = -2\,500$, $z(t_2) = -2\,500$, $z(t_5) = -2\,500$, $z(t_6) = -27\,500$

Zahlungsstrom aus Sicht der Bank B: $z(t_1) = 2\,500$, $z(t_2) = 2\,500$, $z(t_5) = 2\,500$, $z(t_6) = -7\,500$

Aufgabe 1.1.3

Verallgemeinertes Zahlungsstrommodell, $t_0 = 0$ (01.07.03), $t_1 = \frac{75}{360} = \frac{5}{24}$, $t_2 = 1\frac{5}{24}$, $t_3 = 2\frac{5}{24}$, $t_4 = 2\frac{3}{4}$

Zahlungsstrom: $z(t_0) = -80\,000$, $z(t_1) = 10\,000$, $z(t_2) = 9\,000$, $z(t_3) = 8\,100$, $z(t_4) = 68\,000$

Aufgabe 1.1.4

Verallgemeinertes Zahlungsstrommodell, $t_0 = 0$ (01.01.08), $t_1 = 0.75$, $t_2 = 1$, $t_3 = 1.75$, $t_4 = 2$, $t_5 = 2.75$, $t_6 = 3$, $t_7 = 3.75$, $t_8 = 4$

Zahlungsstrom aus Sicht von Heinz H: $z(t_0) = 5\,600$, $z(t_1) = -5\,600$, $z(t_2) = -8\,400$, $z(t_3) = 1\,400$, $z(t_5) = 1\,400$, $z(t_6) = -5\,600$, $z(t_7) = 7\,000$, $z(t_8) = 8\,400$

Zahlungsstrom aus Sicht von Freund F: $z(t_1)=5600$, $z(t_2)=7000$, $z(t_3)=-1400$, $z(t_4)=-1400$, $z(t_5)=-1400$, $z(t_6)=-1400$, $z(t_7)=-7000$, $z(t_8)=-8400$
Zahlungsstrom aus Sicht von Geldhai G: $z(t_0)=-5600$, $z(t_2)=1400$, $z(t_4)=1400$, $z(t_6)=7000$

4.1.2 Lösungsskizzen zu Abschnitt 1.2

Aufgabe 1.2.1

Basis-Zahlungsstrommodell, Periodenlänge 1 Jahr

$Z_{\text{Emittent E}}=\{10000,\ 10000,\ 0,\ -13000,\ -3000,\ 0,\ 0,\ -13000\}$

$Z_{\text{Herr D}}=\{-10000,\ -60000,\ 5000,\ 18000,\ 8000,\ 25000,\ -3515.22,\ 39484.78\}$

(Höhe der jährlichen Zinszahlung an W: $20000\cdot(1.03^{12}-1)=8515.22$)

Aufgabe 1.2.2

$$K_1^A=K_0\cdot\left(1+\frac{u}{m}\right)^m=1000\cdot\left(1+\frac{0.03}{12}\right)^{12}=1030.42$$

$$K_1^B=K_0\cdot e^u=1000\cdot e^{0.03}=1030.45$$

Aufgabe 1.2.3

Zinstage 2001 (07.03.2001 bis 31.12.2001 plus Anlagetag):
$(30-7)+(12-3)\cdot 30+(1-1)\cdot 360+1=294$

Zinstage 2009 (01.01.2009 bis 22.04.2009):
$(22-1)+(4-1)\cdot 30+(9-9)\cdot 360 = 111$

$K_T = 53\cdot(1+r\cdot t_1)\cdot(1+r)^t\cdot(1+r\cdot t_2) =$

$53\cdot\left(1+0.05\cdot\frac{294}{360}\right)\cdot 1.05^7\cdot\left(1+0.05\cdot\frac{111}{360}\right)=78.82<79$

Das Geld reicht leider nicht für Friedas Herzenswunsch.

Aufgabe 1.2.4

Jahr	Kontostand Jahresbeginn	Veränderung	Kontostand Jahresende
1	30 000.00	-12 000.00	18 000.00
2	18 000.00	-7 200.00	10 800.00
3	10 800.00	-4 320.00	6 480.00
4	6 480.00	3 888.00	10 368.00
5	10 368.00	6 220.80	16588.80
6	16588.80	9953.28	26542.08

Der Wertverlust kommt zustande, da sich die 40%igen Kursverluste jeweils auf ein größeres Kapital beziehen als die 60%igen Kursgewinne. (Kurz: $0.6 \cdot 1.6 = 0.96 < 1$)

Um die ursprünglichen 30 000 Euro wieder zu erreichen, müsste gelten:

$$30\,000 \cdot 0.6^3 \cdot (1 + x)^3 = 30\,000$$
$$0.6 \cdot (1 + x) = 1$$
$$x = \frac{2}{3}$$

Das Kapital müsste also in den letzten drei Jahren jeweils um 66.67% p. a. wachsen.

Aufgabe 1.2.5

Die benötigte Zeit zur Kapitalverdopplung berechnet sich durch:

$$K_0 \cdot q^t = 2 \cdot K_0$$

$$t \cdot \ln q = \ln 2$$

$$t = \frac{\ln 2}{\ln(1+r)}$$

Zinssatz	3%	5%	8%	15%
Zeit nach 72-er Regel	24 Jahre	14.4 Jahre	9 Jahre	4.8 Jahre
Tatsächliche Zeit	23.45 Jahre	14.21 Jahre	9.01 Jahre	4.96 Jahre

Aufgabe 1.2.6

a) Barwert für p = 10:

$$K_0(r) = K_T \cdot (1+r)^{-T} = K_T \cdot \left(1 + \frac{p}{100}\right)^{-T}$$

$$= 100\,000 \cdot \left(1 + \frac{10}{100}\right)^{-9} = 100\,000 \cdot 1.1^{-9} = 42\,409.76$$

b) Wenn der Diskontfaktor $1/q = 10/11$ beträgt, so ist $q = 11/10 = 1.1$, damit $r = q - 1 = 0.1$
und $p = 100 \cdot r = 10$. Damit verändert sich der Barwert nicht.

c) Barwert bei steigendem Zinsfuß:

$$K_0(r_1, \ldots, r_T) = K_T \cdot \left[\prod_{t=1}^{T} (1 + r_t)\right]^{-1} = K_T \cdot \left[\prod_{t=1}^{T} \left(1 + \frac{p_t}{100}\right)\right]^{-1}$$

$$= 100\,000 \cdot (1.06 \cdot 1.07 \cdot 1.08 \cdot 1.09 \cdot 1.10 \cdot 1.11 \cdot 1.12 \cdot 1.13 \cdot 1.14)^{-1}$$

$$= 42\,515.09$$

Aufgabe 1.2.7

a) Da Laufzeit und Kredithöhe identisch sind, sind diese für die Berechnung irrelevant. Lediglich die Effektivzinssätze sind zu untersuchen.

$$r_{eff}^A = 9.1\%$$

$$r_{eff}^B = \left(1+\frac{0.0885}{4}\right)^4 - 1 = 9.148\%$$

$$r_{eff}^C = \left(1+\frac{0.088}{12}\right)^{12} - 1 = 9.164\%$$

$$r_{eff}^D = \left(1+\frac{0.0878}{360}\right)^{360} - 1 = 9.176\%$$

$$r_{eff}^E = e^{0.0876} - 1 = 9.155\%$$

Variante D ist somit für die Bank und Bert die beste.

b) $$e^u - 1 = \left(1+\frac{0.1}{4}\right)^4 - 1$$

$$u = 4 \cdot \ln(1.025) = 9.877\%$$

Aufgabe 1.2.8

a) Variante A:

$$K_1^A = K_0 \cdot (1+0.025)$$

$$= 1.025 \cdot K_0$$

$$r_{eff}^A = \frac{K_1^A}{K_0} - 1 = 2.5\%$$

Variante B:

$$K_1^B = K_0 \cdot \left(1+\frac{1}{4}0.0225\right)^4 - 3 \cdot 4 \cdot \left(1+\frac{1}{4}0.0225\right)^3$$

$$-3 \cdot 4 \cdot \left(1+\frac{1}{4}0.0225\right)^2 - 3 \cdot 4 \cdot \left(1+\frac{1}{4}0.0225\right) - 3 \cdot 4$$

$$= 1.02269 \cdot K_0 - 48.40652$$

$$r_{eff}^B = \frac{K_1^B}{K_0} - 1 = 2.269\% - \frac{48.40652}{K_0}$$

Variante C:

$$K_1^C = K_0 \cdot \left(1+\frac{1}{4}0.02\right)^4 - 3\cdot 1.5\cdot\left(1+\frac{1}{4}0.02\right)^3$$

$$-3\cdot 1.5\cdot\left(1+\frac{1}{4}0.02\right)^2 - 3\cdot 1.5\cdot\left(1+\frac{1}{4}0.02\right) - 3\cdot 1.5$$

$$= 1.02015\cdot K_0 - 18.13545$$

$$r_{eff}^C = \frac{K_1^C}{K_0} - 1 = 2.015\% - \frac{18.13545}{K_0}$$

Variante D:

$$K_1^D = K_0 \cdot \left(1+\frac{1}{12}\cdot 0.015\right)^{12}$$

$$= 1.01510\cdot K_0$$

$$r_{eff}^D = \frac{K_1^D}{K_0} - 1 = 1.510\%$$

b) B ist gegenüber C vorzuziehen, falls

$$K_1^B > K_1^C$$

$$1.02269\cdot K_0 - 48.40652 > 1.02015\cdot K_0 - 18.13545$$

$$K_0 > 11917.48$$

B ist gegenüber D vorzuziehen, falls

$$K_1^B > K_1^D$$

$$1.02269\cdot K_0 - 48.40652 > 1.01510\cdot K_0$$

$$K_0 > 6380.19$$

C ist gegenüber D vorzuziehen, falls

$$K_1^C > K_1^D$$

$$1.02015\cdot K_0 - 18.13545 > 1.01510\cdot K_0$$

$$K_0 > 3593.35$$

Insgesamt folgt somit eine Anlageentscheidung für
Konto B, falls $11917.48 < K_0$,
Konto C, falls $3593.35 < K_0 \leq 11917.48$,
Konto D, falls $K_0 \leq 3593.35$

Aufgabe 1.2.9

a) In den ersten beiden Jahren beträgt der Zinssatz 3% p. a., im dritten Jahr sind es allerdings $1.001^{52}-1=5.335\%$ p. a. Somit resultiert für den dreijährigen Kredit ein durchschnittlicher Jahreszins von

$$r_A = \sqrt[3]{1.03^2 \cdot 1.001^{52}} - 1 = 3.772\,\% \text{ p.a.}$$

b) Der Rückzahlungsbetrag in chinesischer Währung entspricht nun nicht mehr 500 000 Euro, sondern 1.2 · 500 000 = 600 000 Euro. Die Aufwertung des RMB entspricht, isoliert betrachtet, einer Zinsbelastung von

$$r_{Aufwertung} = \sqrt[3]{1.2} - 1 = 6.266\% \text{ p. a.}$$

Allerdings darf man nun nicht den resultierenden durchschnittlichen Jahreszins des Kredits durch Addition der beiden Zinssätze berechnen, denn dabei bliebe die Zinskapitalisierung (Zinseszinsen) unberücksichtigt.
(Falsch: $r_B = 3.772\% + 6.266\% = 10.038\%$ p. a.)
Stattdessen berechnet sich der effektive Zinssatz wie folgt:

$$K_0 \cdot (1 + r_B)^3 = K_0 \cdot 1.03^2 \cdot 1.001^{52} + K_0 \cdot 0.2$$

$$r_B = \sqrt[3]{1.03^2 \cdot 1.001^{52} + 0.2} - 1 = 9.627\% \text{ p.a.}$$

c) $K_0 \cdot (1 + r_C)^3 = K_0 \cdot 1.03^2 \cdot 1.001^{52} \cdot 1.2$

$$r_C = \sqrt[3]{1.03^2 \cdot 1.001^{52} \cdot 1.2} - 1 = 10.275\% \text{ p.a.}$$

d) $r_D = \sqrt[3]{1.04 \cdot 1.03 \cdot 1.05} - 1 = 3.997\,\%$ p. a.

Ex ante ist Franz nicht klar, dass es Währungskursschwankungen geben wird. Somit wird er sich für den Kredit bei der China-Bank entscheiden. Bei Kenntnis der Schwankungen ist das Angebot der Deutschland-Bank für Franz günstiger.

e) $\sqrt[3]{1.04 \cdot 1.03 \cdot 1.05} = \sqrt[3]{1.05 \cdot (1+x)^{12}}$

$$x = \sqrt[12]{1.04 \cdot 1.03} - 1 = 0.575\,\% \text{ p.m.}$$

4.1.3 Lösungsskizzen zu Abschnitt 1.3

Aufgabe 1.3.1

a) Zahlungen, die zu verschiedenen Zeitpunkten anfallen, können nicht ohne weiteres verglichen werden, falls der Marktzinssatz nicht Null ist. Das Problem der Zeitverschiedenheit von Zahlungen lässt sich lösen, indem man die Werte in einem beliebigen, aber fixierten Zeitpunkt s vergleicht:

$K_s = Z_t \cdot (1+r)^{s-t}$.

Hierzu sind jedoch neben der Höhe der Zahlung und dem Zahlungszeitpunkt auch Angaben über die Höhe des Zinssatzes notwendig. Dieser ist in der Aufgabenstellung jedoch nicht erwähnt, eine generelle Aussage über die Vorteilhaftigkeit einer Alternative – wie sie von Anke und Heike getroffen wird – ist daher nicht möglich.

Aussagen zur Vorteilhaftigkeit einer Zahlung gegenüber einer anderen lassen sich ohne Kenntnis des Zinssatzes nur dann treffen, wenn eine der Zahlungen negativ und die andere positiv ist oder wenn die im Betrag niedrigere Einzahlung zu einem späteren Zeitpunkt bzw. die im Betrag höhere Auszahlung zu einem früheren Zeitpunkt anfällt.

b) Heikes Vorschlag (Zahlung am Monatsanfang) ist vorzuziehen, falls

$$\text{Gehalt} \cdot (1+r)^{1/12} > \text{Gehalt} \cdot 1.01$$
$$r > 1.01^{12} - 1 = 12.68\,\%$$

Falls $r < 12.68\%$ ist Ankes spontane Entscheidung (Zahlung am Monatsende) zu präferieren.

Für $r = 12.68\%$ sind die Alternativen gleichwertig.

Die Höhe von Ankes Gehalt ist für die Aufgabe irrelevant.

Aufgabe 1.3.2

a) Verallgemeinertes Zahlungsstrommodell,

$$t_0 = 0 \text{ (01.01.)},\ t_1 = \frac{13}{365} \text{ (14.01.)},\ t_2 = \frac{14}{365} \text{ (15.01.)},$$

$$t_3 = \frac{30}{365} \text{ (31.01.)},\ t_4 = \frac{58}{365} \text{ (28.02.)},\ t_5 = \frac{61}{365} \text{ (03.03.)},$$

$$t_6 = \frac{89}{365} \text{ (31.03.)}$$

Hinweis: Der 31. Januar liegt 30 Tage nach dem 1. Januar, daher ist $t_3 = \frac{30}{365}$.

$z(t_0) = 18$ (nicht 41, das vorhandene Anfangskapital bleibt außer Acht) ,
$z(t_1) = 10,\ z(t_2) = -7,\ z(t_3) = 5,\ z(t_4) = 5,\ z(t_5) = 6,\ z(t_6) = 5$

b) Bei der Vermögensberechnung ist das Anfangskapital mitzuzählen.

$$K_T = 41 \cdot 1.08^{\frac{90}{365}} + 10 \cdot 1.08^{\frac{77}{365}} - 7 \cdot 1.08^{\frac{76}{365}} + 5 \cdot 1.08^{\frac{60}{365}}$$
$$+ 5 \cdot 1.08^{\frac{32}{365}} + 6 \cdot 1.08^{\frac{29}{365}} + 5 \cdot 1.08^{\frac{1}{365}}$$
$$= 65.97$$

c) Bei der Vermögensberechnung ist das Anfangskapital mitzuzählen.

$$K_T = 41 \cdot 1.08^{\frac{90}{360}} + 10 \cdot 1.08^{\frac{77}{360}} - 7 \cdot 1.08^{\frac{76}{360}} + 5 \cdot 1.08^{\frac{61}{360}}$$
$$+ 5 \cdot 1.08^{\frac{33}{360}} + 6 \cdot 1.08^{\frac{28}{360}} + 5 \cdot 1.08^{\frac{1}{360}}$$
$$= 65.99$$

4.1.4 Lösungsskizzen zu Abschnitt 1.4

Aufgabe 1.4.1

a) $K_0 = -90\,000 + 3\,000 \cdot 1.03^{-1} + 6\,000 \cdot 1.03^{-1} \cdot 1.06^{-1} + 9\,000 \cdot 1.03^{-1} \cdot 1.06^{-1} \cdot 1.09^{-1} + 90\,000 \cdot 1.03^{-1} \cdot 1.06^{-1} \cdot 1.09^{-1} \cdot 1.01^{-1}$

$= 848.30$

$= K_0 \cdot 1.03 \cdot 1.06 \cdot 1.09 \cdot 1.01 = 1\,019.63$

b) Die Investition ist vorteilhaft, da der Barwert bzw. der Endwert positiv ist.

c) $K_{0,neu} = K_0 - 90\,000 \cdot 1.04^{0.25} - 1) = 848.30 - 886.81 = -38.51$

$K_{T,neu} = K_{0,neu} \cdot 1.03 \cdot 1.06 \cdot 1.09 \cdot 1.01 = -46.28$

Die Investition ist nun nicht mehr vorteilhaft.

Aufgabe 1.4.2

a) Verallgemeinertes Zahlungsstrommodell,
$t_0 = 0$ (01.01.08), $t_1 = 3.5$, $t_2 = 4.5$, $t_3 = 5$, $t_4 = 6$, $t_5 = 7$

Zahlungsstrom Supersicher:
$z(t_0) = -80\,000$, $z(t_1) = 0.03 \cdot (80\,000 + 3 \cdot 5\,000) = 2\,850$,
$z(t_2) = 0.03\ )\ (80\,000 + 4 \cdot 5\,000) = 3\,000$, $z(t_3) = 80\,000 + 5 \cdot 5\,000 = 105\,000$,
$z(t_4) = 0$, $z(t_5) = 0$

Zahlungsstrom Spardichreich: $z(t_0) = -90\,000$, $z(t_1) = 0$, $z(t_2) = 0$, $z(t_3) = 0$,
$z(t_4) = 90\,000 \cdot 1.07^6 = 135\,065.73$, $z(t_5) = 0$

Zahlungsstrom Patientia: $z(t_0) = -100\,000$, $z(t_1) = 0$, $z(t_2) = 0$, $z(t_3) = 0$,
$z(t_4) = 0$, $z(t_5) = 150\,000$

b) Freies Kapital wird stets unverzüglich zu 6% p.a. angelegt. Somit fallen nur Zahlungen in t_1 und t_5 an.

Zahlungsstrom Supersicher: $z(t_0) = -100\,000$,

$$\begin{aligned} z(t_5) &= 20\,000 \cdot 1.06^7 + 0.03 \cdot (80\,000 + 3\ 5\,000)\ 1.06^{3.5} \\ &\quad + 0.03 \cdot (80\,000 + 4 \cdot 5\,000) \cdot 1.06^{2.5} \\ &\quad + (80\,000 + 5 \cdot 5\,000) \cdot 1.06^2 \\ &= 20\,000 \cdot 1.06^7 + 2\,850 \cdot 1.06^{3.5} + 3\,000 \cdot 1.06^{2.5} + 105\,000 \cdot 1.06^2 \\ &= 155\,015.80 \end{aligned}$$

Zahlungsstrom Spardichreich: $z(t_0) = -100\,000$,

$$\begin{aligned} z(t5) &= 10\,000 \cdot 1.067 + 90\,000 \cdot 1.076 \cdot 1.06 \\ &= 158\,205.98 \end{aligned}$$

Zahlungsstrom Patientia: $z(t_0) = -100\,000$, $z(t_5) = 150\,000$

c) In der Variante »Kopfkissen« ist der Bar- bzw. Endwert bei einem Zinssatz von 0% zu berechnen.

$$K_0^{Supersicher} = K_T^{Supersicher} = -80\,000 + 2\,850 + 3\,000 + 105\,000 = 30\,850$$

$$K_0^{Spardichreich} = K_T^{Spardichreich} = -90\,000 + 135\,065.73 = 45\,065.73$$

$$K_0^{Patientia} = K_T^{Patientia} = -100\,000 + 150\,000 = 50\,000$$

In der Variante »Bank« wird ein Zinssatz von 6% verwendet.

$$K_0^{Supersicher} = -100\,000 + 155\,015.80 \cdot 1.06^{-7} = 3\,094.36$$

$$K_T^{Supersicher} = -100\,000 \cdot 1.06^{7} + 155\,015.80 = K_0^{Supersicher} \cdot 1.06^{7} = 4\,652.77$$

$$K_0^{Spardichreich} = -100\,000 + 158\,205.98 \cdot 1.06^{-7} = 5\,216.01$$

$$K_T^{Spardichreich} = -100\,000 \cdot 1.06^{7} + 158\,205.98 = K_0^{Spardichreich} \cdot 1.06^{7} = 7\,842.95$$

$$K_0^{Patentia} = -100\,000 + 150\,000 \cdot 1.06^{-7} = -241.43$$

$$K_T^{Patientia} = -100\,000 \cdot 1.06^{7} + 150\,000 = K_0^{Patientia} \cdot 1.06^{7} = -363.03$$

4.2 Lösungsskizzen zu Kapitel 2

4.2.1 Lösungsskizzen zu Abschnitt 2.1

Aufgabe 2.1.1

$$BW^n = R \cdot \frac{q^T - 1}{q - 1} \cdot q^{-T} = 10\,000 \cdot \frac{1.05^{15} - 1}{1.05 - 1} \cdot 1.05^{-15} = 103\,796.58$$

$$EW^n = R \cdot \frac{q^T - 1}{q - 1} = 10\,000 \cdot \frac{1.05^{15} - 1}{1.05 - 1} = 215\,785.64 = BW^n \cdot q^T$$

Aufgabe 2.1.2

$$BW^v_{65.Geburtstag} = R \cdot \frac{q^T - 1}{q - 1} \cdot q^{-T+1} = 12\,000 \cdot \frac{1.04^{25} - 1}{1.04 - 1} \cdot 1.04^{-24} = 194\,963.56$$

$$BW^v_{20.Geburtstag} = BW^v_{65.Geburtstag} \cdot q^{-45} = 33\,377.45$$

Aufgabe 2.1.3

a) $BW^v = R \cdot \frac{q^T - 1}{q - 1} \cdot q^{-T+1} = 3\,000 \cdot \frac{1.04^{15} - 1}{1.04 - 1} \cdot 1.04^{-14} = 34\,689.37$

b) $BW^n = R \cdot \frac{q^T - 1}{q - 1} \cdot q^{-T} = 3000 \cdot \frac{1.04^{15} - 1}{1.04 - 1} \cdot 1.04^{-15} = 33\,355.16 = BW^v \cdot q^{-1}$

c) $K^v_{-10} = BW^v \cdot q^{-10} = 23\,434.89$

$K^n_{-10} = BW^n \cdot q^{-10} = 22\,533.55$

Aufgabe 2.1.4

a) $BW^n = R \cdot \frac{q^{T/m}-1}{q^{1/m}-1} \cdot q^{-T/m} = 870 \cdot \frac{1.06^{84/12}-1}{1.06^{1/12}-1} \cdot 1.06^{-84/12} = 59\,865.90$

b) $BW^v = R \cdot \frac{q^{T/m}-1}{q^{1/m}-1} \cdot q^{(-T+1)/m} = 870 \cdot \frac{1.06^{84/12}-1}{1.06^{1/12}-1} \cdot 1.06^{-83/12} = 60\,157.30$

$= BW^n \cdot 1.06^{1/12}$

c) $K^n_{-3.5} = BW^n \cdot q^{-3.5} = 48\,821.26$

$K^v_{-3.5} = BW^v \cdot q^{-3.5} = 49\,058.90$

d) $0.9 \cdot BW^n_{\text{aus a)}} \cdot q^{t/12} \geq BW^n_{\text{aus a)}}$

$$\ln q^{t/12} \geq \ln\left(\frac{1}{0.9}\right)$$

$$t \geq -\frac{\ln 0.9}{\ln 1.06} \cdot 12 = 21.70$$

Die Zahlungen können erst 22 Monate später beginnen, die erste Zahlung kann also erst am 30.11.08 erfolgen.

Aufgabe 2.1.5

$$\lim_{t\to\infty} BW^n = \lim_{t\to\infty} R \cdot \frac{q^t-1}{q-1} \cdot q^{-t} = \lim_{t\to\infty} R \cdot \frac{1-q^{-t}}{r} = \frac{R}{r}$$

$$\lim_{t\to\infty} BW^v = \lim_{t\to\infty} R \cdot \frac{q^t-1}{q-1} \cdot q^{-t+1} = \lim_{t\to\infty} R \cdot \frac{1-q^{-t}}{r} \cdot q = \frac{R \cdot q}{r}$$

$$R \cdot RBF = R \cdot \frac{q^T-1}{r} \cdot q^{-T} = \frac{R}{r}(1-q^{-T}) = \frac{R}{r} - \frac{R}{r} \cdot q^{-T}$$

Aufgabe 2.1.6

a) In beiden Angeboten geht der Verkäufer vom selben Barwert des Heimkinosystems aus. Für diesen gilt:

$BW^n = R \cdot \frac{q^T-1}{q-1} \cdot q^{-T} = R \cdot \frac{1-q^{-T}}{r}$

In den Angeboten unterscheiden sich die jährliche Rate und die Laufzeit, es gilt

$R_1 = 4\,999.80$, $T_1 = 5$, $R_2 = 2\,975$, $T_2 = 10 = 2 \cdot T_1$

Der Kalkulationszinssatz des Verkäufers ergibt sich durch

$$R_1 \cdot \frac{1-q^{-T_1}}{r} = R_2 \cdot \frac{1-q^{-T_2}}{r}$$

$$\frac{R_1}{R_2} = \frac{1-q^{-T_2}}{1-q^{-T_1}} = \frac{1-q^{-2 \cdot T_1}}{1-q^{-T_1}}$$

$$\frac{R_1}{R_2} = \frac{1-x^2}{1-x} \quad \text{wobei } x = q^{-T_1}$$

$$\frac{R_1}{R_2} = \frac{(1-x)\cdot(1+x)}{1-x}$$

$$\frac{R_1}{R_2} = 1+x$$

$$x = \frac{R_1}{R_2} - 1$$

$$q^{-T_1} = \frac{R_1}{R_2} - 1$$

$$r = \left(\frac{R_1}{R_2} - 1\right)^{-\frac{1}{T_1}} - 1 = \left(\frac{4\,999.80}{2975} - 1\right)^{-\frac{1}{5}} - 1 = 7.9993\%$$

Hinweis: Für diese Berechnung ist es unerheblich, ob die Zahlungen nachschüssig oder vorschüssig anfallen. Der Anfall wird erst in b) relevant.

b) Berechnung des nachschüssigen Rentenbarwerts:

$$BW^n = R \cdot \frac{q^T - 1}{q-1} \cdot q^{-T} = R \cdot \frac{1-q^{-T}}{r} = 2975 \cdot \frac{1-1.079993^{-10}}{0.079993} = 19963.12$$

Die 20 000 Euro der Großmutter reichen aus.

Aufgabe 2.1.7

a) Rentenbarwert Onkel Jürgen (vorschüssige Rente, beginnend in zwei Monaten, der Rentenbarwert ist daher um 2 Monate abzuzinsen):

$$BW^v_{\text{Jürgen}} = q^{-2/12} \cdot R_{\text{Jürgen}} \cdot \frac{q^T - 1}{q-1} \cdot q^{-T+1}$$

$$= 1.05^{-2/12} \cdot 7\,500 \cdot \frac{1.05^9 - 1}{1.05 - 1} \cdot 1.05^{-8}$$

$$= 55520.78$$

Tante Käthe (vorschüssige Rente, beginnend in 44 Monaten):

$$BW^{v}_{Käthe} = q^{-44/12} \cdot R_{Käthe} \cdot \frac{q^{T}-1}{q-1} \cdot q^{-T+1}$$

$$= 1.05^{-44/12} \cdot 5\,000 \cdot \frac{1.05^{3}-1}{1.05-1} \cdot 1.05^{-2}$$

$$= 11\,955.08$$

Onkel David (vorschüssige Rente, beginnend in 62 Monaten):

$$BW^{v}_{David} = q^{-62/12} \cdot R_{David} \cdot \frac{q^{T}-1}{q-1} \cdot q^{-T+1}$$

$$= 1.08^{-62/12} \cdot 3\,000 \cdot \frac{1.08^{4}-1}{1.08-1} \cdot 1.08^{-3}$$

$$= 7\,210.45$$

b) Rentenendwert Ludwig:

$$EW_{Ludwig} = R_{Jürgen} \cdot \frac{q^{T_{Jürgen}}-1}{q-1} \cdot q + R_{Käthe} \cdot \frac{q^{T_{Käthe}}-1}{q-1} \cdot q \cdot q^{2.5} + R_{David} \cdot \frac{q^{T_{David}}-1}{q-1} \cdot q$$

$$= 7\,500 \cdot \frac{1.09^{9}-1}{1.09-1} \cdot 1.09 + 5\,000 \cdot \frac{1.09^{3}-1}{1.09-1} \cdot 1.09 \cdot 1.09^{2.5} + 3\,000 \cdot \frac{1.09^{4}-1}{1.09-1} \cdot 1.09$$

$$= 106\,446.97 + 22\,160.78 + 14\,954.13$$

$$= 143\,561.88$$

Aufgabe 2.1.8

a) Kapitalwert des Guthabens am 55. Geburtstag:

$$Sparsumme_{55.Geburtstag} = EW^{n}_{55.Geburtstag} = R \cdot \frac{q^{T}-1}{q-1} = 1\,000 \cdot \frac{1.05^{35}-1}{1.05-1} = 90\,320.31$$

b) Wert der zwanzigjährigen vorschüssigen Rente am 65. Geburtstag:

$$Rentenwert_{65.Geburtstag} = BW^{v}_{65.Geburtstag} = R \cdot \frac{q^{T}-1}{q-1} \cdot q^{-T+1}$$

$$= 15\,000 \cdot \frac{1.05^{20}-1}{1.05-1} \cdot 1.05^{-19}$$

$$= 196\,279.81$$

Bereits angespart (Wert am 65. Geburtstag):

$$Sparsumme_{65.Geburtstag} = Sparsumme_{55.Geburtstag} \cdot 1.05^{10} = 147\,122.27$$

Daher noch zu sparen (Wert am 65. Geburtstag):

$$\begin{aligned}\text{Deckungslücke}_{65.\text{ Geburtstag}} &= \text{Rentenwert}_{65.\text{Geburtstag}} - \text{Sparsumme}_{65.\text{ Geburtstag}} \\ &= 196\,279.81 - 147\,122.27 \\ &= 49\,157.55\end{aligned}$$

Also sind pro Jahr (jeweils am Jahresende) zu sparen:

$$\begin{aligned}A &= \text{Deckungslücke}_{65.\text{Geburtstag}} \cdot \text{RVF}(r,T) \\ &= \text{Deckungslücke}_{65.\text{Geburtstag}} \cdot \frac{q-1}{q^T-1} \\ &= 49\,157.55 \cdot \frac{1.05-1}{1.05^{10}-1} \\ &= 3\,908.25\end{aligned}$$

c) Verbleibend am Todestag, 3.25 Jahre nach dem 65. Geburtstag:

$$\begin{aligned}\text{Erbschaft} &= \text{Rentenwert}_{65.\text{ Geburtstag}} \cdot q^{3.25} - \text{Entnahme}_{65.\text{ Geburtstag}} \cdot q^{3.25} \\ &\quad - \text{Entnahme}_{65.\text{ Geburtstag}} \cdot q^{2.25} - \text{Entnahme}_{65.\text{ Geburtstag}} \cdot q^{1.25} \\ &\quad - \text{Entnahme}_{65.\text{ Geburtstag}} \cdot q^{0.25} - \text{Entnahme}_{65.\text{ Geburtstag}} \cdot 0.75 \\ &= 196\,279.81 \cdot 1.05^{3.25} - 15\,000 \cdot 1.05^{3.25} - 15\,000 \cdot 1.05^{2.25} \\ &\quad - 15\,000 \cdot 1.05^{1.25} - 15\,000 \cdot 1.05^{0.25} + 15\,000 \cdot 0.75 \\ &= 175\,811.60\end{aligned}$$

Intuition hierzu: Anfänglich vorhandenes Vermögen bis zum Todestag aufzinsen und anschließend korrigieren um die jährlichen Entnahmen, auch aufgezinst bis zum Todestag. Der letzte Summand kommt hinzu, da Freiberufler F nach seinem letzten Geburtstag nur noch 0.25 Jahre lebt und somit 75% der Entnahme an seinem 68. Geburtstag nicht mehr ausgeben kann.

Hinweis: Das 66. Lebensjahr beginnt am 65. Geburtstag.

Aufgabe 2.1.9

Würde Alex sieben Tage die Woche arbeiten, würde sie sieben Tage die Woche 0.25 Euro auf ihr Konto einzahlen. Der Wert dieser Zahlungen am Ende des Jahres entspricht dem Endwert einer täglichen Rente mit einem Tag als Periodenlänge:

$$\begin{aligned}K_{\text{Ende}}^{7\text{ Tage}} &= R \cdot \frac{q^T - 1}{q-1} \\ &= 0.25 \cdot \frac{1.0003^{(52 \cdot 7)} - 1}{1.0003 - 1} \\ &= 96.13928\end{aligned}$$

Da Alex nur sechs Tage arbeitet, muss vom berechneten Vermögen noch das verzinste Pfand des siebten Tages der Woche abgezogen werden. Der Wert dieser Zahlungen am Ende des Jahres entspricht dem Endwert einer wöchentlichen Rente. Der entsprechende wöchentliche Zinssatz berechnet sich durch $q_{Woche} = \left(q_{Tag}\right)^7 = 1.0003^7$.

$$\begin{aligned} K_{Ende}^{6\,Tage} &= K_{Ende}^{7\,Tage} - R \cdot \frac{q_{Woche}^{52} - 1}{q_{Woche} - 1} \\ &= K_{Ende}^{7\,Tage} - 0.25 \cdot \frac{\left(1.0003^7\right)^{52} - 1}{1.0003^7 - 1} \\ &= 96.13928 - 13.72183 \\ &= 82.42 \end{aligned}$$

Einen alternativen Lösungsweg schlug der Student Moritz Noll vor. Sein Lösungsansatz lautet wie folgt. Man betrachte die Pfandeinzahlung zunächst als tägliche Rente über sechs Tage. Da am siebten Tag keine Einzahlung erfolgt, wird der korrespondierende Rentenendwert einen Tag weiter verzinst. Der entsprechende Rentenendwert einer Woche kann in der Jahresbetrachtung dann als wöchentliche Rente angesehen werden. Insgesamt ergibt sich damit:

$$\left(0.25\,\frac{1.0003^6 - 1}{1.0003 - 1} \cdot 1.0003\right) \frac{(1.0003^7)^{52} - 1}{1.0003^7 - 1} = 82.42$$

Aufgabe 2.1.10

Die nicht verwendeten 300 000 Euro haben keinen Einfluss auf die Investitionsentscheidung. Kapitalwert der Investition:

$$\begin{aligned} K_0 &= -200\,000 + 100\,000 \cdot q^T + 1\,000 \cdot \frac{q^T - 1}{q^{\frac{1}{m}} - 1} \cdot q^{-T} \cdot q^{\frac{1}{m}} \\ &= -200\,000 + 100\,000 \cdot 1.05^{-20} + 1\,000 \cdot \frac{1.05^{20} - 1}{1.05^{\frac{1}{12}} - 1} \cdot 1.05^{-20} \cdot 1.05^{\frac{1}{12}} \\ &= -8\,744.50 \end{aligned}$$

Da $K_0 < 0$ war die Investition nicht vorteilhaft.

Aufgabe 2.1.11

$$\begin{aligned} \frac{Rc}{r-g} + R &= \frac{Rc}{r-g} + \frac{R(r-g)}{r-g} \\ &= \frac{R(1+g) + R(r-g)}{r-g} \\ &= \frac{R + Rg + Rr - Rg}{r-g} \\ &= \frac{R(1+r)}{r-g} \\ &= \frac{R}{r-g} \cdot q \end{aligned}$$

4.2.2 Lösungsskizzen zu Abschnitt 2.2

Aufgabe 2.2.1

$$A = S_0 \cdot \frac{r}{1-q^{-T}} = 20\,000 \cdot \frac{0.05}{1-1.05^{-3}} = 7\,344.17$$

Der Tilgungsplan lässt sich z. B. füllen durch $Z_t = RS_{t-1} \cdot r$, $T_t = A_t - Z_t$, $RS_t = RS_{t-1} - T_t$.

t	S_0, RS_{t-1}	Z_t	T_t	A_t	RS_t
1	20 000.00	1 000.00	6 344.17	7 344.17	13 655.83
2	13 655.83	682.79	6 661.38	7 344.17	6 994.45
3	6 994.45	349.72	6 994.45	7 344.17	0.00

Aufgabe 2.2.2

a) $$BW^v = R \cdot \frac{q^{T/12}-1}{q^{1/12}-1} \cdot q^{(-T+1)/12} = 40.52 \cdot \frac{1.119^{48/12}-1}{1.119^{1/12}-1} \cdot 1.119^{-47/12} = 1\,573.76$$

$$BW^n = R \cdot \frac{q^{T/12}-1}{q^{1/12}-1} \cdot q^{-T/12} = \frac{RBW^v}{q^{1/12}} = 1\,559.08$$

Die Raten sind offensichtlich nachschüssig zu erbringen.

b) Die »Kreditsumme« ist offenbar die Summe der 48 Einzelzahlungen, folglich Kaufpreis inkl. Zinsen.

Aufgabe 2.2.3

a) $$A = S_0 \cdot \frac{q^T \cdot (q-1)}{q^T - 1} = 250\,000 \cdot \frac{1.1^5 \cdot (1.1-1)}{1.1^5 - 1} = 65\,949.37$$

$$Z_1 = S_0 \cdot r = 250\,000 \cdot 0.1 = 25\,000$$

$$T_1 = A - Z_1 = 65\,959.37 - 25\,000 = 40\,949.37$$

$$RS_1 = S_0 - T_1 = 250\,000 - 40\,949.37 = 209\,050.63$$

usw.

allgemein:

$$Z_t = S_0 \cdot \frac{(q^T - q^{t-1}) \cdot (q-1)}{q^T - 1} = RS_{t-1} \cdot r$$

$$T_t = S_0 \cdot \frac{q^{t-1} \cdot (q-1)}{q^T - 1} = A - Z_t$$

$$RS_t = S_0 \cdot \frac{q^T - q^t}{q^T - 1} = RS_{t-1} - T_t$$

t	S_0, RS_{t-1}	Z_t	T_t	A_t	RS_t
1	250 000.00	25 000.00	40 949.37	65 949.37	209 050.63
2	209 050.63	20 905.06	45 044.31	65 949.37	164 006.32
3	164 006.32	16 400.63	49 548.74	65 949.37	114 457.58
4	114 457.58	11 445.76	54 503.61	65 949.37	59 953.97
5	59 953.97	5 995.40	59 953.97	65 949.37	0.00
Σ		79 746.85	250 000.00	329 746.85	

b) Es ist zu bestimmen, ob der Kapitalwert der noch ausstehenden Annuitäten am 22.06.06 ober- oder unterhalb der angebotenen Einmalzahlung liegt. Zur Kapitalwertberechnung ist dabei der neue Zinssatz von 8% zu verwenden.

$$K_{22.06.06} = 65\,949.37 \cdot 1.08^{-\frac{9}{360}} + 65\,949.37 \cdot 1.08^{-1\frac{9}{360}} + 65\,949.37 \cdot 1.08^{-2\frac{9}{360}}$$

$$= 183\,201.73$$

Die Einmalzahlung beträgt nur 180 000 Euro und ist folglich vorzuziehen.

Hinweis: Ein Vergleich des Einmalzahl-Angebotes der Bank in Höhe von 180000 Euro mit dem Wert, der sich durch das Aufzinsen der Restschuld vom 01.07.05 um 351 Tage ergibt, ist aufgrund des veränderten Marktzinssatzes nicht zielführend.

Aufgabe 2.2.4

a) $BW^n = R \cdot \frac{q^T - 1}{q - 1} \cdot q^{-T}$

$$R = BW^n \cdot \frac{q - 1}{q^T - 1} \cdot q^T$$

$$R = 16\,000 \cdot \frac{1.0099 - 1}{1.0099^9 - 1} \cdot 1.0099^9$$

$$R = 1\,866.93$$

b) Mitnahmepreis = 0.8 · 16 000 = 12 800 Euro.
Andererseits hat eine neun Jahre andauernde jährlich nachschüssige Zahlung von 1 866.93 Euro bei einem Zinsniveau von 6% den folgenden Wert:

$$BW = R \cdot \frac{q^T - 1}{q - 1} \cdot q^{-T}$$

$$= 1\,866.93 \cdot \frac{1.06^9 - 1}{0.06} \cdot \frac{1}{(1.06)^9} = 1\,866.93 \cdot (6.801692) = 12\,698.28$$

Hier ist somit der kreditfinanzierte Kauf vorzuziehen.

Aufgabe 2.2.5

a) $$S_0 = A \cdot \frac{q^T - 1}{r} \cdot q^{-T}$$

$$S_0 = A \cdot \frac{1 - q^{-T}}{r}$$

$$q^{-T} = 1 - \frac{S_0}{A} \cdot r$$

$$-T \cdot \ln(q) = \ln\left(\frac{A}{A} - \frac{S_0}{A} \cdot r\right)$$

$$T = -\frac{\ln\left(\frac{A - S_0 \cdot r}{A}\right)}{\ln(q)}$$

$$= -\frac{\ln\left(\frac{24\,000 - 300\,000 \cdot 0.06}{24\,000}\right)}{\ln(1.06)}$$

$$= 23.79$$

Die Restschuld nach 23 Jahren beträgt

$$RS_{23} = S_0 \cdot q^{23} - A \cdot \frac{q^{23} - 1}{r}$$

$$= 300\,000 \cdot 1.06^{23} - 24\,000 \cdot \frac{1.06^{23} - 1}{0.06}$$

$$= 18\,025.03$$

Es sind 23 Jahre lang 24 000 Euro zu zahlen, die Schlusszahlung in 24 Jahren beläuft sich auf 18 025.03 · 1.06 = 19 106.54 Euro.

b) Die zu Beginn anfallenden Zinsen auf die Anfangsschuld ergeben sich zu 300 000 · 0.06 = 18 000 Euro. Die Annuität muss dementsprechend größer als 18 000 Euro sein.

Aufgabe 2.2.6

$$S_0 = A \cdot \frac{q^T - 1}{q-1} \cdot q^{-T} \cdot q \quad (\cdot\ q,\ \text{weil vorschüssige Annuität})$$

$$\frac{S_0}{A \cdot q} = \frac{1 - q^{-T}}{q-1}$$

$$\frac{S_0}{A \cdot q} \cdot (q-1) - 1 = -q^{-T}$$

$$\ln q^{-T} = \ln\left(1 - \frac{S_0 \cdot (q-1)}{A \cdot q}\right)$$

$$T = -\frac{\ln\left(1 - \frac{S_0 \cdot (q-1)}{A \cdot q}\right)}{\ln q}$$

$$T=-\frac{\ln\left(1-\frac{80000\cdot(1.08-1)}{8000\cdot 1.08}\right)}{\ln 1.08}$$

$$T=17.54$$

Die Restschuld nach 17 Jahren beträgt:

$$S_0\cdot q^{17}-A\cdot\frac{q^{17}-1}{q-1}\cdot q=4\,399.49$$

Dies entspricht auch der Höhe der letzten Zahlung. Der Betrag muss nicht mehr aufgezinst werden, da es sich hier um ein vorschüssiges Annuitätendarlehen handelt.

Aufgabe 2.2.7

Wegen $T = 3$ ist $T_3 = RS_2$ (in der letzten Periode wird die gesamte verbleibende Restschuld getilgt). Für die Annuität ergibt sich

$$A_3=A=1/3\cdot\sum_{t=1}^{3}A_t=1/3\cdot 11\,641.02=3\,880.34.$$

Somit ist $Z_3 = A_3 - T_3 = 3\,880.34 - 3\,592.90 = 287.44$ und daher $r = Z_3/T_3 = 287.44/3\,592.90 = 8.00\%$.

Damit ergeben sich:

$$Z_1 = r\cdot S_0 = 0.08\cdot 10\,000.01 = 800.00$$

$$T_1 = A_1 - Z_1 = 3\,880.34 - 800.00 = 3\,080.34$$

$$RS_1 = S_0 - T_1 = 10\,000.01 - 3\,080.34 = 6\,919.67$$

$$Z_2 = r\cdot RS = 0.08\cdot 6\,919.67 = 553.57$$

$$T_2 = A_2 - Z_2 = 3\,880.34 - 553.57 = 3\,326.77$$

$$\sum_{t=1}^{3}T_t=3\,080.34+3\,326.77+3\,592.90=10\,000.01$$

$$\sum_{t=1}^{3}Z_t=800.00+553.57+287.44=1\,641.01$$

t	S_0, RS_{t-1}	Z_t	T_t	A_t	RS_t
1	10 000.01	800.00	3 080.34	3 880.34	6 919.67
2	6 919.67	553.57	3 326.77	3 880.34	3 592.90
3	3 592.90	287.44	3 592.90	3 880.34	0
Σ		1 641.01	10 000.01	11 641.02	

(Zahlreiche andere Lösungswege sind denkbar.)

Aufgabe 2.2.8

a) Rentenendwert

$$= R \cdot q^{1/12} \cdot \frac{q^{36/12} - 1}{q^{1/12} - 1} = 500 \cdot 1.05^{1/12} \cdot \frac{1.05^3 - 1}{1.05^{1/12} - 1} = 19\,423.46$$

b) Die für die Tilgung relevante Anfangsschuld S_0 ergibt sich zu $20\,000 \cdot 1.06^3 = 23\,820.32$.

Für die notwendigen Annuitäten folgt:

$$S_0 = A \cdot q^{-(T-1)} \cdot \frac{q^T - 1}{q - 1}$$

$$A = \frac{23\,820.32}{1.06^{-4}} \cdot \frac{0.06}{1.06^5 - 1} = 5334.77$$

c) Benötigte Jahre bis zur vollständigen Tilgung:

$$S_0 = A \cdot q^{-T} \cdot \frac{q^T - 1}{q - 1} = A \cdot \frac{1 - q^{-T}}{q - 1}$$

$$\frac{S_0}{A} \cdot (q - 1) = 1 - q^{-T}$$

$$-T \cdot \ln q = \ln\left[1 - \frac{S_0}{A} \cdot (q - 1)\right]$$

$$-T \cdot \ln q = \ln\left[\frac{A - S_0 \cdot r}{A}\right]$$

$$T = \frac{\ln A - \ln(A - S_0 \cdot r)}{\ln q}$$

$$T = \frac{\ln 4\,000 - \ln(4\,000 - 20\,000 \cdot 0.06)}{\ln 1.06} = 6.12$$

Die Restschuld nach 6 Jahren beläuft sich auf:

$$RS_6 = S_0 \cdot q^6 - A \cdot \frac{q^6 - 1}{q - 1}$$

$$= 20\,000 \cdot 1.06^6 - 4\,000 \cdot \frac{1.06^6 - 1}{1.06 - 1} = 469.11$$

Die Restzahlung nach 7 Jahren beträgt somit:

$$A_7 = RS_6 \cdot q$$

$$= 469.11 \cdot 1.06$$

$$= 497.25$$

Nach sieben Jahren ist das Darlehen getilgt, nach sechs Annuitäten in Höhe von 4 000 Euro liegt die Schlusszahlung bei 497.25 Euro.

Aufgabe 2.2.9

a) $\text{Preis}_{\text{Schild}} = 3 \cdot 12 \cdot 88.88 = 3\,199.68$

b) Zu unterscheiden ist der auf dem Schild angegebene Preis und der tatsächliche Barwert des Fernsehers.

$$BW_{\text{Fernseher}} = R \cdot \frac{q_{\text{Markt}}^{\frac{T}{m}} - 1}{q_{\text{Markt}}^{\frac{1}{m}} - 1} \cdot q_{\text{Markt}}^{-\frac{T}{m}} \cdot q_{\text{Markt}}^{\frac{1}{m}}$$

$$= 88.88 \cdot \frac{1.05^{\frac{36}{12}} - 1}{1.05^{\frac{1}{m}} - 1} \cdot 1.05^{-\frac{36}{12}} \cdot 1.05^{\frac{1}{12}}$$

$$= 2\,982.58$$

$$\text{Rabatt} = 1 - \frac{BW_{\text{Fernseher}}}{\text{Preis}_{\text{Schild}}}$$

$$= 1 - \frac{2\,982.58}{3\,199.68}$$

$$= 6.79\%$$

Aufgabe 2.2.10

Benötigtes Kapital in t = 10 (Barwert ewige nachschüssige Rente):

$$K_{10} = \frac{1000}{0.05 - 0.03} = 50\,000$$

Benötigtes Kapital in t = 0:

$$K_0 = K_{10} \cdot 1.05^{-10} = 30\,695.66$$

Aufgabe 2.2.11

a) $50 \cdot c^{1/12} = 50.10$

$$c = 1.024265768.$$

b) Insgesamt werden 360 Sparraten geleistet, die anfängliche Sparrate von 50 Euro wächst somit 359-mal und die letzte Rate hat folglich eine Höhe von $50 \cdot c^{359/12} = 102.44$ Euro.

c) $R \cdot \frac{q^{T/m} - c^{T/m}}{q^{1/m} - c^{1/m}} = 50 \cdot \frac{1.07^{360/12} - 1.024265768^{360/12}}{1.07^{1/12} - 1.024265768^{1/12}} = 76\,068.38.$

d) $76\,068.38 = R \cdot \frac{1.07^{240/12} - 1}{q^{1/12} - 1} \cdot 1.07^{-239/12}$

$$R = 576.72$$

Aufgabe 2.2.12

$$\begin{aligned}
T_{t+1} &= A - Z_{t+1} \\
&= A - RS_t \cdot r \\
&= A - \left(RS_{t-1} - T_t\right) \cdot r \\
&= A - RS_{t-1} \cdot r + T_t \cdot r \\
&= A - Z_t + T_t \cdot r \\
&= T_t + T_t \cdot r \\
&= T_t\left(1+r\right) \\
&= T_t \cdot q
\end{aligned}$$

4.3 Lösungsskizzen zu Kapitel 3

4.3.1 Lösungsskizzen zu Abschnitt 3.1

Aufgabe 3.1.1

a) $P_0(0.1) = N \cdot q^{-(T-t)} = 800 \cdot 1.1^{-(10-3)} = 800 \cdot 1.1^{-7} = 410.53$

b) $$\begin{aligned}
P_0(0.1) &= Z_1 \cdot q^{-1} + Z_2 \cdot q^{-2} + Z_3 \cdot q^{-3} + N \cdot q^{-3} \\
&= 9000 \cdot 1.1^{-1} + 10000 \cdot 1.1^{-2} + 11000 \cdot 1.1^{-3} + 100000 \cdot q^{-3} \\
&= 99842.22
\end{aligned}$$

c) $P_0\left(0.1\right) = \frac{D}{0.1} = \frac{25}{0.1} = 250$

d) $$\begin{aligned}
P_0(0.1) &= D \cdot RBF(0.1, 9) = D \cdot \frac{q^T - 1}{q^T \cdot (q-1)} = 10 \cdot \frac{1.1^9 - 1}{1.1^9 \cdot (1.1-1)} \\
&= 10 \cdot 5.759 = 57.59
\end{aligned}$$

e) $P_0(0.1) = \frac{D_1}{r-g} = \frac{20}{0.1-0.06} = \frac{20}{0.04} = 500$

Aufgabe 3.1.2

a) Fairer Wert Titel A:

$$\begin{aligned}
P_0^A(0.05) &= r \cdot N \cdot q^{-1} + r \cdot N \cdot q^{-2} + r \cdot N \cdot q^{-3} + N \cdot q^{-3} \\
&= 0.09 \cdot 45 \cdot 1.05^{-1} + 0.09 \cdot 45 \cdot 1.05^{-2} + (1+0.09) \cdot 45 \cdot 1.05^{-3} \\
&= 49.90
\end{aligned}$$

Fairer Wert Titel B:

$$P_0^B(0.05)=Z\cdot q^{-3}=58\cdot 1.05^{-3}=50.10$$

Fairer Wert Titel C:

$$P_0^C(0.05)=D_1\cdot q^{-1}+(1+g)\cdot D_1\cdot q^{-2}+(1+g)^2\cdot D_1\cdot q^{-3}+Z\cdot q^{-3}$$

$$=2.5\cdot 1.05^{-1}+1.02\cdot 2.5\cdot 1.05^{-2}+1.02^2\cdot 2.5\cdot 1.05^{-3}+50\cdot 1.05^{-3}$$

$$=50.13$$

Da der Marktpreis identisch ist, sollte Ernst den Titel C wählen, da dieser den höchsten fairen Wert aufweist.

b) Fairer Wert Titel A bei aufsteigenden Zinssätzen:

$$P_{0,\,auf}^A=i\cdot N\cdot \prod_{t=1}^{1}(1+r_t)^{-1}+i\cdot N\cdot \prod_{t=1}^{2}(1+r_t)^{-1}+(1+i)\cdot N\cdot \prod_{t=1}^{3}(1+r_t)^{-1}$$

$$=0.09\cdot 45\cdot 1.01^{-1}+0.09\cdot 45\cdot 1.01^{-1}\cdot 1.05^{-1}+(1+0.09)\cdot 45\cdot 1.01^{-1}\cdot 1.05^{-1}\cdot 1.09^{-1}$$

$$=50.26$$

Fairer Wert Titel B bei aufsteigenden Zinssätzen:

$$P_{0,\,auf}^B=Z\cdot \prod_{t=1}^{3}(1+r_t)^{-1}$$

$$=58\cdot 1.01^{-1}\cdot 1.05^{-1}\cdot 1.09^{-1}$$

$$=50.18$$

Fairer Wert Titel C bei aufsteigenden Zinssätzen:

$$P_{0,\,auf}^C=D_1\cdot \prod_{t=1}^{1}(1+r_t)^{-1}+((1+r_t))\cdot D_1\cdot \prod_{t=1}^{2}(1+r_t)^{-1}+(1+g)^2\cdot D_1\cdot \prod_{t=1}^{3}(1+r_t)^{-1}+Z\cdot \prod_{t=1}^{3}(1+r_t)^{-1}$$

$$=2.5\cdot 1.01^{-1}+1.02\cdot 2.5\cdot 1.01^{-1}\cdot 1.05^{-1}$$

$$+1.02^2\cdot 2.5\cdot 1.01^{-1}\cdot 1.05^{-1}\cdot 1.09^{-1}+50\cdot 1.01^{-1}\cdot 1.05^{-1}\cdot 1.09^{-1}$$

$$=50.38$$

Auch bei aufsteigenden Zinssätzen ist Finanztitel C zu wählen.

c) Fairer Wert Titel A bei absteigenden Zinssätzen:

$$P_{0,\,ab}^A=i\cdot N\cdot \prod_{t=1}^{1}(1+r_t^{neu})^{-1}+i\cdot N\cdot \prod_{t=1}^{2}(1+r_t^{neu})^{-1}+(1+i)\cdot N\cdot \prod_{t=1}^{3}(1+r_t^{neu})^{-1}$$

$$=0.09\cdot 45\cdot 1.09^{-1}+0.09\cdot 45\cdot 1.09^{-1}\cdot 1.05^{-1}+(1+0.09)\cdot 45\cdot 1.09^{-1}\cdot 1.05^{-1}\cdot 1.01^{-1}$$

$$=49.69$$

Fairer Wert Titel B bei absteigenden Zinssätzen (bleibt unverändert):

$$P_{0,ab}^{B} = Z \cdot \prod_{t=1}^{3} (1+r_t^{neu})^{-1}$$

$$= 58 \cdot 1.09^{-1} \cdot 1.05^{-1} \cdot 1.01^{-1}$$

$$= 50.18$$

Fairer Wert Titel C bei absteigenden Zinssätzen:

$$P_{0,ab}^{C} = D_1 \cdot \prod_{t=1}^{1} (1+r_t^{neu})^{-1} + (1+g) \cdot D_1 \cdot \prod_{t=1}^{2} (1+r_t^{neu})^{-1} + (1+g)^2 \cdot D_1 \cdot \prod_{t=1}^{3} (1+r_t^{neu})^{-1} + Z \cdot \prod_{t=1}^{3} (1+r_t^{neu})^{-1}$$

$$= 2.5 \cdot 1.09^{-1} + 1.02 \cdot 2.5 \cdot 1.09^{-1} \cdot 1.05^{-1}$$

$$+ 1.02^2 \cdot 2.5 \cdot 1.09^{-1} \cdot 1.05^{-1} \cdot 1.01^{-1} + 50 \cdot 1.09^{-1} \cdot 1.05^{-1} \cdot 1.01^{-1}$$

$$= 50.03$$

Bei absteigenden Zinssätzen ist Titel B vorteilhaft.

Aufgabe 3.1.3

a) Einzelne Phasen:

Wert der Zahlungen des ersten Abschnitts in t = 1:

$$v_{t=1}^{1} = 2.50 \cdot \frac{1.05^{11} - 1.02^{11}}{1.05 - 1.02} \cdot 1.05^{-11}$$

Wert der Zahlungen des zweiten Abschnitts in t = 12:

$$v_{t=12}^{2} = 2.50 \cdot 1.02^{10} \cdot \frac{1.05^{7} - 1}{1.05 - 1} \cdot 1.05^{-7}$$

Zahlungsreihe im dritten Abschnitt beginnend mit t = 19:

$$Z_{t_0=19}^{3} = (0, 0, 0, 0)$$

Wert der Zahlungen des dritten Abschnitts in t = 19:

$$v_{t=19}^{3} = 0$$

Wert der Zahlungen des vierten Abschnitts in t = 23:

$$v_{t=23}^{4} = \frac{2.50 \cdot 1.02^{10}}{0.05 - 0.04}$$

Wert der Aktie:

$$v_0 = 1.05^{-1} \cdot v_{t=1}^{1} + 1.05^{-12} \cdot v_{t=12}^{2} + 1.05^{-19} \cdot v_{t=19}^{3} + 1.05^{-23} \cdot v_{t=23}^{4}$$

$$= 1.05^{-1} \cdot \left(2.50 \cdot \frac{1.05^{11} - 1.02^{11}}{1.05 - 1.02} \cdot 1.05^{-11}\right) + 1.05^{-12} \cdot \left(2.50 \cdot 1.02^{10} \cdot \frac{1.05^{7} - 1}{1.05 - 1} \cdot 1.05^{-7}\right)$$

$$+ 1.05^{-19} \cdot 0 + 1.05^{-23} \cdot \frac{2.50 \cdot 1.02^{10}}{0.05 - 0.04}$$

$$= 21.67 + 9.82 + 0 + 99.22 = 130.71$$

Die Aktie ist damit unterbewertet.

b) Neuer Wert:

$$v_0^{neu} = v_0 - 1.05^{-99} \cdot \frac{2.50 \cdot 1.02^{10} \cdot 1.04^{76}}{0.05 - 0.04}$$

$$= 82.76$$

Geht die Welt nach hundert Jahren unter, so ist die Aktie überbewertet.

Aufgabe 3.1.4

a) Sensibil AG:

$$v_S = \frac{D}{r} \cdot 1.05^{300/360} = \frac{3}{0.05} \cdot 1.05^{5/6} = 62.49 \quad \text{(Wert am 01.07.2005)}$$

(D/r ergibt den Wert am 01.09.2004)

Firm AG:

$$v_F = \frac{D}{r-g} \cdot 1.05^{-1\frac{240}{360}} = \frac{2}{0.05-0.02} \cdot 1.05^{-1\frac{2}{3}} = 61.46 \quad \text{(Wert am 01.07.2005)}$$

(D/(r - g) ergibt den Wert am 01.03.2007)

Der Erwerb beider Aktien ist unter den von Daniel getroffenen Annahmen vorteilhaft, da der faire Wert über dem Kurs liegt, zu dem die Aktien derzeit gehandelt werden. Da beide Aktien zum selben Wert gehandelt werden, ist auch eine Wahlentscheidung möglich: Daniel sollte die Aktie der Sensibil AG erwerben, da deren fairer Wert höher liegt als der der Firm AG.

b) Neue Dividendenzahlungsreihe der Sensibil AG bei $t_0 = 01.09.2004$:
$Z_S = \{0,\ 3,\ 3 \cdot 0.9,\ 3,\ 3 \cdot 1.1,\ 3,\ 3 \cdot 0.9,\ 3,\ 3 \cdot 1.1,\ 3,\ \ldots\}$

Barwert der Dividenden eines Zeitraumes von vier Jahren:

$$K_0^S = 3 \cdot 1.05^{-1} + 3 \cdot 0.9 \cdot 1.05^{-2} + 3 \cdot 1.05^{-3} + 3 \cdot 1.1 \cdot 1.05^{-4}$$

$$= 10.6125534$$

Dies entspricht einer gleich hohen Dividende von:

$$D_S^{neu} = K \cdot KWF(r, T) = K \cdot \frac{q^T \cdot (q-1)}{q^T - 1}$$

$$= 10.6125534 \cdot \frac{1.05^4 \cdot (1.05-1)}{1.05^4 - 1} = 2.99286564$$

Der faire Wert der Aktie beträgt somit:

$$v_S^{neu} = \frac{D}{r} \cdot 1.05^{300/360} = \frac{2.99286564}{0.05} \cdot 1.05^{5/6} = 62.34$$

Zahlungsreihe der zusätzlichen Dividenden der Firm AG bei $t_0 = 01.03.2007$:

$$\Delta Z_F = \{0,\ 0.2,\ 0,\ 0,\ 0,\ 0.2,\ 0,\ 0,\ 0,\ 0.2,\ \ldots\}$$

Zusätzlicher Barwert der Dividenden eines Zeitraumes von vier Jahren:

$$\Delta K_0^F = 0.2 \cdot 1.05^{-1} = 0.19047619$$

Dies entspricht einer gleich hohen zusätzlichen Dividende von:

$$\Delta D_F^{neu} = K \cdot KWF(r,T) = K \cdot \frac{q^T \cdot (q-1)}{q^T - 1}$$

$$= 0.19047619 \cdot \frac{1.05^4 \cdot (1.05-1)}{1.05^4 - 1} = 0.053716539$$

Der faire Wert der Aktie beträgt somit:

$$v_F^{neu} = v_F + \frac{\Delta D}{r} \cdot 1.05^{-1\frac{240}{360}}$$

$$= \frac{2}{0.05-0.02} \cdot 1.05^{-1\frac{2}{3}} + \frac{0.053716539}{0.05} \cdot 1.05^{-1\frac{2}{3}} = 62.45$$

Der Kauf beider Wertpapiere ist wiederum vorteilhaft, Daniel sollte sich jedoch nun für die Aktie der Firm AG entscheiden, da deren fairer Wert den der Sensibil AG übersteigt.

4.3.2 Lösungsskizzen zu Abschnitt 3.2

Aufgabe 3.2.1

a) Arithmetisch annualisierte Rendite:

$$r_A = \frac{1}{T} \cdot \sum_{t=1}^{T} r_t = \frac{1}{13} \cdot (2 \cdot 0.115 + 0.09 + 0.15 + 0.176 + 0.13 + 3 \cdot 0.142 + 2 \cdot 0.1 + 2 \cdot 0.16)$$

$$= \frac{1}{13} \cdot 1.722 = 13.25\%$$

Geometrisch annualisierte Rendite:

$$r_G = \sqrt[T]{\prod_{t=1}^{T} (1+r_t)} - 1 = \sqrt[13]{1.115^2 \cdot 1.09 \cdot 1.15 \cdot 1.176 \cdot 1.13 \cdot 1.142^3 \cdot 1.1^2 \cdot 1.16^2} - 1$$

$$= \sqrt[13]{5.0218} - 1 = 13.22\%$$

Allgemein gilt $r_A \geq r_G$, d. h. die Berechnung der Durchschnittsrendite über das arithmetische Mittel liefert systematisch höhere Ergebnisse als die korrekte

Berechnung über das geometrische Mittel. Das Gleichheitszeichen $r_A = r_G$ gilt nur im Fall identischer Periodenrenditen $r_1 = \ldots = r_T = r$.

b) Die Reihenfolge ist weder bei der arithmetisch noch bei der geometrisch annualisierten Rendite von Belang, die Ergebnisse aus a) bleiben daher unverändert.

Aufgabe 3.2.2

$$P_0(0.05) = Z \cdot RBF(0.05, 5) + N \cdot 1.05^{-5}$$

$$109.74 = 100 \cdot i \cdot \frac{1.05^5 - 1}{1.05 - 1} \cdot 1.05^{-5} + 100 \cdot 1.05^{-5}$$

$$i = 7.25\%$$

Aufgabe 3.2.3

$R \cdot q \cdot \frac{q^{T-1}}{q-1} \cdot q^{-T} + N \cdot q^{-(T-1)}$

$$\frac{1}{q^{0.7}} \cdot \left[Z \cdot q \cdot \frac{q^9 - 1}{q - 1} \cdot \frac{1}{q^9} + \frac{N}{q^8} \right] > 759.14$$

$$\Leftrightarrow N > \left[759.14 \cdot q^{0.7} - Z \cdot q \cdot \frac{q^9 - 1}{q - 1} \cdot \frac{1}{q^9} \right] \cdot q^8$$

$$\Leftrightarrow N > \left[759.14 \cdot (1.07)^{0.7} - 25 \cdot (1.07) \cdot \frac{(1.07)^9 - 1}{0.07} \cdot \frac{1}{(1.07)^9} \right] \cdot (1.07)^8$$

$$\Leftrightarrow N > [759.14 \cdot (1.04850) - 25 \cdot (6.971298)] \cdot (1.07)^8$$

$$\Leftrightarrow N > (795.955867 - 174.282462) \cdot (1.07)^8 = 1068.155476 \qquad (= 1068.16)$$

Aufgabe 3.2.4

a) $r = \frac{v_1}{v_0} - 1 = \frac{1000000 + 45000}{990000 + 10000} - 1 = 4.5\%$

Da $r < 5\%$ ist das Investment unvorteilhaft.

b) $r = \frac{K_1 + D}{K_0} - 1 = \frac{104 + 0.01 \cdot 104}{100} - 1 = \frac{105.04}{100} - 1 = 5.04\%$

Da $r > 5\%$ ist das Investment vorteilhaft.

c) $r = \sqrt[T]{v_T / v_0} - 1 = \sqrt[5]{160/120} - 1 = 5.92\%$

Da $r > 5\%$ ist das Investment vorteilhaft.

d) $$0=-100000\cdot q^2+55000\cdot q+54000$$

$$q_{1,2}=\frac{-b\pm\sqrt{b^2-4ac}}{2a}=\frac{-55000\pm\sqrt{55000^2+4\cdot 100000\cdot 54000}}{2\cdot(-100000)}$$

$$=\frac{-55000\pm 156923.55}{-200000}=\begin{cases}\dfrac{101923.55}{-200000}=-0.5096\\[2ex]\dfrac{-211923.55}{-200000}=1.0596\end{cases}$$

$$\Rightarrow\begin{cases}r_1=q_1-1=-0.5096-1=-1.5096\\r_2=q_2-1=1.0596-1=0.0596=5.96\%\end{cases}$$

Die einzige sinnvolle Lösung 5.96% ist höher als der Marktzinssatz, damit ist das Investment vorteilhaft.

Aufgabe 3.2.5

a) Der effektive Jahreszinssatz ist von der Kreditlaufzeit unabhängig und beträgt

$$r_A=\left(1+\frac{u}{m}\right)^m-1=\left(1+\frac{0.09}{12}\right)^{12}-1=1.0075^{12}-1=9.38\%$$

b) Zahlungsreihe:

$$Z_B=\{100000,\ -10000,\ -108800\}$$

Effektiver Jahreszinssatz:

$$0=-100000\cdot q_B{}^2+10000\cdot q_B+108800$$

$$q_{B_{1,2}}=\frac{-b\pm\sqrt{b^2-4ac}}{2a}=\frac{-10000\pm\sqrt{10000^2+4\cdot 100000\cdot 108800}}{2\cdot(-100000)}$$

$$=\frac{-10000\pm 208854.02}{-200000}=\begin{cases}\dfrac{198854.02}{-200000}=-0.9943\\[2ex]\dfrac{-218854.02}{-200000}=1.0943\end{cases}$$

$$\Rightarrow\begin{cases}r_{B_1}=q_1-1=-0.9943-1=-1.9943\\r_{B_2}=q_2-1=1.0943-1=0.0943=9.43\%\end{cases}$$

Die einzige sinnvolle Lösung ist $r_B=9.43\%$.
Wegen $r_A<r_B$ ist das Angebot der A-Bank dem der B-Bank vorzuziehen.

c) Effektiver Jahreszinssatz: $r=\sqrt{1.1\cdot 1.088}-1=9.40\%$

d) Da sowohl in t = 1 als auch in t = 2 Zinszahlungen anfallen, ist die Reihenfolge der Zinssätze relevant.

Zahlungsreihe:

$Z_B = \{100000, -8800, -110000\}$

Effektiver Jahreszinssatz:

$$0 = -100000 \cdot q_D^2 + 8800 \cdot q_D + 110000$$

$$q_{D_{1,2}} = \frac{-b \pm \sqrt{b^2 - 4ac}}{2a} = \frac{-8800 \pm \sqrt{8800^2 + 4 \cdot 100000 \cdot 110000}}{2 \cdot (-100000)}$$

$$= \frac{-8800 \pm 209946.28}{-200000} = \begin{cases} \frac{201146.28}{-200000} = -1.0057 \\ \frac{-218746.28}{-200000} = 1.0937 \end{cases}$$

$$\Rightarrow \begin{cases} r_{D_1} = q_1 - 1 = -1.0057 - 1 = -2.0057 \\ r_{D_2} = q_2 - 1 = 1.0937 - 1 = 0.0937 = 9.37\% \end{cases}$$

Die einzige sinnvolle Lösung ist $r_D = 9.37\%$.

Wegen $r_D < r_A < r_B$ ist das Angebot der D-Bank den Angeboten der A- und B-Bank vorzuziehen.

Aufgabe 3.2.6

a) Die Aufgabenstellung verrät keine Details über den Kredit. Diese sind allerdings auch irrelevant, wegen der Zinskapitalisierung ist lediglich der Effektivzinssatz wichtig. Würde Hannes nach einem Jahr 100 Euro (Tilgung) plus 20 Euro (Zinsen und ggf. Zinseszinsen) zurückzahlen, so entspräche dies einem Effektivzinssatz von 20%. Durch das verbesserte Angebot verringert sich der Rückzahlungsbetrag um 10 Euro und damit der effektive Jahreszins um 10% auf 10%.

Formal: Gesucht ist $r_{niedrig}$, wobei $r_{hoch} = 0.2 = 20\%$ und

$$abschlag = \frac{100 - 90}{100} = 0.1 = 10\%$$

$$100 \cdot (1 + r_{hoch}) - 100 \cdot abschlag = 100 \cdot (1 + r_{niedrig})$$

$$(1 + r_{hoch}) - abschlag = (1 + r_{niedrig})$$

$$r_{niedrig} = (1 + r_{hoch}) - abschlag - 1$$

$$r_{niedrig} = r_{hoch} - abschlag$$

$$r_{niedrig} = 0.2 - 0.1$$

$$r_{niedrig} = 0.1 = 10\%$$

b) Ausführlich:

$$100\cdot(1+r_{hoch})\cdot(1+r_{hoch})-100\cdot abschlag=100\cdot(1+r_{neu}^{b})\cdot(1+r_{neu}^{b})$$

$$(1+r_{hoch})\cdot(1+r_{hoch})-abschlag=(1+r_{neu}^{b})\cdot(1+r_{neu}^{b})$$

$$(1+r_{neu}^{b})^2=(1+r_{hoch})^2-abschlag$$

$$r_{neu}^{b}=\sqrt{(1+r_{hoch})^2-abschlag}-1$$

$$r_{neu}^{b}=\sqrt{(1+0.2)^2-0.2}-1=11.3552873\%$$

c) $r_{neu}^{c}=\sqrt[2]{(1+0.2)^2-0.21}-1=10.9053651\%$

d) Ausführlich:

$$100\cdot(1+r_{hoch})\cdot(1+r_{hoch})-100\cdot abschlag=100\cdot(1+r_{niedrig})\cdot(1+r_{niedrig})$$

$$(1+r_{hoch})\cdot(1+r_{hoch})-abschlag=(1+r_{niedrig})\cdot(1+r_{niedrig})$$

$$abschlag=(1+r_{hoch})^2-(1+r_{niedrig})^2$$

$$abschlag=1.2^2-1.1^2$$

$$abschlag=0.23=23\%$$

Hinweis: $(1+r_{neu}^{c})^2=1.23$ Interessant!

Aufgabe 3.2.7

a) Zahlungsreihe:

$Z=\{-30000,\ 17500,\ 17500\}$

Interne Rendite:

$$0=-30000\cdot q^2+17500\cdot q+17500$$

$$q_{1,2}=\frac{-b\pm\sqrt{b^2-4ac}}{2a}=\frac{-17500\pm\sqrt{17500^2+4\cdot 30000\cdot 17500}}{2\cdot(-30000)}$$

$$=\frac{-17500\pm 49053.54}{-60000}=\begin{cases}\dfrac{31553.54}{-60000}=-0.5259\\[2ex]\dfrac{-66553.54}{-60000}=1.1092\end{cases}$$

$$\Rightarrow\begin{cases}r_1=q_1-1=-0.5259-1=-1.5259\\ r_2=q_2-1=1.1092-1=0.1092=10.92\%\end{cases}$$

Die einzige sinnvolle Lösung ist $r = 10.92\%$.

b) Modifizierte Interne Rendite:

$$r_M = (1+r_0) \cdot \sqrt[T]{\frac{1}{a_0} \cdot \sum_{t=1}^{T} z_t \cdot (1+r_0)^{-t}} - 1$$

$$= 1.05 \cdot \sqrt[2]{\frac{1}{30000} \cdot \left[17500 \cdot (1+0.05)^{-1} + 17500 \cdot (1+0.05)^{-2}\right]} - 1$$

$$= 1.05 \cdot \sqrt{1.0847} - 1 = 0.0935 = 9.35\%$$

c) Der internen Rendite liegt die Prämisse zugrunde, dass sämtliche Wiederanlagen zum internen Zinsfuß vorgenommen werden. Diese Annahme ist jedoch nicht realitätskonform. Die modifizierte interne Rendite (Baldwin-Verzinsung) löst dieses Problem, indem ein realistischer Wiederanlagezinssatz r_0 angenommen wird, zu dem die Rückflüsse angelegt werden können. Dadurch werden allerdings zusätzliche Informationen über die Höhe von r_0 benötigt. In der Retrospektive können tatsächlich realisierte Wiederanlagezinssätze zur Berechnung der Rendite verwendet werden, die Baldwin-Verzinsung ist dann ein exaktes Maß für die realisierte Rendite.

Aufgabe 3.2.8

a) $r_{eff}^{Kriemhild} = \sqrt[T]{\prod_{t=1}^{T} q_t} - 1 = \sqrt[5]{1.03 \cdot 1.035 \cdot 1.0375 \cdot 1.04 \cdot 1.045} - 1 = 3.7488\%$

b) Die Zinssätze entsprechen denen aus a), lediglich die Reihenfolge ist eine andere. Die Reihenfolge des Zinsanfalls ist hier jedoch gleichgültig. Der Wert der Angebote ist identisch.

c) $r_{eff}^{Brunhild} = \sqrt[T]{\prod_{t=1}^{T} q_t} - 1 = \sqrt[5]{1.03 \cdot 1.035 \cdot 1.0375 \cdot 1.04 \cdot 1.0475} - 1 = 3.7984\%$

d) Anzuwenden ist hier der modifizierte interne Zinsfuß. Die niedrige Wiederanlageverzinsung wird so berücksichtigt.

$$r_M = (1+r_0) \cdot \sqrt[T]{\frac{1}{a_0} \cdot \sum_{t=1}^{T} z_t \cdot (1+r_0)^{-t}} - 1$$

$$= (1+r_0) \cdot \sqrt[T]{\frac{1}{a_0} \cdot \left(\left[\sum_{t=1}^{T} (a_0 \cdot r_t) \cdot (1+r_0)^{-t}\right] + a_0 \cdot (1+r_0)^{-T}\right)} - 1$$

$$= (1+r_0) \cdot \sqrt[T]{\left[\sum_{t=1}^{T} r_t \cdot (1+r_0)^{-t}\right] + (1+r_0)^{-T}} - 1$$

$$= 1.03 \cdot \sqrt[5]{0.03 \cdot 1.03^{-1} + 0.035 \cdot 1.03^{-2} + 0.0375 \cdot 1.03^{-3} + 0.04 \cdot 1.03^{-4} + 0.0475 \cdot 1.03^{-5} + 1.03^{-5}} - 1$$

$$= 3.7223\%$$

Kriemhilds Angebot ist folglich das bessere.

Hinweis: $z_t = a_0 \cdot r_t$ für $t = 1, \ldots, T-1$ sowie $z_T = a_0 \cdot (1 + r_T)$ wurde verwendet.

Aufgabe 3.2.9

a) $r_G = \sqrt[4]{(1+r_1)\cdot(1+r_2)\cdot(1+r_3)\cdot(1+r_4)} - 1 = \sqrt[4]{1.03 \cdot 1.035 \cdot 1.04 \cdot 1.05} - 1 = 3.87\%$

b) Möglicher Ansatz (vgl. Lösung zu Aufgabe 3.2.8 d):

$$r_B = (1+r_0)\cdot\sqrt[T]{\left[\sum_{t=1}^{T} r_t \cdot (1+r_0)^{-t}\right] + (1+r_0)^{-T}} - 1$$

$$= 1.03 \cdot \sqrt[4]{0.03 \cdot 1.03^{-1} + 0.035 \cdot 1.03^{-2} + 0.04 \cdot 1.03^{-3} + 0.05 \cdot 1.03^{-4} + 1.03^{-4}} - 1$$

$$= 3.81\%$$

Alternativer Ansatz:

$$K \cdot (1+r_M)^4 = K \cdot r_1 \cdot (1+0.03)^3 + K \cdot r_2 \cdot (1+0.03)^2 + K \cdot r_3 \cdot (1+0.03)^1 + K \cdot r_4 + K$$

Aufgabe 3.2.10

a) Internen Zinsfuß so bestimmen, dass der Investitionsbetrag auf den Endwert der Rückflüsse anwächst.

$$30\,000 \cdot (1+r_B)^3 = 4\,000 \cdot (1+0.05)^2 + 4\,000 \cdot (1+0.05) + 28\,000$$

$$(1+r_B)^3 = 1.2203$$

$$r_B = 6.86\%$$

(Alternativ ist die Bestimmung über $r_M = (1+r)\cdot\sqrt[T]{\frac{1}{z_0}\cdot\sum_{t=1}^{T} z_t \cdot (1+r)^{-t}} - 1$ möglich.)

b) Ausgangsgleichung wie in a).

$$\text{Endwert}_{\text{Bankanlage}} = \text{Endwert}_{\text{Kartoffelernter}}$$

$$30\,000 \cdot (1+0.08)^3 = 4\,000 \cdot q^2 + 4\,000 \cdot q + 28\,000$$

$$0 = 4\,000 \cdot q^2 + 4\,000 \cdot q - 9\,791.36$$

$$q_{1,2} = \frac{-b \pm \sqrt{b^2 - 4ac}}{2a} = \frac{-4\,000 \pm \sqrt{4\,000^2 - 4 \cdot 4\,000 \cdot (-9\,791.36)}}{2 \cdot 4\,000}$$

$$q_1 = 1.1425 \Rightarrow r_1 = 14.25\%$$

$$q_2 = -2.1425 \Rightarrow r_2 = -314.25\%$$

Die einzige sinnvolle Lösung ist 14.25%.

Aufgabe 3.2.11

a) Zeitgewichtete Rendite:

$$r_{ZGR} = \sqrt[T]{\prod_{t=1}^{T} \frac{v_t}{v_{t-1} + z_{t-1}}} - 1 = \sqrt[2]{\frac{120000}{100000} \cdot \frac{448000}{320000}} - 1$$

$$= \sqrt{1.2 \cdot 1.4} - 1 = 29.61\%$$

b) Kapitalgewichtete Rendite:

$$0 = 100000 \cdot (1 + r_{KGR})^2 + 200000 \cdot (1 + r_{KGR}) - 448000$$

$$r_{KGR_{1,2}} = \frac{-b \pm \sqrt{b^2 - 4ac}}{2a} - 1 = \frac{-200000 \pm \sqrt{200000^2 + 4 \cdot 100000 \cdot 448000}}{2 \cdot 100000} - 1$$

$$= \frac{-200000 \pm 468188.00}{200000} - 1 = \begin{cases} \frac{268188.00}{200000} - 1 = 34.09\% \\ \frac{-211923.55}{200000} - 1 = -434.09\% \end{cases}$$

Einzige sinnvolle Lösung: 34.09%

Aufgabe 3.2.12

a) Rendite im ersten Jahr:

$$(1 + r^A)^4 = (1 + r_1^A) \cdot (1 + r_2^A) \cdot (1 + r_3^A) \cdot (1 + r_4^A)$$

$$1.5^4 = (1 + r_1^A) \cdot \left(1 + \frac{1}{4} \cdot r_1^A\right) \cdot 1.25 \cdot 1.875$$

$$0 = 0.25 \cdot (r_1^A)^2 + 1.25 \cdot r_1^A - 1.16$$

$$r_{1;1,2}^A = \frac{-b \pm \sqrt{b^2 - 4ac}}{2a} = \frac{-1.25 \pm \sqrt{1.25^2 + 4 \cdot 0.25 \cdot 1.16}}{2 \cdot 0.25}$$

$$= \frac{-1.25 \pm 1.65}{0.5} = \begin{cases} 0.8 = 80\% \\ -5.8 \end{cases}$$

Die einzige sinnvolle Lösung ist $r_1^A = 80\%$.

Rendite im zweiten Jahr:

$$r_2^A = \frac{1}{4} \cdot r_1^A = 20\% \; .$$

b) Bertrams Rendite im vierten Jahr:

$$(1+r^B)^4 = 1.25^3 \cdot (1+r_4^B) \geq 1.5^4$$

$$r_4^B \geq \frac{1.5^4}{1.25^3} - 1 = 2.592 - 1 = 159.2\%$$

übersteigt Adelberts Rendite daher um

$$\Delta r_4 = r_4^B - r_4^A = 1.592 - 0.875 = 71.7\% \ .$$

c) Wegen $r_3^B = r_3^A$ und $r_4^B > r_4^A$ sollte Charlotte Bertram ihr Vertrauen schenken.

d) Vermögen nach zwei Jahren bei Entscheidung für Adelbert:

$$400\,000 \cdot (1+r_1^A) \cdot (1+r_2^A) + 4\,780\,000 \cdot (1+r_2^A) = 400\,000 \cdot 1.8 \cdot 1.2 + 4\,780\,000 \cdot 1.2 = 6\,600\,000$$

Vermögen nach zwei Jahren bei Entscheidung für Bertram:

$$400\,000 \cdot (1+r_1^B) \cdot (1+r_2^B) + 4\,780\,000 \cdot (1+r_2^B) = 400\,000 \cdot 1.25^2 + 4\,780\,000 \cdot 1.25 = 6\,600\,000$$

Somit ist Dorothea zwischen beiden Möglichkeiten indifferent.

Aufgabe 3.2.13

a) Zeitgewichtete Rendite Fonds A:

$$r_{ZGR}^A = \sqrt[T]{\prod_{t=1}^{T}(1+r_t)} - 1 \quad \left[= \sqrt[T]{\prod_{t=1}^{T} \frac{v_t}{v_{t-1}+z_{t-1}}} - 1 = \sqrt[2]{\frac{120000}{100000} \cdot \frac{448000}{320000}} - 1 \right]$$

$$= \sqrt{1.2 \cdot 1.4} - 1 = 29.61\%$$

Zeitgewichtete Rendite Fonds B:

$$r_{ZGR}^B = \sqrt[T]{\prod_{t=1}^{T}(1+r_t)} - 1 \quad \left[= \sqrt[T]{\prod_{t=1}^{T} \frac{v_t}{v_{t-1}+z_{t-1}}} - 1 = \sqrt[2]{\frac{130000}{100000} \cdot \frac{429000}{330000}} - 1 \right]$$

$$= \sqrt{1.3 \cdot 1.3} - 1 = 30.00\%$$

b) Kapitalgewichtete Rendite Fonds A:

$$0 = 100000 \cdot (1+r_{ZGR}^B)^2 + 200000 \cdot (1+r_{ZGR}^B) - 448000$$

$$r_{ZGR_{1,2}}^B = \frac{-b \pm \sqrt{b^2 - 4ac}}{2a} - 1 = \frac{-200000 \pm \sqrt{200000^2 + 4 \cdot 100000 \cdot 448000}}{2 \cdot 100000} - 1$$

$$= \frac{-200000 \pm 468188.00}{200000} - 1 = \begin{cases} \dfrac{268188.00}{200000} - 1 = 34.09\% \\[2ex] \dfrac{-211923.55}{200000} - 1 = -434.09\% \end{cases}$$

Kapitalgewichtete Rendite Fonds B:

$$0=100000\cdot(1+r_{KGR}^{B})^{2}+200000\cdot(1+r_{KGR}^{B})-429000$$

$$r_{KGR_{1,2}}^{B}=\frac{-b\pm\sqrt{b^{2}-4ac}}{2a}-1=\frac{-200000\pm\sqrt{200000^{2}+4\cdot100000\cdot429000}}{2\cdot100000}-1$$

$$=\frac{-200000\pm460000.00}{200000}-1=\begin{cases}\frac{260000.00}{200000}-1=30.00\%\\ \frac{-660000.00}{200000}-1=-430.00\%\end{cases}$$

c) Die zeitgewichtete Gesamtrendite misst nur die durch das Management eines Fonds beeinflussbaren Dispositionen, da von diesem nicht beeinflussbare Timing-Effekte von externen Einlagen in den oder Entnahmen aus dem Fonds neutralisiert werden, und ist damit als Maß für die Beurteilung der Leistung des Fondsmanagers geeignet.
Die kapitalgewichtete Gesamtrendite hingegen wird durch den internen Zinsfuß gemessen und beurteilt so den Gesamterfolg aus der Sicht des Kapitalanlegers. Für Anleger Arnold ist also die kapitalgewichtete Gesamtrendite interessant.
Obwohl die Leistung von Fridolin, der für Fonds B verantwortlich ist, wegen der höheren zeitgewichteten Rendite ($r_{ZGR}^{B}>r_{ZGR}^{A}$) höher einzuschätzen ist als die des für Fonds A verantwortlichen Ferdinand, sollte sich Arnold bei Kenntnis der anfallenden Wertsteigerungen wegen der höheren kapitalgewichteten Rendite ($r_{KGR}^{A}>r_{KGR}^{B}$) für Fonds A entscheiden.

Aufgabe 3.2.14

$$K_1 = 0.05\cdot K_0 + 1.06\cdot K_0$$
$$= 1.11\cdot K_0$$
$$K_2 = K_1\cdot e^{u}$$
$$= 1.11\cdot K_0\cdot e^{0.03}$$
$$r_{eff} = \sqrt{\frac{K_2}{K_0}} - 1$$
$$= \sqrt{\frac{1.11\cdot K_0\cdot e^{0.03}}{K_0}} - 1$$
$$= \sqrt{1.11\cdot e^{0.03}} - 1$$
$$= 6.95\%$$

5 Zusätzliche Übungsaufgaben (mit Lösungen)

5.1 Zusätzliche Übungsaufgaben

Zu 1.2 Zinsrechnung

Aufgabe Z 1.2.1

Donald Puck möchte seine 2000 mühsam erarbeiteten Kröten anlegen. Zuerst fragt er seinen Onkel Diggibert, welcher ihm eine geometrische Verzinsung zu einem Zinssatz von 3 % anbietet. Seine Neffen erzählen ihm außerdem von dem Angebot der Bank aus Schwanenhausen, die eine kontinuierliche Verzinsung sowie eine unterjährige geometrische Verzinsung mit einer dritteljährlichen oder halbjährlichen Zinskapitalisierung zu einem nominellen Zins von 3 % anbietet.

a) Berechnen Sie für alle Varianten Donalds Vermögen nach einem Jahr.
b) Berechnen Sie außerdem jeweils Donalds Vermögen nach zwei Jahren.
c) Berechnen Sie abschließend jeweils Donalds Vermögen nach vier Monaten (unter Ausschluss der halbjährlichen Zinskapitalisierung).

Hinweis: Verwenden Sie die Zinskonvention 30/360.

Zu 1.3–1.4 Bewertung von Zahlungsströmen

Aufgabe Z 1.3.1 – Endwert

Clarice hat nach harten Jahren beim FBI endlich Zeit, sich der Schafzucht zu widmen. Dazu investiert Sie ihr ganzes Vermögen in ein Landhaus mit angeschlossenen Weiden. Im nächsten Jahr verkauft Sie jeweils zum 1.1. und 31.1. 30 Schafe für 6 000 Euro. Am 16.3. geht eine weitere Bestellung von einem Doktor über 60 Lämmer ein. Dem Auftrag lagen 10 000 Euro bei, die Clarice noch am selben Tag zur Bank brachte.

Bestimmen Sie ihr Vermögen zum 1.4 bei geometrischer Verzinsung mit einem Zinssatz von 5 % p. a. unter Verwendung der Zinskonventionen:

a. 30/360
b. echt/echt

Hinweis: Es liegt kein Schaltjahr vor.

Aufgabe Z 1.3.2 – Barwert

Der skrupellose Gordon Gekko kann auf Grund von Insiderinformationen voraussichtliche Kursentwicklungen sehr gut abschätzen. Am 01.07.1987 plant er seine Aktien der Bluestar Airline für 1 Mrd. Euro zu verkaufen. Außerdem möchte er seine Anteile an einer Papierfabrik nach erfolgreicher Restrukturierung für 0.5 Mrd. Euro am 16.09.1987 veräußern. Um seinen nächsten großen Deal zu finanzieren, beabsichtigt er ferner weitere Gewinne von seinen Offshore-Depots in Höhe von 0.3 Mrd. Euro am 01.02.1988 einzulösen.

Berechnen Sie für Gekko den Barwert seiner Transaktionen zum 01.01.1987 bei einem Marktzinssatz von 8 % unter der Konvention 30/360, wenn er seine Geschäfte wie geplant durchführt.

Aufgabe Z 1.4.1 – Kapitalwert

Julia studiert BWL und möchte ihr Wissen endlich in der Praxis einsetzen. Deswegen geht sie während ihres USA-Urlaubs besonders großzügig shoppen: MP-3-Player, Notebooks, Jeans – im Wert von 4 000 Euro. Zurück in Deutschland verkauft sie die Geräte über E-Bay, um einen großzügigen Gewinn aus dem günstigen Wechselkurs einzustreichen. Einen Monat nach ihrer Einkaufstour gehen 2 500 Euro für die Notebooks auf ihrem Konto ein. Nach einem weiteren Monat konnte sie auch die MP-3-Player für einen guten Preis verkaufen. Dafür erhält sie weitere 2 300 Euro. Zum Semesterbeginn, genau drei Monate nach der Shoppingtour, gibt Sie die Jeans an Freundinnen für einen Freundschaftspreis von 700 Euro ab.

Berechnen Sie den Kapitalwert dieser Schmuggelaktion am Tag des Kaufes. Verwenden Sie hierfür einen Zinssatz von 6 %.

Zu 2.1 Rentenrechnung

Aufgabe Z 2.1.1 – Jährliche Rente

Als Praktikant in der Marktforschung eines großen Zeitschriftenverlags sollen Sie den Wert eines neugewonnenen Kunden bestimmen, um später die Rentabilität der neuen Werbekampagne zu bewerten. Nach Studium hunderter Excel-Tabellen kommen Sie zum Schluss, dass ein neuer Kunde sein Abo über die nächsten fünf Jahre nicht kündigen wird und somit jährlich den Preis von 50 Euro bezahlt. Die erste Zahlung ist üblicherweise beim Abschluss des Vertrages zu leisten. Laut Finanzabteilung sei ein Zinssatz von 8 % p. a. zu Grunde zu legen.

a. Berechnen Sie den Bar- und Endwert dieses vorschüssigen Abonnements.
b. Alternativ hoffen Sie, durch eine endjährige Abrechnung weitere Kunden anzulocken. Berechnen Sie auch hierfür den Bar- und Endwert.
c. Wie verändern sich ihre Berechnungen aus Aufgabenteil a/b, wenn Sie im Stillen ab dem zweiten Jahr jährliche Preissteigerungen von 5 % durchsetzen?

Aufgabe Z 2.1.2 – Monatliche Rente

Autor Marcus hat ein großes Problem mit pünktlichem Aufstehen. Zu gerne zieht er sich wieder ins Bett zurück, nachdem er den Wecker, welcher schon auf der Gegenseite seines Zimmers aufgestellt ist, ausgemacht hat. Um sich zu motivieren, stellt er folgenden Plan auf: Falls er häufiger als vier Mal im Monat zurück in sein – zugegebenermaßen sehr molliges und warmes Bett schleicht – überweist er am

Ende des Monats 50 Euro an ein soziales Projekt. Ansonsten könnte er das Geld auf seinem Konto zu 4 % p. a. anlegen.

a) Welchen Betrag könnte Marcus nach zwei Jahren verprassen, wenn er jeden Monat brav aufgestanden wäre? Berechnen Sie außerdem den Wert dieses Betrages heute.
b) Alternativ überlegt sich Marcus, den Betrag schon am Monatsanfang auf ein Strafkonto zu überweisen. Bei guter Führung bekäme er die 50 Euro am Monatsende verzinst wieder ausgezahlt. Berechnen Sie für diesen Fall den End- und Barwert.
c) Marcus Muse hat ähnliche Probleme. Sie fügt dem Konzept eine weitere Gemeinheit hinzu: Falls sie im letzten Monat verschlafen hat, steigen die monatlichen Zahlungen um jeweils 1 % im nächsten Monat. Natürlich wird auch sie durchgehend das Bett dem Geld vorziehen. Berechnen Sie den Bar- und Endwert bei vor- oder nachschüssigen Zahlungen.

Aufgabe Z 2.1.3 – Ewige Rente

Die Glücksspiel GmbH beschränkt den Auszahlungszeitraum ihrer Lebensrente auf das restliche Leben des Gewinners. Dem werden, beginnend in exakt einem Jahr, jährlich 60 000 Euro ausgezahlt. Nach viel Pech in der Liebe ist der unsterbliche Connor MacLeod von seinem Spielglück überzeugt und löst ein Lottoticket.

a) Falls Connor wirklich ewig leben sollte, welchen Wert hat ein Gewinn der Rente für ihn heute bei einem Marktzins von 6 %?
b) Berechnen Sie den Barwert, wenn die Glücksspiel GmbH die Auszahlungen ab dem 2. Jahr um jährlich 3 % erhöht.
c) Nach zehn Jahren, unmittelbar nach der Auszahlung, löst sich sein Kopf unerwartet vom Hals. Damit erlischt jegliches Recht auf weitere Zahlungen. Welchen Wert hätte er heute diesem veränderten Zahlungsstrom beigemessen?

Hinweis zu c: Nutzen Sie anstatt des RBF eine angepasste Formel der unendlichen Rente.

Zu 2.2 Tilgungsrechnung

Aufgabe Z 2.2.1 – Annuitäten

Auch Jonas hat ein Problem – er hat einen Nachbarn. Nachdem er dessen neuesten Stolz gesehen hat, überlegt er auch, seinen kleinen Rasenmäher durch ein PS-Monster zu ersetzen.

a) Berechnen Sie die Höhe der jährlich nachschüssigen Annuitäten, die Jonas an den Baumarkt bei einer Laufzeit über vier Jahre und einem Zinssatz von 4 % zu zahlen hat. Der Wert des Rasentraktors liegt bei 5000 Euro.
b) Wie hoch läge die Annuität bei vorschüssiger Zahlung?

Aufgabe Z 2.2.2 – Kreditbetrag

Der Manager Anecke plant die Standortvorteile des Staates Dunkelfels zu nutzen. Ein kleines Häuschen in der Zweitheimat darf dann natürlich nicht fehlen. Da sowohl sein Auto ein wenig älter ist, lästige Steuernachzahlungen anstehen und auch die Frau wieder Geburtstag hat, nimmt er zur Finanzierung einen Kredit bei seiner Bank auf. Es wurden jährlich nachschüssige Zahlungen in Höhe von 250 000 Euro, bei einer Laufzeit von zehn Jahren und einem Zins von 6,5 % p. a. vereinbart. Wie teuer ist die Behausung?

Aufgabe Z 2.2.3 – Kreditlaufzeit

»Fünf Jahre Studium, eingezwängt in 22 m²« – denkt sich der Jurist Jens – »endlich Freiheit!« Die lässt sich am besten auf der guten, deutschen Autobahn mit einem Orsche 911 genießen. Natürlich wird der Flitzer auf Pump gekauft, da die Orsche Bank ihm einen besonders günstigen Zins von 3 % p. a. anbietet. 20 000 Euro möchte Jens sich den Spaß jährlich kosten lassen.

a) Wie lange muss er den Kredit abbezahlen, wenn das Objekt der Begierde 90 000 Euro kostet und die Zahlungen jeweils am Jahresende geleistet werden müssen. Wie hoch wäre die Restzahlung im letzten Jahr?
b) Wie lange wäre die Kreditlaufzeit bei vorschüssiger Zahlung? Berechnen Sie auch hierfür die Restzahlung.

Zu 3.1 Kursrechnung

Aufgabe Z 3.1.1

Die Panzerknacker AG benötigt dringend Kapital für ihr neuestes Projekt, das selbst bei dem aktuellen Marktzinssatz von 9 % noch höchst profitabel ist.

a) Über einen Standardbond soll die Finanzierung der dafür nötigen Werkzeuge gesichert werden. Bei einer Laufzeit von fünf Jahren würden jährliche Zinszahlungen von 2000 Euro anfallen. Der Nennwert läge bei 20 000 Euro. Bestimmen Sie den fairen Kurs.
b) Nach Prüfung der Bilanz weist Banker Bernd den Vorstand der Panzerknacker AG auf die stark schwankenden Erträge des Bondemittenten und den damit verbundenen Gefahren eines Zahlungsausfalls des Bonds hin. Ein Zerobond mit gleicher Laufzeit und Nennwert von 32 000 Euro sei in diesem Fall eine bessere Finanzierungsmethode, so Bernd.
   Wie lautet der faire Wert dieses fünfjährigen Zerobonds?
c) Als Aktiengesellschaft schüttet die Panzerknacker AG jährliche Dividenden aus. In exakt einem Jahr steht die nächste Zahlung von 2 Euro je Aktie an.
   Welchen fairen Wert hat die Aktie heute, wenn keine Dividendenerhöhungen geplant sind und das Unternehmen bis in alle Ewigkeit besteht?
d) Neue Geschäftsfelder ergeben sich für die Panzerknacker AG in Form von weiteren Bankniederlassungen. Die Anleger rechnen mit einer jährlich wachsenden Dividende von 2 % ab dem übernächsten Jahr. Bei welchem Preis steht die Aktie?

e. Die Staatsanwaltschaft bemerkt direkt nach der Dividendenausschüttung in zehn Jahren die illegalen Machenschaften der AG und beendet ihre Existenz. Bestimmen Sie den fairen Wert der Aktie bei konstanter und wachsender Dividende.

Zu 3.2 Renditerechnung

Aufgabe Z 3.2.1 – Interne Rendite, modifizierte interne Rendite

Christina ist die einzige in ihrem Freundeskreis, die noch nicht die neue Puppe »Angela« besitzt. Da sie vor kurzem erst ihr Sparschwein geplündert hat, fragt Sie ihren jüngeren Bruder Marcus, ob er ihr 40 Euro borgen könne. Der drückt ihr 40 Euro in die Hand und fordert im Gegenzug, dass Christina ihm in genau einem Jahr 45 Euro zurückzahle.

a) Welche interne Rendite hat die Investition für Marcus?

Insgeheim weiß Marcus, dass seine konsumsüchtige Schwester ihn nicht bezahlen können wird und heckt folgenden Plan aus: Nach großem Aufstand wird er unter Tränen nur 20 Euro zurückverlangen und als Entschädigung im darauffolgenden Jahr 35 Euro von ihrem Kommunionsgeld fordern.

a) Berechnen Sie die interne Rendite für die zweijährige Investition.
b) Wie hoch ist die modifizierte interne Rendite dieser Investition, wenn Marcus Rückflüsse auf seinem Sparbuch zu 4 % p. a. anlegen kann?
c) Beurteilen Sie die Vorteilhaftigkeit der Investitionen.

Aufgabe Z 3.2.2 – Annualisierte Renditen

Für den Fondsmanager Pierre steht das jährliche Feedbackgespräch mit seinem Chef an. Nach fetten Jahren hat die Finanzkrise ein großes Loch in sein Portfolio gerissen. In den fünf Bullenjahren hat er seinen Chef mit Renditen von 10 %, 17 %, 20 %, 18 % und phänomenalen 32 % beglückt. Die Finanzkrise überraschte ihn jedoch dermaßen, dass sein Portfolio mit -40 % abstürzte. Auch im darauffolgenden Jahr konnte er sein Versprechen, nämlich eine positive Rendite einzufahren, nicht halten und verlor weitere 10 %.

Welche geometrisch annualisierte und welche arithmetisch annualisierte Rendite hat Pierre über die letzten sieben Jahre erzielt?

5.2 Lösungen zu den zusätzlichen Übungsaufgaben

Aufgabe Z 1.2.1

Geometrische Verzinsung: $K_t = K_0 \cdot (1+r)^t$

$K_1 = 2000 \cdot (1+0.03)^1 = 2060$

$K_2 = 2000 \cdot (1+0.03)^2 = 2121.8$

$K_{1/3} = 2000 \cdot (1+0.03)^{4/12} = 2019.80$

Kontinuierliche Verzinsung: $K_t = K_0 \cdot e^{u \cdot t}$

$K_1 = 2000 \cdot e^{0.03 \cdot 1} = 2060.91$

$K_2 = 2000 \cdot e^{0.03 \cdot 2} = 2123.67$

$K_{1/3} = 2000 \cdot e^{0.03 \cdot (4/12)} = 2020.10$

Geometrische Verzinsung mit dritteljährlicher Zinskapitalisierung:

$$K_t = K_0 \cdot \left(1 + \frac{u}{m}\right)^{m \cdot t}$$

$$K_1 = 2000 \cdot \left(1 + \frac{0.03}{3}\right)^{3 \cdot 1} = 2060.60$$

$$K_2 = 2000 \cdot \left(1 + \frac{0.03}{3}\right)^{3 \cdot 2} = 2123.04$$

$$K_{1/3} = 2000 \cdot \left(1 + \frac{0.03}{3}\right)^{3 \cdot \frac{1}{3}} = 2020$$

Geometrische Verzinsung mit halbjährlicher Zinskapitalisierung:

$$K_t = K_0 \cdot \left(1 + \frac{u}{m}\right)^{m \cdot t}$$

$$K_1 = 2000 \cdot \left(1 + \frac{0.03}{2}\right)^{2 \cdot 1} = 2060.45$$

$$K_2 = 2000 \cdot \left(1 + \frac{0.03}{2}\right)^{2 \cdot 2} = 2122.73$$

Aufgabe Z 1.5.1

Bei allen Konventionen gilt grundsätzlich, dass der erste Tag mitgezählt wird, der letzte jedoch nicht.

Zinskonvention 30/360

Für die Konventionen 30/360 gilt generell der Zusammenhang:

Zinstage = [Tag (Datum 2) – Tag (Datum 1)]
= [Monat (Datum 2) – Monat (Datum 1)] · 30
= [Jahr (Datum 2) – Jahr (Datum 1)] · 360

Vom 1.1. bis 1.4.: $[1-1]+[4-1] \cdot 30 = 90$

Vom 31.1. bis 1.4.: $[1-30]+[4-1] \cdot 30 = 61$

Vom 16.3. bis 1.4.: $[1-16]+[4-3] \cdot 30 = 15$

$$K_{1.5} = 6000 \cdot 1.05^{\frac{90}{360}} + 6000 \cdot 1.05^{\frac{61}{360}} + 10\,000 \cdot 1.05^{\frac{15}{360}} = 22142.97$$

Zinskonvention echt/echt

Vom 1.1. bis 1.4.: 31 Tage im Januar + 28 Tage im Februar + 31 Tage im März = 90 Tage

Vom 31.1. bis 1.4.: 1 Tag im Januar + 28 Tage im Februar + 31 Tage im März = 60 Tage

Vom 16.3. bis 1.4.: 16 Tage

Aufgabe Z 1.5.2

Zinskonvention 30/360

Vom 01.01.1987 bis 01.06.1987: 6 volle Monate = $\frac{6}{12} = \frac{1}{2}$

Vom 01.01.1987 bis 16.09.1987: $[16-1]+[9-1] \cdot 30 = 255$

Vom 01.01.1987 bis 01.02.1988: alle 12 Monate im ersten und 1 Monat im 2. Jahr
$= 1\frac{1}{12}$

$K_{1.1.1987} = 1\,000'' \cdot 1.08^{-\frac{1}{2}} + 500'' \cdot 1.08^{-\frac{255}{360}} + 300'' \cdot 1.08^{-1\frac{1}{12}}$

Aufgabe Z 1.6.1

$$K_0(0.06) = -az_0 + \sum_{t=1}^{T} z_t \cdot q^{-t}$$
$$= -4000 + 2500 \cdot 1.06^{-\frac{1}{12}} + 2300 \cdot 1.06^{-\frac{2}{12}} + 700 \cdot 1.06^{-\frac{3}{12}}$$
$$= 1455.54$$

Aufgabe Z 2.1.1

Vorschüssiges Abonnement

$$BW_v = R \cdot \frac{q^T - 1}{q - 1} \cdot q^{-T+1} = 50 \cdot \frac{1.08^5 - 1}{1.08 - 1} \cdot 1.08^{-5+1}$$
$$= 50 \cdot \frac{1.08^5 - 1}{1.08 - 1} \cdot 1.08^{-4} = 215.61$$
$$EW_v = R \cdot \frac{q^T - 1}{q - 1} \cdot q = 50 \cdot \frac{1.08^5 - 1}{1.08 - 1} \cdot 1.08 = 316.80$$

Nachschüssiges Abonnement

$$BW_n = R \cdot \frac{q^T - 1}{q - 1} \cdot q^{-T} = 50 \cdot \frac{1.08^5 - 1}{1.08 - 1} \cdot 1.08^{-5} = 199.64$$
$$EW_n = R \cdot \frac{q^T - 1}{q - 1} = 50 \cdot \frac{1.08^5 - 1}{1.08 - 1} = 293.33$$

Mit jährlichen Preissteigerungen

$$BW_v = R \cdot \frac{q^T - c^T}{q - c} \cdot q^{-T+1} = 50 \cdot \frac{1.08^5 - 1.05^5}{1.08 - 1.05} \cdot 1.08^{-5+1}$$
$$= 50 \cdot \frac{1.08^5 - 1.05^5}{1.08 - 1.05} \cdot 1.08^{-4} = 236.49$$
$$EW_v = R \cdot \frac{q^T - c^T}{q - c} \cdot q = 50 \cdot \frac{1.08^5 - 1.05^5}{1.08 - 1.05} \cdot 1.08 = 347.48$$
$$BW_n = R \cdot \frac{q^T - c^T}{q - c} \cdot q^{-T} = 50 \cdot \frac{1.08^5 - 1.05^5}{1.08 - 1.05} \cdot 1.08^{-5} = 218.97$$
$$EW_n = R \cdot \frac{q^T - c^T}{q - c} = 50 \cdot \frac{1.08^5 - 1.05^5}{1.08 - 1.05} = 312.74$$

Aufgabe Z 2.1.2

a) Nachschüssig

$$BW_n = R \cdot \frac{q^{T/m} - 1}{q^{1/m} - 1} \cdot q^{-T/m} = 50 \cdot \frac{1.04^{24/12} - 1}{1.04^{1/12} - 1} \cdot 1.04^{-24/12}$$
$$= 50 \cdot \frac{1.04^2 - 1}{1.04^{1/12} - 1} \cdot 1.04^{-2} = 1152.26$$
$$EW_n = R \cdot \frac{q^{T/m} - 1}{q^{1/m} - 1} = 50 \cdot \frac{1.04^{24/12} - 1}{1.04^{1/m} - 1} = 1246.28$$

Vorschüssig

$$BW_v = R \cdot \frac{q^{T/m}-1}{q^{1/m}-1} \cdot q^{(-T+1)/m} = 50 \cdot \frac{1.04^{24/12}-1}{1.04^{1/12}-1} \cdot 1.04^{(-24+1)/12} = 1156.03$$

$$EW_v = R \cdot \frac{q^{T/m}-1}{q^{1/m}-1} \cdot q^{1/m} = 50 \cdot \frac{1.04^{24/12}-1}{1.04^{1/m}-1} \cdot 1.04^{1/12} = 1250.36$$

Nachschüssig

$$c^{\frac{1}{m}} = 1.01 \rightarrow c = 1.01^{12}$$

$$BW_n = R \cdot \frac{q^{T/m}-c^{T/m}}{q^{1/m}-c^{1/m}} \cdot q^{-T/m} = 50 \cdot \frac{1.04^{24/12}-1.01^{12\cdot(24/12)}}{1.04^{\frac{1}{12}}-1.01} \cdot 1.04^{-\frac{24}{12}}$$

$$= 50 \cdot \frac{1.04^{2}-1.01^{12\cdot 2}}{1.04^{1/12}-1.01} \cdot 1.04^{-2} = 1293.00$$

$$EW_n = R \cdot \frac{q^{T/m}-c^{T/m}}{q^{1/m}-c^{1/m}} = 50 \cdot \frac{1.04^{24/12}-1.01^{12\cdot(24/12)}}{1.04^{1/12}-1.01} = 1398.51$$

Vorschüssig

$$BW_v = R \cdot \frac{q^{T/m}-c^{T/m}}{q^{1/m}-c^{1/m}} \cdot q^{(-T+1)/m} = 50 \cdot \frac{1.04^{24/12}-1.01^{12\cdot(24/12)}}{1.04^{1/12}-1.01} \cdot 1.04^{(-24+1)/12}$$

$$= 1297.23$$

$$EW_v = R \cdot \frac{q^{T/m}-c^{T/m}}{q^{1/m}-c^{1/m}} \cdot q^{1/m} = 50 \cdot \frac{1.04^{24/12}-1.01^{12\cdot(24/12)}}{1.04^{1/12}-1.01} \cdot 1.04^{1/12} = 1403.09$$

Aufgabe Z 2.1.3

a) Ewige Rente

$$BW = \frac{D_1}{r} = \frac{60\,000}{0.06} = 1\,000\,000$$

Ewig wachsende Rente

$$BW = \frac{D_1}{r-g} = \frac{60\,000}{0.06-0.03} = \frac{60\,000}{0.03} = 2\,000\,000$$

Anstelle der bekannten Rentenformel, lässt sich eine zeitlich begrenzte Rente mit Hilfe von zwei ewigen Renten darstellen. Dazu werden von der ewigen Rente R_1/r alle künftigen Zahlungen, die sich außerhalb des betrachteten Zeitraums befinden, also vom Jahr 11 bis unendlich, abgeschnitten. Dies erfolgt über den Ausdruck: $-R_{11}/r$.

Konstruktionsbedingt ermittelt die ewige Rentenformel den Wert einer Rente genau ein Jahr vor der ersten Zahlung. Hinsichtlich unserer Aufgabe ist R_1/r deswegen schon zum Zeitpunkt 0 bewertet. Die zweite ewige Rente (R_{11}/r) »befindet« sich jedoch noch im Jahr 10. Um die Vergleichbarkeit zum ersten Term sicherzustellen, muss der zweite Term somit um weitere zehn Jahre abgezinst werden.

$$BW = \frac{R_1}{r} - \frac{R_{11}}{r} \cdot q^{-10} = \frac{60\,000}{0.06} - \frac{60\,000}{0.06} \cdot 1.06^{-10}$$

$$= 441\,605.22$$

Alternativer Lösungsweg:

$$BW_n = R \cdot \frac{q^T - 1}{q - 1} \cdot q^{-T} = 60\,000 \cdot \frac{1.06^{10} - 1}{1.06 - 1} \cdot 1.06^{-10}$$

$$= 441\,605.22$$

Aufgabe Z 2.2.1

a) Nachschüssig

$$S_0 = A \cdot \frac{q^T - 1}{q - 1} \cdot q^{-T} \qquad \Big| \cdot \frac{q^T \cdot (q-1)}{q^T - 1}$$

$$A_n = S_0 \cdot \frac{q^T \cdot (q-1)}{q^T - 1} = 5000 \cdot \frac{1.04^4 \cdot (1.04 - 1)}{1.04^4 - 1} = 1377.45$$

Vorschüssig

$$A_v = S_0 \cdot \frac{q^{T-1} \cdot (q-1)}{q^T - 1} = 5000 \cdot \frac{1.04^{4-1} \cdot (1.04 - 1)}{1.04^4 - 1} = 5000 \cdot \frac{1.04^3 \cdot (1.04 - 1)}{1.04^4 - 1}$$

$$A_v = 1324.47$$

Aufgabe Z 2.2.2

$$S_0 = A \cdot \frac{q^T - 1}{q^T (q-1)} = 250\,000 \cdot \frac{1.065^{10} - 1}{1.065^{10} \cdot (1.065 - 1)} = 1\,797\,207.56$$

Aufgabe Z 2.2.3

a) Nachschüssig

$$T_n = \frac{\ln A - \ln(A - S_0 \cdot r)}{\ln q} = \frac{\ln 20\,000 - \ln(20\,000 - 90\,000 \cdot 0.03)}{\ln 1.03} = 4.91$$

Die Restschuld nach vier Jahren beläuft sich auf:

$$RS_4 = S_0 \cdot q^4 - A \cdot \frac{q^4 - 1}{q - 1}$$

$$RS_4 = 90\,000 \cdot 1.03^4 - 20\,000 \cdot \frac{1.03^4 - 1}{1.03 - 1} = 17\,623.25$$

Die Restzahlung nach fünf Jahren beträgt somit:

$$A = RS_4 \cdot q = 17\,623.25 \cdot 1.03 = 18\,151.95$$

Vorschüssig

$$T_v = \frac{\ln(qA) - \ln(qA - S_0 \cdot r)}{\ln q}$$

$$= \frac{\ln(1.03 \cdot 20\,000) - \ln(1.03 \cdot 20\,000 - 90\,000 \cdot 0.03)}{\ln 1.03} = 4.75$$

Beim vorschüssigen Annuitätendarlehen erfolgt die abschließende Zahlung, bzw. Restzahlung zu Beginn des letzten Jahres. Im Vergleich zum nachschüssigen Annuitätendarlehen ist ein weiteres Aufzinsen nicht mehr erforderlich. Die Restschuld nach vier Jahren entspricht aus diesem Grunde der Restzahlung.

$$RS_4 = S_0 \cdot q^4 - A \cdot \frac{q^4 - 1}{q - 1} \cdot q = 90\,000 \cdot 1.03^4 - 20\,000 \cdot \frac{1.03^4 - 1}{1.03 - 1} \cdot 1.03 = 15\,113.08$$

Aufgabe Z 3.1.1

a) Standardbond

$$P_0(0.09) = Zq^{-1} + \ldots + Zq^{-T} + Nq^{-T}$$

$$= 2000 \cdot 1.09^{-1} + 2000 \cdot 1.09^{-2} + 2000 \cdot 1.09^{-3} + 2000 \cdot 1.09^{-4} + (2000 + 20\,000) \cdot 1.09^{-5}$$

$$= 2000 \cdot \frac{1.09^5 - 1}{1.09 - 1} \cdot 1.09^{-5} + 20\,000 \cdot 1.09^{-5} = 20\,777.93$$

Zerobond

$$P_0(0.09) = N \cdot q^{-T} = 32\,000 \cdot 1.09^{-5} = 20\,797.80$$

Aktie konstant

$$P_0(0.09) = \frac{D_1}{r} = \frac{2}{0.09} = 22.22$$

Aktie wachsend

$$P_0(0.09) = \frac{D_1}{r - g} = \frac{2}{0.09 - 0.02} = 28.57$$

Zehnjährige Laufzeit

Bei konstanter Dividende:

$$P_0(0.09) = BW_n = R \cdot \frac{q^T - 1}{q - 1} \cdot q^{-T} = 2 \cdot \frac{1.09^{10} - 1}{1.09 - 1} \cdot 1.09^{-10} = 12.84$$

Bei wachsender Dividende

$$P_0(0.09) = BW_{\text{nachschüssig}} = R \cdot \frac{q^T - c^T}{q - c} \cdot q^{-T} = 2 \cdot \frac{1.09^{10} - 1.02^{10}}{1.09 - 1.02} \cdot 1.09^{-10} = 13.86$$

Aufgabe Z 3.2.1

a) Einjährig

$$v_1 = v_0 \cdot (1 + r)$$

$$r = \frac{v_1}{v_0} - 1 = \frac{45}{40} - 1 = 12.5\%$$

Zweijährig

$$0 = -az_0 \cdot (1 + r)^2 + z_1 \cdot (1 + r) + z_2 = -40 \cdot q^2 + 20 \cdot q + 35$$

Über die Mitternachtsformel:

$$q_{1/2} = \frac{-b \pm \sqrt{b^2 - 4ac}}{2a} = \frac{-20 \pm \sqrt{20^2 - 4 \cdot (-40) \cdot 35}}{2 \cdot (-40)} = \frac{-20 \pm \sqrt{6000}}{-80}$$

$$q_1 = \frac{57.4596}{-80} = -0.7182 \rightarrow r_1 = q_1 - 1 = -0.7182 - 1 = -1.7182$$

$$q_2 = \frac{-97.4597}{-80} = 1.2182 \rightarrow r_2 = q_2 - 1 = 1.2182 - 1 = 0.2181 = 21.81\%$$

Oder über die PQ-Formel:

$0 = -40 \cdot q^2 + 20 \cdot q + 35 = q^2 - 0.5 \cdot q - 0.875$

$q_{1/2} = -\frac{p}{2} \pm \sqrt{\left(\frac{p}{2}\right)^2 - q} = -\frac{-0.5}{2} \pm \sqrt{\left(\frac{0.5}{2}\right)^2 - 0.875} \quad = \frac{1}{4} \pm \sqrt{0.9375}$

$q_1 = 1.2182 \rightarrow r_1 = q_1 - 1 = 1.2182 - 1 = 0.2181 = 21.81\%$

$q_{2=} - 0.7182 \rightarrow r_2 = q_2 - 1 = -0.7182 - 1 = -1.7182$

Die einzige sinnvolle Lösung ist $r = 21.81\%$

Modifizierte interne Rendite/Baldwin-Verzinsung

$az_0 \cdot (1 + r_B)^T = z_1 \cdot (1 + r_0)^{T-1} + z_2 \cdot (1 + r_0)^{T-2} + \ldots + z_T$

$40 \cdot (1 + r_B)^2 = 20 \cdot (1 + 0.04) + 35$

$(1 + r_B)^2 = 1.395$

$r_B = 18.11\%$

Da alle Zinsfüße der Investitionen größer als der Referenzzinssatz in Höhe von 4% sind, handelt es sich um vorteilhafte Investments.

Aufgabe Z 3.2.1

Geometrisch annualisierte Rendite

$r_G = \sqrt[T]{\prod_{t=1}^{T}(1 + r_t)} - 1 = \sqrt[7]{1.1 \cdot 1.17 \cdot 1.2 \cdot 1.18 \cdot 1.32 \cdot 0.6 \cdot 0.9} - 1 = \sqrt[7]{1.299} - 1$

$= 3.81\%$

Arithmetisch annualisierte Rendite

$r_A = \frac{1}{T} \cdot \sum_{t=1}^{T} r_t = \frac{1}{7} \cdot (0.1 + 0.17 + 0.2 + 0.18 + 0.32 - 0.4 - 0.1)$

$= 6.71\%$

6 Elemente der mathematischen Propädeutik (mit Aufgaben und Lösungen)

6.1 Elemente der mathematischen Propädeutik

6.1.1 Aufbau des Zahlenbereichs

Zahlenbereich

Der grundlegende Zahlenbereich ist die Menge der *natürlichen Zahlen* $\mathbb{N}$:

(6.1) $\mathbb{N} = \{1, 2, 3, \ldots, n-1, n, n+1, \ldots\}$.

Natürliche Zahlen

Jede natürliche Zahl hat genau einen Nachfolger. Die Zahl 1 hingegen ist nicht der Nachfolger einer natürlichen Zahl, sie bildet den Anfang der Folge der natürlichen Zahlen. Erweitert man die Menge der natürlichen Zahlen um die Zahl 0 (deren Nachfolger nun die Zahl 1 ist), so gelangt man zur Menge $\mathbb{N}_0$:

(6.2) $\mathbb{N}_0 = \{0, 1, 2, 3, \ldots, n-1, n, n+1, \ldots\}$.

Als geeignete grafische Repräsentation bietet sich der Zahlenstrahl an, auf dem die natürlichen Zahlen erweitert um die Zahl 0 in folgender Weise angeordnet sind:

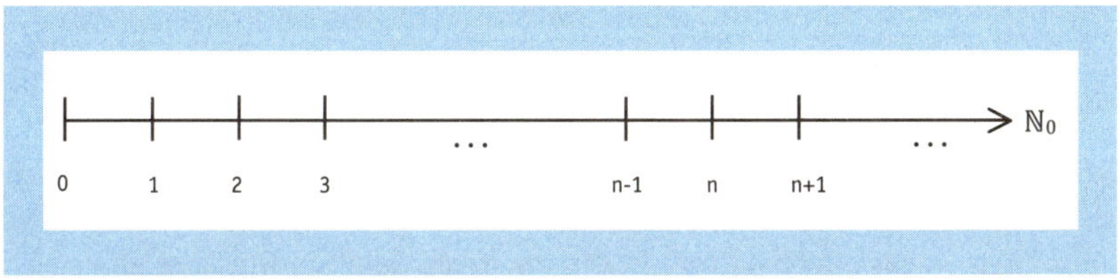

Die Abstände zwischen den Zahlensymbolen müssen dabei jeweils gleich sein.

Die grundlegenden Operationen auf den natürlichen Zahlen sind die Addition »+« sowie die Multiplikation »·«.

Addition

Die *Addition* genügt dem *Kommutativgesetz*[1]

(6.3) $a + b = b + a$,

d. h. es ist unerheblich, in welcher Reihenfolge die Zahlen addiert werden (Beispiel: $2 + 5 = 5 + 2 = 7$). Mehr als zwei Zahlen werden addiert, indem zunächst

1 Wir verwenden im Weiteren für die Darstellung der Rechenregeln allgemein die Zahlen a, b, c, da diese Rechenregeln für alle Zahlen gelten, nicht nur für die natürlichen Zahlen.

zwei Zahlen addiert werden, zu deren Summe dann die dritte Zahl addiert wird, etc. Die Reihenfolge ist dabei unerheblich, denn es gilt das *Assoziativgesetz* der Addition

(6.4) $(a+b)+c=a+(b+c)$.

In Verbindung mit dem Kommutativgesetz der Addition ergibt sich, dass die Reihenfolge der Addition keinen Einfluss auf das Ergebnis hat ($3+5+2=3+2+5=2+3+5=2+5+3=5+3+2=5+2+3=9$), man kann daher die Klammern auch weglassen und $a+b+c$ schreiben.

Multiplikation

Die Multiplikation zweier natürlicher Zahlen (Notation: $a \cdot b$ oder, wenn keine Missverständnisse möglich sind, auch ab) genügt wiederum dem Kommutativgesetz und dem Assoziativgesetz.

Addition und Multiplikation je zweier natürlicher Zahlen ergibt wieder eine natürliche Zahl. Wegen $n+0=n$ und $n \cdot 0=0$ für jede natürliche Zahl gilt diese Eigenschaft auch für die Menge $\mathbb{N}_0$.
Durch Spiegelung an dem Ursprung 0 kann jeder natürlichen Zahl n ihre entsprechende negative Zahl –n zugeordnet werden:

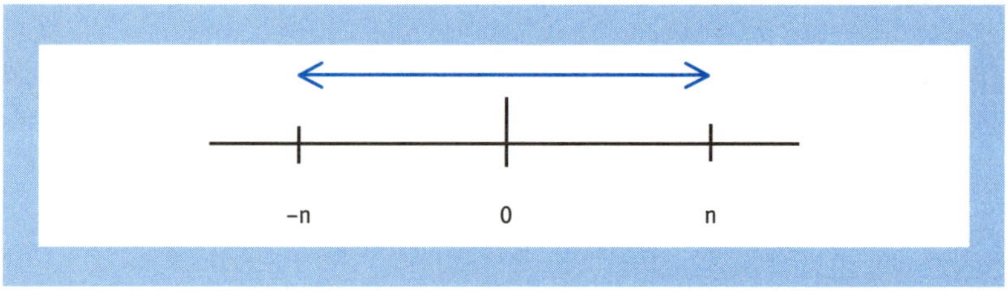

Negative Zahlen

Es gilt (allgemein) $a+(-b)=(-a)+b=0$. Das Minuszeichen wird hierbei auch als Vorzeichen von n bezeichnet. Den natürlichen Zahlen kann entsprechend das Vorzeichen + zugeordnet werden, in der konkreten Notation wird dies aber meist weggelassen, d.h. statt +n nur n geschrieben. Die *negativen Zahlen* $\{\ldots,-n,\ldots,-3,-2,-1\}$ erweitern den Zahlenbereich $\mathbb{N}_0$ zur Menge der *ganzen Zahlen* $\mathbb{Z}$:

(6.5) $\mathbb{Z}=\{\ldots,-n,\ldots,-3,-2,-1,0,1,2,3,\ldots,n,\ldots\}$.

Subtraktion

Die *Subtraktion* von a und b ist definiert als Addition a + (–b). Die Subtraktion wird dargestellt durch die Operation »–« und wird als a – b (Differenz von a und b) notiert. Es gelten nun allgemein die folgenden Vorzeichenregeln für Addition und Multiplikation

(6.6) $-(a+b)=-a-b \qquad -(a-b)=-a+b$
$a(-b)=(-a)b \qquad (-a)(-b)=ab$.

Werden Addition und Multiplikation im Rahmen einer Rechenoperation verwendet, so gilt das *Distributivgesetz.*

(6.7) $a \cdot (b + c) = ab + ac$ bzw. $(a + b)c = ac + bc$.

Ausmultiplizieren, Ausklammern

Die Anwendung von (6.7) wird als *Ausmultiplizieren* bezeichnet, in der Variante $ab + ac = a(b + c)$ spricht man von *Ausklammern.*

Komplexere Ausdrücke, in denen Addition und Multiplikation im Rahmen einer Rechenoperation vorkommen, sind beispielswiese

$(a + 3b) \cdot (4[c + b])$ oder $4 - (3b + c)a$.

Die Auswertung dieser Ausdrücke (Terme) erfolgt nach dem Distributivgesetz. Dabei gilt die Regel *Punkt vor Strich*, d.h. multiplikative Verknüpfungen müssen stets vor den additiven Verknüpfungen ausgewertet werden – wenn nicht durch entsprechende Klammersetzung eine andere Reihenfolge definiert wird.

Beispiele

▸▸▸ (a) $(2a + 3)(3b + 2) = 2a(3b + 2) + 3(3b + 2)$
$= 6ab + 4a + 9b + 6$

(b) $-2a(b - 1) = -2ab - (-2a) = -2ab + 2a$. ◂◂◂

Binomische Formeln

Eine oftmals nützliche Anwendung der vorstehenden Regeln stellen die *binomischen Formeln* dar:

(6.8a) $(a + b)^2 = (a + b)(a + b) = a^2 + 2ab + b^2$
(6.8b) $(a - b)^2 = (a - b)(a - b) = a^2 - 2ab + b^2$
(6.8c) $(a - b)(a + b) = a^2 - b^2$.

Division

Die Umkehroperation zur Multiplikation bildet die *Division.* Sind a und b zwei Zahlen mit $b \neq 0$, dann heißt die Operation

(6.9) $a:b$ bzw. $\frac{a}{b}$ bzw. a/b

Rationale Zahlen

Division von a und b. Das Ergebnis wird als *Quotient* oder *Bruch* bezeichnet. Die Zahl a heißt dabei *Zähler* des Bruchs und die Zahl b *Nenner* des Bruchs. Die Division durch die Zahl 0 kann nicht erklärt werden, da stets $0 \cdot a = 0$, d.h. eine eindeutige Umkehrung dieser Operation existiert nicht. Die Menge aller Brüche wird als Menge der *rationalen Zahlen* $\mathbb{Q}$ bezeichnet:

(6.10) $\mathbb{Q} = \left\{\frac{a}{b};\ a, b \in \mathbb{Z},\ b \neq 0\right\}$.

Es gelten die folgenden Vorzeichenregeln für die Bildung von Brüchen:

(6.11) $\frac{a}{b} = \frac{-a}{-b}, \quad \frac{a}{-b} = \frac{-a}{b} = -\frac{a}{b}.$

Kürzen von Brüchen

Zwei Brüche, die dieselbe Zahl repräsentieren, können durch Kürzen des Bruchs ineinander übergeführt werden.

Beispiele

(a) $\frac{27}{9} = \frac{9 \cdot 3}{9} = 3, \quad \frac{33}{9} = \frac{11 \cdot 3}{3 \cdot 3} = \frac{11}{3}$

(b) $\frac{a^2 - b^2}{3a + 3b} = \frac{(a+b)(a-b)}{3(a+b)} = \frac{a-b}{3}$

Es gelten die folgenden Rechenregeln für Brüche (Nenner jeweils ungleich 0)

(6.12a) $\frac{a_1}{b} + \frac{a_2}{b} = \frac{a_1 + a_2}{b}, \quad \frac{a_1}{b} - \frac{a_2}{b} = \frac{a_1 - a_2}{b}$

(6.12b) $\frac{a_1}{b_1} + \frac{a_2}{b_2} = \frac{a_1 b_2 + a_2 b_1}{b_1 b_2}, \quad \frac{a_1}{b_1} - \frac{a_2}{b_2} = \frac{a_1 b_2 - a_2 b_1}{b_1 b_2}$

(6.12c) $\frac{a_1}{b_1} \cdot \frac{a_2}{b_2} = \frac{a_1 a_2}{b_1 b_2}$

(6.12d) $\frac{c}{a} : b = \frac{c}{a} \cdot \frac{1}{b} = \frac{c}{ab}$

(6.12e) $\frac{a_1}{b_1} : \frac{a_2}{b_2} = \frac{a_1 / b_1}{a_2 / b_2} = \frac{a_1}{b_1} \cdot \frac{b_2}{a_2} = \frac{a_1 b_2}{a_2 b_1}$

Die Division durch den Bruch a_2 / b_2 ist daher äquivalent zu der Multiplikation mit dem Kehrwert b_2 / a_2 dieses Bruchs.

Beispiele

a) $\frac{3}{6} - \frac{2}{6} = \frac{3-2}{6} = \frac{1}{6}$

b) $\frac{1}{a+1} + \frac{a}{a+1} = \frac{1+a}{a+1} = 1$

c) $\frac{2a}{2a+1} - \frac{2a-1}{2a} = \frac{(2a)^2 - (2a-1)(2a+1)}{2a(2a+1)} = \frac{4a^2 - (4a^2 - 1)}{2a(2a+1)} = \frac{1}{2a(a+1)}$

d) $\frac{4}{a^2-9} + \frac{2a}{a+3} = \frac{4}{a^2-9} + \frac{2a(a-3)}{(a+3)(a-3)} = \frac{4}{a^2-9} + \frac{2a(a-3)}{a^2-9} = \frac{4a^2 - 6a + 4}{a^2-9}$

e) $\frac{5}{3} : \frac{20}{9} = \frac{5}{3} \cdot \frac{9}{20} = \frac{5 \cdot 3 \cdot 3}{3 \cdot 4 \cdot 5} = \frac{3}{4}$

f) $\frac{a-2}{2} : \frac{a-2}{3} = \frac{a-2}{2} \cdot \frac{3}{a-2} = \frac{3}{2}$

g) $\frac{a^2 - b^2}{2ab} : \frac{3a+3b}{a-b} = \frac{(a+b)(a-b)}{2ab} \cdot \frac{a-b}{3(a+b)} = \frac{(a-b)^2}{6ab}$

Kommen wir damit zurück zu den rationalen Zahlen der Form a/b (b ≠ 0). Wenn a durch b teilbar ist, so können rationale Zahlen auch durch ganze Zahlen dargestellt werden (z. B. 20/5 = 4). In allen anderen Fällen lassen sich die rationalen Zahlen entweder als endlicher Dezimalbruch (z. B. 3/8 = 0.375, 7/125 = 0.056) oder aber als unendlicher periodischer Dezimalbruch (z. B. $1/3 = 0.\overline{3}$, $4/7 = 0.\overline{571428}$, $7/22 = 0.3\overline{18}$) darstellen. Daneben gibt es Zahlen, die sich nur als unendliche nichtperiodische Dezimalbrüche darstellen lassen. Diese Zahlen nennt man *irrationale Zahlen*. Beispiele hierfür sind die Kreiszahl $\pi = 3.1415....$, die Eulersche Zahl e = 2.718281... (vgl. hierzu näher Anhang 1C), aber auch die Zahlen $\sqrt{2}$ und $\sqrt{3}$ gehören zu den irrationalen Zahlen. Nimmt man die irrationalen Zahlen zu den rationalen Zahlen hinzu, so gelangt man zu der Menge der *reellen Zahlen* $\mathbb{R}$. Die Menge der reellen Zahlen entspricht dabei genau der Menge aller Punkte auf dem Zahlenstrahl. Dies soll noch einmal anhand der folgenden Grafik illustriert werden.

Irrationale Zahlen

Reelle Zahlen

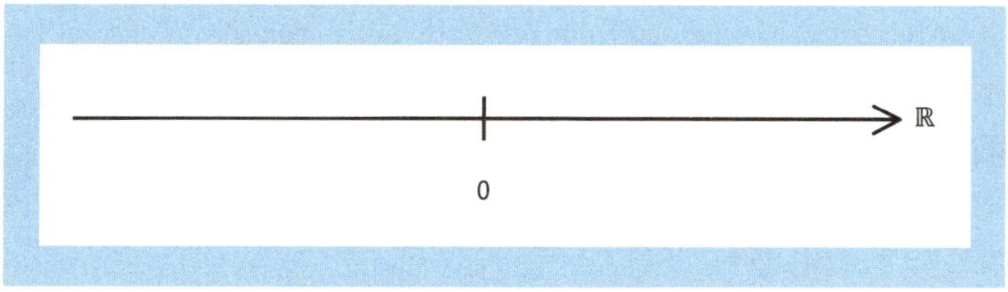

Zum Schluss dieses Abschnitts soll noch eine letzte Regel angesprochen werden:

(6.13) $ab = 0 \Leftrightarrow a = 0 \text{ oder } b = 0.$

Das Produkt zweier reeller Zahlen kann nur dann gleich Null sein, wenn mindestens einer der beiden Faktoren gleich Null ist.

6.1.2 Potenzen

Wir betrachten eine reelle Zahl a und multiplizieren diese n-mal mit sich selbst, d. h. betrachten den Term $a \cdot a \cdot \ldots \cdot a$. Das Resultat dieser Operation wird zusammengefasst zur n-ten Potenz von a, symbolisch a^n. Es gilt also

Potenzieren

(6.14) $$a^n = \underbrace{a \cdot a \cdot \ldots \cdot a}_{n-\text{mal}}.$$

Die Zahl a heißt *Basis*, die Zahl n *Exponent*. In dieser Definition ist der Exponent per Konstruktion stets ganzzahlig. Wir definieren nun (für $a \neq 0$)

Basis, Exponent

(6.15) $$a^{-n} = \frac{1}{a^n}$$

sowie (auch für a = 0)

(6.16) $$a^0 = 1.$$

Rechenregeln für Potenzierung

Damit sind nun auch ganzzahlige Exponenten definiert. Es gelten die Rechenregeln ($m, n \in \mathbb{N}$; $a, b \in \mathbb{R}$; $a \neq 0$, $b \neq 0$)

(6.17a) $a^m \cdot a^n = a^{m+n}$

(6.17b) $\frac{a^m}{a^n} = a^{m-n}$

(6.17c) $a^n \cdot b^n = (ab)^n$, $\frac{a^n}{b^n} = \left(\frac{a}{b}\right)^n$

(6.17d) $(a^m)^n = a^{mn}$.

Diese Rechenregeln gelten auch für (die noch zu definierenden) Potenzen mit rationalen und reellen Exponenten.

Beispiele ($a \neq b$)

▸▸▸ a) $3^2 \cdot 3^3 = 3^{3+2} = 3^5 = 243$

b) $\frac{5^8}{5^6} = 5^{8-6} = 5^2 = 25$

c) $\frac{a^{5n}}{a^{10}} = a^{5n-10} = a^{5(n-2)}$

d) $(a^{n+1})^3 = a^{3(n+1)} = a^{3n+3}$

e) $\frac{(a-b)^3}{(b-a)^4} = \frac{(a-b)^3}{(-1)^4(a-b)^4} = (a-b)^{3-4} = (a-b)^{-1} = \frac{1}{a-b}$

f) $(2^2)^3 = 2^6 = 64$

g) $2^{(2^3)} = 2^{2\cdot 2\cdot 2} = 2^8 = 25$. ◂◂◂

Die letzten beiden Beispiele zeigen, dass beim Potenzieren die Reihenfolge der Operationen wichtig ist, d. h. $a^n \neq n^a$.

Betrachtet man die Gleichung ($a, b \in \mathbb{R}$)

(6.18) $b^x = a$,

Wurzeln

so ist nicht gesichert, dass der unbekannte Wert x eine ganze Zahl ist. Es besteht daher ein Bedarf zur Definition der Potenzfunktion auch für nicht-ganzzahlige Exponenten. Wir definieren zu diesem Zwecke zunächst für eine Zahl $a \geq 0$ die *n-te Wurzel* als Lösung b der Gleichung

(6.19) $b^n = a$.

Für $a \geq 0$ besitzt diese Gleichung genau eine reelle Lösung $b \geq 0$, diese Lösung wird mit dem Symbol $\sqrt[n]{a}$ bezeichnet. Im Falle der Quadratwurzel schreibt man $\sqrt{a}$ anstelle von $\sqrt[2]{a}$.

Beispiele

▸▸▸ a) $\sqrt[5]{32} = 2$, denn $2^5 = 32$

b) $\sqrt{\frac{16}{9}} = \frac{4}{3}$, denn $\left(\frac{4}{3}\right)^2 = \frac{16}{9}$

c) $\sqrt[4]{a^8} = a^2$, denn $(a^2)^4 = a^8$ ◂◂◂

Man beachte, dass in (6.19) $a \geq 0$ vorausgesetzt wird. Im Falle $a < 0$ (Beispiel $\sqrt{-25}$) existiert keine Lösung in den reellen Zahlen. Ferner wurde auf eine Lösung $b \geq 0$ abgestellt, d.h. auf die positive Wurzel. Im Allgemeinen können auch negative Lösungen existieren.

Beispiele

▸▸▸ a) $5^2 = 25$, $+\sqrt{25} = 5$

b) $(-5)^2 = 25$, $-\sqrt{25} = -5$ ◂◂◂

Erst die Einschränkung auf die positive oder alternativ die negative Lösung der Gleichung macht die Wurzelfunktion eindeutig.

Rechenregeln für Wurzeln

Für die Wurzeln gelten die folgenden Rechenregeln:

(6.20a) $\sqrt[n]{a^m} = (\sqrt[n]{a})^m$, $\sqrt[n]{a^n} = (\sqrt[n]{a})^n = a$

(6.20b) $\sqrt[n]{a} \cdot \sqrt[n]{b} = \sqrt[n]{ab}$

(6.20c) $\frac{\sqrt[n]{a}}{\sqrt[n]{b}} = \sqrt[n]{\frac{a}{b}}$

(6.20d) $\sqrt[n]{\sqrt[m]{a}} = \sqrt[nm]{a} = \sqrt[m]{\sqrt[n]{a}}$.

Beispiele

▸▸▸ a) $\sqrt{25}\sqrt{4} = \sqrt{100} = 10$

b) $\sqrt[3]{\sqrt{729}} = \sqrt{\sqrt[3]{729}} = \sqrt[6]{729} = \sqrt[6]{3^6} = 3$

c) $\frac{\sqrt{125}}{\sqrt{5}} = \sqrt{\frac{125}{5}} = \sqrt{25} = 5$

d) $\sqrt[8]{256} = \sqrt[8]{2^8} = 2$. ◂◂◂

Auf der Basis der n-ten Wurzel definieren wir nun $(a \geq 0)$

(6.21) $a^{1/n} = \sqrt[n]{a}$

und damit weitergehend

(6.22) $a^{m/n} = a^{\frac{1}{m} \cdot n} = (\sqrt[m]{a})^n$.

Damit haben wir die zulässigen Exponenten der Potenzfunktion auf rationale Exponenten erweitert. Eine Erweiterung auf reellwertige Exponenten gelingt auf der Basis der Exponentialfunktion. Die entsprechende Konstruktion wird in Anhang 1C des Haupttextes erläutert.

6.1.3 Summen- und Produktzeichen

Summendarstellung, Summenzeichen

Die Summendarstellung dient der verkürzten Darstellung der Addition. Seien $a_1, \ldots, a_n$ reelle Zahlen und $n \geq 2$ eine natürliche Zahl. Die Summe $a_1 + \ldots + a_n$ der Zahlen $a_1, \ldots, a_n$ wird dann abkürzend bezeichnet mit Σa_i, genauer

(6.23d) $$\sum_{i=1}^{n} a_i = a_1 + \ldots + a_n.$$

Das Zeichen Σ wird als *Summenzeichen* bezeichnet, den linken Term von (6.23) liest man als »Summe (der Zahlen) a_i von i gleich 1 bis n«. Die Größe i wird als Summationsindex oder auch als Laufindex bezeichnet, der kleinste Wert von i (hier: i = 1) als untere Summationsgrenze und der größte Wert von i (hier i = n) als obere Summationsgrenze. Als Summationsgrenze können beliebige ganze Zahlen verwendet werden. Dabei muss die untere Summationsgrenze nicht Eins sein, sondern kann eine beliebige ganze Zahl $m \leq n$ sein. Diese Variante führt zu der Darstellung

(6.23b) $$\sum_{i=m}^{n} a_i = a_m + \ldots + a_n.$$

Sind obere und untere Summationsgrenze identisch, so resultiert

(6.23c) $$\sum_{i=n}^{n} a_i = a_n.$$

Beispiele

a) $\sum_{i=1}^{3} 3^i = 3^1 + 3^2 + 3^3 = 3 + 9 + 81 = 93$

b) $\sum_{i=1}^{3} \left(\frac{1}{i} - \frac{1}{i+1}\right) = \left(1 - \frac{1}{2}\right) + \left(\frac{1}{2} - \frac{1}{3}\right) + \left(\frac{1}{3} - \frac{1}{4}\right) = 1 - \frac{1}{4} = \frac{3}{4}.$

c) $\sum_{i=2}^{4} (i - 1) = 1 + 2 + 3 - 6$

Arithmetische Summe

Spezielle Summen sind die arithmetische Summe und die geometrische Summe. Die *arithmetische Summe* ist definiert durch

(6.24) $$\sum_{i=1}^{n} i = 1 + 2 + 3 + \ldots + n.$$

Es gilt hierbei die Summenformel

(6.25) $$\sum_{i=1}^{n} i = \frac{n(n+1)}{2}.$$

Beispiel

▸▸▸ $\sum_{i=1}^{7} i = 1+2+3+4+5+6+7 = \frac{7 \cdot 8}{2} = 28$ ◂◂◂

Die Konstruktion der geometrischen Summe wird in Anhang 2A des Haupttextes erläutert.

Arithmetisches Mittel

Eingang findet die Summenbildung auch in einer weiteren Größe des Haupttextes, dem arithmetischen Mittel. Das *arithmetische Mittel* der Zahlen $a_1, \ldots, a_n$ ist definiert durch

(6.26) $$x_A = \frac{1}{n}\sum_{i=1}^{n} a_i.$$

Beispiel

▸▸▸ Es gelte $a_1 = 66$, $a_2 = 45$, $a_3 = 54$. Das arithmetische Mittel ist dann gegeben durch

$$x_A = \frac{66+45+54}{3} = 55.$$ ◂◂◂

Analog zur Summendarstellung existiert auch eine verkürzte Schreibweise für Produkte. Man schreibt

(6.27a) $$\prod_{i=1}^{n} a_i = a_1 \cdot a_2 \cdot \ldots \cdot a_n.$$

Produktdarstellung, Produktzeichen

Das Zeichen Π wird als *Produktzeichen* bezeichnet. Laufindex, obere und untere Grenze der Produktbildung sind analog zur Summenbildung definiert. Auch hier muss die Produktbildung nicht bei Eins beginnen, sondern ist auch ab einer Zahl $m \le n$ möglich.

(6.27b) $$\prod_{i=m}^{n} a_i = a_m \cdot \ldots \cdot a_n.$$

Sind obere und untere Grenze der Produktbildung identisch, so resultiert

(6.27c) $$\prod_{i=n}^{n} a_i = a_n.$$

Beispiele

▸▸▸ (a) $\prod_{i=1}^{4} (3i) = 3^4 \prod_{i=1}^{4} i = 81(1 \cdot 2 \cdot 3 \cdot 4) = 81 \cdot 24 = 1944$

(b) $\prod_{i=2}^{4} 2^i = 2^2 \cdot 2^3 \cdot 2^4 = 4 \cdot 8 \cdot 16 = 512$ ◂◂◂

Bei einheitlicher Basiszahl a der Produktbildung gilt der folgende Zusammenhang:

(6.28) $$\prod_{i=1}^{n} a^{b_i} = a^{\sum_{i=1}^{n} b_i}.$$

Geometrisches Mittel

Eingang findet die Produktbildung auch in einer Größe des Haupttextes, dem geometrischen Mittel. Das *geometrische Mittel* der Zahlen $a_1, \ldots, a_n$ ist definiert durch

(6.29) $$x_G = \sqrt[n]{\prod_{i=1}^{n} a_i} = \left(\prod_{i=1}^{n} a_i\right)^{1/n}.$$

Beispiel

▸▸▸ Es gelte $a_1 = 66$, $a_2 = 45$, $a_3 = 54$. Das geometrische Mittel ist dann gegeben durch $x_G = (66 \cdot 45 \cdot 54)^{1/3} = (160\,380)^{1/3} = 54.331296$. ◂◂◂

6.1.4 Folgen und Reihen

Folgen

Wir beginnen mit einer Definition.

(6.30) Eine (Zahlen-)Folge $a = \{a_1, a_2, \ldots, a_n, \ldots\}$ liegt dann vor, wenn jeder natürlichen Zahl $n \in \mathbb{N}$ genau eine reelle Zahl a_n zugeordnet ist.

Die Zahl a_n mit dem Index n heißt *n-tes Glied* der Zahlenfolge. Als Notation für Zahlenfolgen verwendet man auch $a = \{a_n; n \in \mathbb{N}\}$ bzw. $a = \{a_n\}_{n\in\mathbb{N}}$ oder $a = (a_n; n \in \mathbb{N})$ bzw. $a = (a_n)_{n\in\mathbb{N}}$. Die Indexmenge kann alternativ zu $\mathbb{N}$ auch $\mathbb{N}_0$ oder auch $\mathbb{Z}$ sein. Entspricht die Indexmenge $I = \{1, 2, \ldots, N\}$, so liegt eine endliche Zahlenfolge vor. Die Zuordnung, die jeder natürlichen Zahl eine reelle Zahl zuordnet, nennt man das Bildungsgesetz der Folge.

Beispiele

▸▸▸ a) Bildungsgesetz $a_n = \frac{1}{n}$ (harmonische Folge)

Folge: $a_1 = 1$, $a_2 = \frac{1}{2}$, $a_3 = \frac{1}{3}$, etc.

b) Bildungsgesetz: $a_n = (-1)^n \frac{n+3}{2n}$

Folge: $a_1 = -1$, $a_2 = \frac{5}{4}$, $a_3 = -1$, etc. ◂◂◂

Geometrische Folge

Im Haupttext spielt die *geometrische Folge* eine wichtige Rolle. Ausgehend von einer Basiszahl q lautet das Bildungsgesetz der Folge

(6.31a) $a_n = q^n$, für alle $n \in \mathbb{N}_0$

die Zahlenfolge ist damit gegeben durch

(6.31b) $1, q, q^2, q^3, \ldots, q^n, \ldots$

Teilweise wird die geometrische Folge auch in der Variante mit dem Bildungsgesetz $(a \neq 0)$ $a_n = aq^n$ betrachtet.

Konvergenz von Folgen

Zur Motivation der Eigenschaft der Konvergenz einer Folge betrachten wir die folgenden Beispiele.

Beispiele

▸▸▸ a) Die harmonische Folge $\{1, 1/2, 1/3, 1/4, 1/5, 1/6, \ldots\}$ hat offenbar die Eigenschaft, dass zwar alle Glieder von Null verschieden sind, aber der Abstand zur Zahl Null mit jedem Folgeglied kleiner wird. Für sehr, sehr hohe n ist der Abstand kaum noch messbar, d. h. es gilt $a_n = 1/n \approx 0$. Die Zahl Null kann als Grenzwert der harmonischen Folge betrachtet werden.

b) Die durch das Bildungsgesetz $a_n = n$ definierte Folge wächst offenbar unbeschränkt, d. h. wächst über alle vorgegebenen Grenzen und nähert sich damit keinem (endlichen) Grenzwert an.

c) Die durch das Bildungsgesetz $a_n = (-1)^n$ definierte Folge $\{-1, 1, -1, 1, -1, 1, \ldots\}$ springt stets zwischen den beiden Werten -1 und +1 hin und her (sie alterniert), und stabilisiert sich für wachsende n damit nicht. ◂◂◂

Eine Folge mit der Eigenschaft der harmonischen Folge, mit wachsender Indexzahl einem bestimmten Grenzwert immer näher zu kommen, nennt man eine *konvergente Folge*. Man notiert dies symbolisch mit

(6.32a) $a_n \to a$ für $n \to \infty$

oder

(6.32b) $\lim\limits_{n \to \infty} a_n = a$

Limes einer Folge

und nennt a den *Grenzwert* oder *Limes* der Folge.

Beispiele

▸▸▸ a) Die alternierende Folge $a_n = (-1)^n \frac{1}{n}$, d. h.
$a = \{-1, 1/2, -1/3, 1/4, -1/5, \ldots\}$, konvergiert gegen Null.

b) Die Folge $a_n = \frac{1}{n^2}$, d. h. $a = \{1, 1/4, 1/9, \ldots\}$ konvergiert ebenfalls gegen Null.

c) Die Folge $a_n = \sin\left(\frac{n\pi}{2}\right)$, d. h. $a = \{1, 0, -1, 0, 1, \ldots\}$ ist nicht konvergent. ◂◂◂

Betrachten wir abschließend das Konvergenzverhalten der geometrischen Folge mit dem Bildungsgesetz $a_n = q^n$. Es gilt

(6.33a) $\lim\limits_{n \to \infty} q^n = 0$ für $-1 < q < 1$

(6.33b) $\lim\limits_{n \to \infty} q^n = 1$ für $q = 1$

(6.33c) Für alle anderen Werte von q konvergiert die geometrische Folge nicht.

Eine im Haupttext (Anhang 1C) betrachtete Folge besitzt das Bildungsgesetz $a_n = \left(1+\frac{1}{n}\right)^n$. Sie konvergiert gegen die Eulersche Zahl e.

Reihen

Unter einer *unendlichen Reihe* (oder kurz Reihe) versteht man einen Ausdruck der Form

(6.34a) $a_1 + a_2 + a_3 + \ldots + a_n + \ldots$

oder kurz

(6.34b) $\sum_{n=1}^{\infty} a_n,$

wobei die Größen a_n die Glieder einer Zahlenfolge $\{a_n\}_{n \in \mathbb{N}}$ sind. Die Summationsuntergrenze kann dabei wie schon bei einer Zahlensumme (vgl. Abschnitt 6.3) auch n = 0 oder n = m mit einer beliebigen ganzen Zahl m sein.

Partialsummen

Jede unendliche Folge induziert somit eine Reihe. Umgekehrt induziert auch jede Reihe eine Folge, die Folge der *Partialsummen*

(6.35a) $s_n = \sum_{i=1}^{n} a_i,$

d. h. es gilt

(6.35b) $s_1 = a_1,\ s_2 = a_1 + a_2,\ s_3 = a_1 + a_2 + a_3$, etc.

Konvergente Reihen

Da somit Reihen letztlich nur spezielle Folgen sind, können alle Eigenschaften von Folgen unmittelbar auf Reihen übertragen werden. Insbesondere spricht man von einer *konvergenten Reihe*, wenn die Folge ihrer Partialsummen konvergiert. Eine (auf einem spezifischen Wertebereich) konvergente Reihe, die im Haupttext (Anhang 3A) betrachtet wird, ist die geometrische Reihe.

6.1.5 Reelle Funktionen

Reelle Funktionen

Eine reelle Funktion f ordnet jeder reellen Zahl x einen eindeutig bestimmten reellwertigen Bildwert y zu. Man notiert dies formal als

(6.36) $y = f(x).$

Die reelle Zahl x wird in diesem Kontext auch als Veränderliche oder *Variable* bezeichnet.

Bei reellwertigen Funktionen entspricht sowohl der Definitionsbereich als auch der Bildbereich der Menge $\mathbb{R}$ der reellen Zahlen, d. h.

(6.37) $f\colon \mathbb{R} \to \mathbb{R}.$

Im Allgemeinen können Definitions- und Bildbereiche aber auch nur Teilmengen der reellen Zahlen sein.

Beispiele

▸▸▸ a) $f(x) = x^2$
b) $f(x) = x^3 + x$
c) $f(x) = x^a$ ◂◂◂

Die Visualisierung einer reellen Funktion erfolgt über ihren Grafen G

(6.38) $G = \{(x, f(x));\ x \in \mathbb{R}\}$.

Graf

Als Beispiel betrachten wir den Grafen der Funktion $f(x) = x^2$, wobei wir als Definitionsbereich [-2, 2] wählen. Der Graf dieser Funktion ist somit gegeben durch $G = \{(x, x^2);\ x \in [-2, 2]\}$. Dieser Graf ist in Abbildung 6.1 illustriert.

Abb. 6-1

Graf der quadratischen Funktion

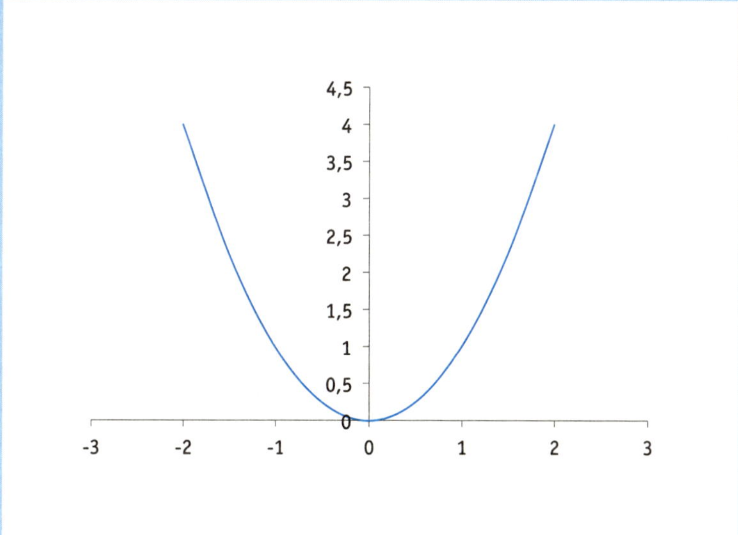

Funktionen, die im Haupttext eine Rolle spielen, sind die Exponentialfunktion und der natürliche Logarithmus (beide in Anhang 1C) sowie Polynomfunktionen bzw. Polynome (Anhang 3B).

6.1.6 Gleichungen

Gleichungen

Mit Hilfe einer Gleichung drückt man aus, dass zwei Größen einander gleich sind oder gleich sein sollen, beispielsweise ist die Zahl 5 gleich der Summe der Zahlen 3 und 2. Unter Verwendung des (Ist-)Gleichheitszeichens »=« (sprich: »ist gleich«) schreibt man in diesem Fall

(6.39) $5 = 3 + 2.$

Die Ist-Gleichung besitzt zwei Seiten, eine linke und eine rechte Seite. Die linke und die rechte Seite einer Gleichung sind definitionsgemäß gleich. Ihrem Wesen nach gibt es verschiedene Arten von Gleichungen

1) *Identische* Gleichungen, wie etwa (6.39) oder etwa

(6.40) $(a+b)(a-b) = a^2 - b^2;$

2) *Funktionsgleichungen* (diese entsprechen den Funktionen gemäß Abschnitt 6.5), wie etwa

(6.41) $y = 5x - 7;$

3) und schließlich *Bestimmungsgleichungen*, wie etwa

(6.42) $5x - 7 = 0.$

Bei Letzteren treten unbekannte Größen (hier: x) auf, die bestimmt werden sollen, d.h. es wird nach einer *Lösung* (auch: Wurzel) x der Gleichung gesucht, ohne dass von vorneherein feststeht, ob eine solche Lösung existiert. Unbekannte Größen werden seit Descartes in der Regel mit den letzten Buchstaben des Alphabets, d.h. x, y oder z bezeichnet.

Lösung einer Bestimmungsgleichung

Die Lösung einer Bestimmungsgleichung sind ein oder mehrere Werte (hier: reelle Zahlen), die diese Gleichung beim Einsetzen zu einer identischen Gleichung machen. Man sagt, dass ein solcher Wert die Gleichung löst oder erfüllt. Die Lösung von Gleichungen erfolgt durch sukzessive Umformung der Ausgangsgleichung in äquivalente Gleichungen, so lange, bis die Lösung gefunden ist, indem x alleine auf der linken Seite steht, oder bis ersichtlich wird, dass keine Lösung existiert. Eine Gleichung geht dabei in eine äquivalente Gleichung über, indem man auf beiden Seite der Gleichung dieselbe Rechenoperation durchführt, man beispielsweise

- auf beiden Seiten dieselbe Zahl addiert oder subtrahiert
- beide Seiten mit derselben Zahl multipliziert oder dividiert (Ausnahme: Division durch Null)
- beide Seiten in dieselbe Potenz (gleicher Exponent der Potenz) erhebt oder aus beiden Seiten dieselbe Wurzel (gleicher Wurzelexponent) zieht oder

- entsprechend höhere Rechenoperationen in identischer Weise auf beiden Seiten der Gleichung durchführt.

Beispiel

▸▸▸ Wir betrachten die folgende Gleichung in x:

$(x+a)^2-(x-b)^2=2a(a+b)$

Schritt 1 : Ausmultiplikation aller Terme auf der linken und der rechten Seite, d.h. $x^2+2ax+a^2-x^2+2bx-b^2=2a^2+2ab$

Schritt 2: Elimination von x^2; Subtraktion von a^2 und Addition von b^2 auf beiden Seiten, d.h. $2ax+2bx=a^2+2ab+b^2$

Schritt 3: Ausklammern von x; Zusammenfassen des quadratischen Terms auf der rechten Seite, d.h. $2x(a+b)=(a+b)^2$

Schritt 4: Division durch $2(a+b)$ auf beiden Seiten mit anschließendem Herauskürzen des Terms a + b, d.h.

$$x=\frac{(a+b)^2}{2(a+b)}=\frac{a+b}{2}$$

Probe: Man kann kontrollieren, ob die berechnete Lösung korrekt ist, indem man diese anstelle von x in die Ausgangsgleichung einsetzt und sich überzeugt, dass eine identische Gleichung vorliegt. Im vorliegenden Fall muss man sich also davon überzeugen, dass

$$\left(\frac{a+b}{2}+a\right)^2-\left(\frac{a+b}{2}-b\right)^2=2a(a+b)$$

gilt. Man weise dies nach! ◂◂◂

6.2 Formelsammlung zur mathematischen Propädeutik

Formeln

Termumformungen

Kommutativgesetz

$a + b = b + a$ und $a \cdot b = b \cdot a$

$a + (-)b = -b + a$

Distributivgesetz

$(a + b) \cdot c = ac + bc$

$(-1) \cdot (a + b) = -a - b$

$(a + b) \cdot (c + d) = (a + b) \cdot c + (a + b) \cdot d$

$= ac + bc + ad + bd$

$ac + bc = c \cdot (a + b)$

Binomische Formeln

$(a + b)^2 = a^2 + 2ab + b^2$

$(a - b)^2 = a^2 - 2ab + b^2$

$(a + b)(a - b) = a^2 - b^2$

Quadratische Gleichungen

»PQ-Formel«

$0 = x^2 + px + q$

$$x_{1/2} = -\frac{p}{2} \pm \sqrt{\left(\frac{p}{2}\right)^2 - q}$$

»Mitternachtsformel«

$0 = ax^2 + bx + c$

$$x_{1/2} = \frac{-b \pm \sqrt{b^2 - 4ac}}{2a}$$

Bruchrechnung

Erweitern

$$\frac{a}{b} = \frac{a \cdot c}{b \cdot c}$$

Kürzen

$$\frac{a}{b} = \frac{a : c}{b : c}$$

$$\frac{1}{\frac{a}{b}} = \frac{b}{a}$$

$$\frac{a}{n} + \frac{b}{n} = \frac{a + b}{n}$$

$$\frac{a}{n} + \frac{b}{n} = \frac{a \cdot d + c \cdot b}{b \cdot d}$$

$$\frac{a}{b} \cdot \frac{c}{d} = \frac{a \cdot c}{b \cdot d}$$

$$\frac{a}{b} \cdot n = \frac{a \cdot n}{b}$$

$$\frac{a}{b} : \frac{c}{d} = \frac{a}{b} \cdot \frac{d}{c} = \frac{a \cdot d}{b \cdot c}$$

Potenzregeln

$a^n \cdot a^m = a^{n+m}$

$\frac{a^n}{a^m} = a^{n-m}$

$a^n \cdot b^n = (a \cdot b)^n$

$\frac{a^n}{b^n} = \left(\frac{a}{b}\right)^n$

$(a^m)^n = a^{m \cdot n}$

$a^{-n} = \frac{1}{a^n}$

$a^0 = 1$

Wurzel

$\sqrt[n]{a} = a^{1/n}$

$\sqrt[n]{a} \cdot \sqrt[n]{b} = \sqrt[n]{a \cdot b}$

$\frac{\sqrt[n]{a}}{\sqrt[n]{b}} = \sqrt[n]{\frac{a}{b}}$

$\sqrt[m]{\sqrt[n]{a}} = \sqrt[m \cdot n]{a}$

$(\sqrt[n]{a})^m = \sqrt[n]{a^m}$

$\log_e x = \ln x$

Logarithmen

$\ln e^x = e^{\ln x} = x$

$\ln(x \cdot y) = \ln x + \ln y$

$\ln\left(\frac{x}{y}\right) = \ln x - \ln y$

$\ln(x^n) = n \cdot \ln x$

$\ln(\sqrt[n]{x}) = \frac{1}{n} \cdot \ln x$

$$\sum_{i=1}^{n} a_i = a_1 + a_2 + \ldots + a_n \quad \text{bzw.} \quad \prod_{i=1}^{n} a_i = a_1 \cdot a_2 \cdot \ldots \cdot a_n$$

6.3 Aufgaben zur mathematischen Propädeutik

6.3.1 Rechenregeln

a) $5a \cdot (3b - c) + 2ab$
b) $(2b + 7x) \cdot (c - d)$
c) $-(2a - 5d) + (3d - 4a)$
d) $(5b + 2z)^2$
e) $(3b + 2c)(-2c + 3b)$
f) $-(-b^2 + 3c) - (3b + 2c) \cdot (-2b)$

6.3.2 Brüche

a) $\frac{1}{3} + \frac{2}{3}$

b) $\frac{1}{2} + \frac{1}{3}$

c) $\frac{1}{2} \cdot \frac{3}{4}$

d) $\frac{1}{4} : \frac{3}{7}$

e) $\frac{3}{8} + \frac{1}{6} + \frac{7}{12}$

f) $\frac{c+b}{c} - \frac{b+a}{a}$

g) $1 - \frac{c}{c+d}$

h) $\left(\frac{4}{7} \cdot \frac{5}{3}\right) : \frac{2}{7}$

i) $\frac{\frac{ab}{cd+ce}}{\frac{be}{c}}$

j) $\frac{\frac{5}{8} : \left(\frac{2}{32} + \frac{1}{4}\right)}{\left(\frac{1}{6} - \frac{5}{36}\right) : \frac{1}{9}}$

6.3.3 Potenzen

a) $x \cdot x \cdot x \cdot x$
b) $2^3 \cdot 2^4$
c) $3^2 \cdot 5^2$
d) $(2^3)^2$

e) $\frac{4^5}{4^8}$

f) $q^5 \cdot q^2 \cdot p^7$

g) $(2^3 \cdot 4^{-3})$

h) $\left(\frac{a^3 \cdot a^2}{a^5} + 3\right)^2$

i) $(3v - yz^2)^2$

j) $a(-d)^2 \cdot (-a)^5 \cdot [-(-d)^4]$

6.3.4 Wurzel

a) $\sqrt[3]{x^9 \cdot z^{15}}$

b) $\sqrt[3]{\frac{\sqrt{x^{20} \cdot y^6}}{\sqrt{x^2}}}$

c) $\sqrt{81x^{10} \cdot 25y^4}$

d) $\sqrt{\sqrt[3]{\sqrt{(4a^{12} \cdot \sqrt[3]{64f^6})^3}}}$

e) $\sqrt{\frac{1}{4}a^2 + a + 1}$

6.3.5 Logarithmus

a) $2^x = 128$

b) $\ln 12 - \ln 6 + \ln 4$

c) $\ln \sqrt[3]{e}$

d) $2 \ln 4 - (\ln 2 + \ln 8)$

e) $\ln(e^{\ln x}) + \frac{1}{4}\ln(x^8) - \ln\left(\frac{y^2}{x}\right)$

6.3.6 Summen- und Produktzeichen

a) $\sum_{i=1}^{4} i$

b) $\sum_{i=0}^{2} 2 \cdot (i+1)$

c) $\prod_{i=1}^{4} i$

d) $\prod_{i=1}^{3} 2 \cdot (i-1)$

e) $\sum_{i=1}^{3} \frac{i}{2}$

f) $\sum_{i=0}^{2}(2i-1)^2$

g) $\prod_{i=1}^{3}\frac{(i+1)}{2}$

h) $a_1 = 2,\ a_2 = 3\cdot a_1,\ a_3 = 4$
$\sum_{i=1}^{3} a_i$

i) $a_1 = 2,\ a_2 = 5,\ a_3 = 3.5$
$\prod_{i=1}^{3} a_i$

j) $b_1 = 2^2,\ b_2 = (3+x)^{b_3},\ b_3 = 2$
$\prod_{i=1}^{3} b_i$

6.3.7 Auflösung von Gleichungen

a) $3-(4x+7)=-6x+8$

b) $e^{2x}-3=1$

c) $3\cdot(2x-5)-10x+2=x\cdot(8-4)+3$

d) $\frac{2x+2}{2x-1}=-1+5$

e) (löse nach x auf)
$-bx\cdot\left(2+\frac{b}{x}\right)=(x-b)(3+b)$

f) $3\ln m+2\ln m^3=6$

g) $3^c-3^{c-1}=5^{c+1}+5^c$

h) $\frac{2x}{5}+\frac{3+4x}{4}+\frac{3}{10}=-\frac{7}{4}$

i) $\frac{\ln 3x^3}{\ln x+2}=2$

j) $-2\cdot(\sqrt{4x-6}-8)\leq 8$

k) $-3x-3=\frac{15(x^2+3x+2)}{-5x-10}$

l) $\sqrt{1+x}=\frac{(x+2)\cdot\sqrt{36+9x}}{3x+6}$

6.3.8 Quadratische Gleichungen

a) $2x^2+4x-30=0$
b) $-1.5x^2+15x-36=0$
c) $x^2+20x+91=0$

d) $4x^2 + 24x - 64 = 0$

e) $4x^2 - 8x + 4 = 0$

6.4 Lösungen der Aufgaben zur mathematischen Propädeutik

6.4.1 Rechenregeln

a) $5a \cdot (3b - c) + 2ab = 15ab - 5ac + 2ab = 17ab - 5ac$

b) $(2b + 7x) \cdot (c - d) = 2bc - 2bd + 7cx - 7dx$

c) $-(2a - 5d) + (3d - 4a) = -2a + 5d + 3d - 4a = -6a + 8d$

d) $(5b + 2z)^2 = (5b)^2 + 2 \cdot 5b \cdot 2z + (2z)^2 = 25b^2 + 20bz + 4z^2$

e) $(3b + 2c)(-2c + 3b) = (3b + 2c)(3b - 2c) = (3b)^2 - (2c)^2 = 9b^2 - 4c^2$

f) $-(-b^2 + 3c) - (3b + 2c) \cdot (-2b) = b^2 - 3c - (-6b^2 - 4bc) = 7b^2 - 3c + 4bc$

6.4.2 Brüche

a) $\frac{1}{3} + \frac{2}{3} = \frac{1+2}{3} = \frac{3}{3} = 1$

b) $\frac{1}{2} + \frac{1}{3} = \frac{1 \cdot 3}{2 \cdot 3} + \frac{1 \cdot 2}{3 \cdot 2} = \frac{3+2}{6} = \frac{5}{6}$

c) $\frac{1}{2} \cdot \frac{3}{4} = \frac{1 \cdot 3}{2 \cdot 4} = \frac{3}{8}$

d) $\frac{1}{4} : \frac{3}{7} = \frac{\frac{1}{4}}{\frac{3}{7}} = \frac{1}{4} \cdot \frac{7}{3} = \frac{1 \cdot 7}{4 \cdot 3} = \frac{7}{12}$

e) $\frac{3}{8} + \frac{1}{6} + \frac{7}{12} = \frac{3 \cdot 3}{8 \cdot 3} + \frac{1 \cdot 4}{6 \cdot 4} + \frac{7 \cdot 2}{12 \cdot 2} = \frac{9+4+14}{24} = \frac{27}{24} = \frac{9}{8} = 1\frac{1}{8}$

f) $\frac{c+b}{c} - \frac{b+a}{a} = \frac{ac+ab}{c \cdot a} - \frac{bc+ac}{a \cdot c} = \frac{ab-bc}{ac}$

g) $1 - \frac{c}{c+d} = \frac{c+d}{c+d} - \frac{c}{c+d} = \frac{c+d-c}{c+d} = \frac{d}{c+d}$

h) $\left(\frac{4}{7} \cdot \frac{5}{3}\right) : \frac{2}{7} = \frac{20}{21} : \frac{2}{7} = \frac{20 \cdot 7}{21 \cdot 2} = \frac{10}{3} = 3\frac{1}{3}$

i) $\frac{\frac{ab}{cd+ce}}{\frac{be}{c}} = \frac{ab}{c \cdot (d+e)} \cdot \frac{c}{be} = \frac{a}{(d+e) \cdot e} = \frac{a}{de+e^2}$

j) $\frac{\frac{5}{8} : \left(\frac{2}{32} + \frac{1}{4}\right)}{\left(\frac{1}{6} - \frac{5}{36}\right) : \frac{1}{9}} = \frac{\frac{5}{8} \cdot \frac{16}{5}}{\frac{1}{36} \cdot \frac{9}{1}} = 2 \cdot \frac{4}{1} = 8$

6.4.3 Potenzen

a) $x \cdot x \cdot x \cdot x = x^4$

b) $2^3 \cdot 2^4 = 2^7 = 128$

c) $3^2 \cdot 5^2 = (3 \cdot 5)^2 = 15^2 = 225$

d) $(2^3)^2 = 2^6 = 64$

e) $\frac{4^5}{4^8} = 4^{5-8} = 4^{-3} = \frac{1}{4^3} = \frac{1}{64}$

f) $q^5 \cdot q^2 \cdot p^7 = q^7 \cdot p^7 = (qp)^7$

g) $(2^3 \cdot 4^{-3}) = \frac{2^3}{4^3} = \left(\frac{2}{4}\right)^3 = \left(\frac{1}{2}\right)^3 = \frac{1}{8}$

h) $\left(\frac{a^3 \cdot a^2}{a^5} + 3\right)^2 = \left(\frac{a^5}{a^5} + 3\right)^2 = (a^0 + 3)^2 = (1 + 3)^2 = 4^2 = 16$

i) $(3v - yz^2)^2 = (3v)^2 - 2 \cdot (3v(yz^2)) + (yz^2)^2 = 9v^2 - 6vyz^2 + y^2z^4$

j) $a(-d)^2 \cdot (-a)^5 \cdot [-(-d)^4] = ad^2 \cdot (-a^5) \cdot (-d^4) = a^6d^6$

6.4.4 Wurzeln

a) $\sqrt[3]{x^9 \cdot z^{15}} = \sqrt[3]{x^9} \cdot \sqrt[3]{z^{15}} = x^{9/3} \cdot z^{15/3} = x^3 \cdot z^5$

b) $\sqrt[3]{\frac{\sqrt{x^{20} \cdot y^6}}{\sqrt{x^2}}} = \sqrt[3]{\sqrt{\frac{x^{20} \cdot y^6}{x^2}}} = \sqrt[3]{\sqrt{x^{18} \cdot y^6}} = \sqrt[3 \cdot 2]{x^{18} \cdot y^6} = x^{18/6} \cdot y^{6/6} = x^3 \cdot y$

c) $\sqrt{81x^{10} \cdot 25y^4} = \sqrt{81x^{10}} \cdot \sqrt{25y^4} = 9x^{10/2} \cdot 5y^{4/2} = 9x^5 \cdot 5y^2$

d) $\sqrt{\sqrt[3]{\sqrt{(4a^{12} \cdot \sqrt[3]{64f^6})^3}}} = \sqrt[2 \cdot 2 \cdot 3]{(4a^{12} \cdot \sqrt[3]{64f^6})^3} = (4a^{12} \cdot \sqrt[3]{64} \cdot f^{6/3})^{\frac{3}{12}}$

$= (4a^{12})^{1/4} \cdot (4f^2)^{1/4} = \sqrt{2} \cdot a^{12/4} \cdot \sqrt{2f} = \sqrt{2} \cdot a^3 \cdot \sqrt{2} \cdot \sqrt{f} = 2a^3\sqrt{f}$

e) $\sqrt{\frac{1}{4}a^2 + a + 1} = \sqrt{\left(\frac{1}{2}\right)^2 a^2 + 2 \cdot \frac{1}{2}a \cdot 1 + 1^2} = \sqrt{\left(\frac{1}{2}a + 1\right)^2} = \frac{1}{2}a + 1$

6.4.5 Logarithmus

a) $2^x = 128$
$x = \log_2 128 = 7$

Alternativer Lösungsweg:

$2^x = 128$

$\ln 2^x = \ln 128$

$x \cdot \ln 2 = \ln 128$

$x = \frac{\ln 128}{\ln 2}$

b) $\ln 12 - \ln 6 + \ln 4 = \ln\left(\frac{12}{6} \cdot 4\right) = \ln 8$

c) $\ln \sqrt[3]{e} = \ln(e^{1/3}) = \frac{1}{3} \cdot \ln e = \frac{1}{3}$

d) $2 \ln 4 - (\ln 2 + \ln 8) = \ln\left(\frac{4^2}{2 \cdot 8}\right) = \ln 1 = 0$

e) $\ln(e^{\ln x}) + \frac{1}{4}\ln(x^8) - \ln\left(\frac{y^2}{x}\right) = \ln x + \ln(x^{8/4}) - \ln\left(\frac{y^2}{x}\right) = \ln\left(\frac{x \cdot x^2 \cdot x}{y^2}\right) = \ln\left(\frac{x^4}{y^2}\right)$

6.4.6 Summen- und Produktzeichen

a) $\sum_{i=1}^{4} i = 1 + 2 + 3 + 4 = 10$

b) $\sum_{i=0}^{2} 2 \cdot (i+1) = 2 \cdot (0+1) + 2 \cdot (1+1) + 2 \cdot (2+1) = 2 + 4 + 6 = 12$

c) $\prod_{i=1}^{4} i = 1 \cdot 2 \cdot 3 \cdot 4 = 24$

d) $\prod_{i=1}^{3} 2 \cdot (i-1) = [2 \cdot (1-1)] \cdot [2 \cdot (2-1)] \cdot [2 \cdot (3-1)] = 0 \cdot 2 \cdot 4 = 0$

e) $\sum_{i=1}^{3} \frac{i}{2} = \frac{1}{2} + \frac{2}{2} + \frac{3}{2} = \frac{6}{2} = 3$

f) $\sum_{i=0}^{2} (2i-1)^2 = (2 \cdot 0 - 1)^2 + (2 \cdot 1 - 1)^2 + (2 \cdot 2 - 1)^2 = 1 + 1 + 9 = 11$

g) $\prod_{i=1}^{3} \frac{(i+1)}{2} = \frac{(1+1)}{2} \cdot \frac{(2+1)}{2} \cdot \frac{(3+1)}{2} = \frac{2 \cdot 3 \cdot 4}{8} = 3$

h) $a_1 = 2,\ a_2 = 3 \cdot a_1,\ a_3 = 4$

$\sum_{i=1}^{3} a_i = a_1 + a_2 + a_3 = 2 + 3 \cdot a_1 + 4 = 6 + 3 \cdot 2 = 12$

i) $a_1 = 2,\ a_2 = 5,\ a_3 = 3.5$

$\prod_{i=1}^{3} a_i = a_1 \cdot a_2 \cdot a_3 = 2 \cdot 5 \cdot 3.5 = 35$

j) $b_1 = 2^2,\ b_2 = (3+x)^{b_3},\ b_3 = 2$

$\prod_{i=1}^{3} b_i = b_1 \cdot b_2 \cdot b_3 = 2^2 \cdot (3+x)^{b_3} \cdot 2 = 2^2 \cdot (3+x)^2 \cdot 2 = 8 \cdot (9 + 6x + x^2)$

$= 8x^2 + 46x + 72$

6.4.7 Auflösen von Gleichungen

a) $3 - (4x + 7) = -6x + 8$ |ausklammern

$3 - 4x - 7 = -6x + 8$ | $+6x + 4$

$-4x + 6x = 8 + 4$ |zusammenfassen

$2x = 12$ | :2

$x = 6$

b) $e^{2x} - 3 = 1$ | +3

$\ln e^{2x} = 4$ | ln

$2x = \ln 4$ | :2

$x = \frac{\ln 4}{2} = 0.69$

c) $3\cdot(2x-5)-10x+2=x\cdot(8-4)+3$ |ausklammern

$6x-13-10x=4x+3$ | $+13\ -4x$

$-8x=16$ | $:(-8)$

$x=-2$

d) $\frac{2x+2}{2x-1}=-1+5=4$ | $\cdot(2x-1)$

$2x+2=8x-4$ | $-2x+4$

$6=6x$ |:6

$1=x$

e) $-bx\cdot\left(2+\frac{b}{x}\right)=(x-b)(3+b)$ |ausklammern

$-2bx-b^2=3x+xb-3b-b^2$ | $+b^2-3x-xb$

$-3x-2bx-xb=-3b$

$x(-3-3b)=-3b$ | $:(-3-3b)$

$x=\frac{-3b}{-3-3b}=\frac{b}{b+1}$

f) $3\ln m+2\ln m^3=6$

$\ln m^3+\ln m^6=6$

$\ln(m^3m^6)=6$

$\ln m^9=6$ | $e^{(\bullet)}$

$m^9=e^6$ | $\sqrt[9]{\bullet}$

$m=e^{6/9}=e^{2/3}$

g) $3^c-3^{c-1}=5^{c+1}+5^c$

$3^c(1-3^{-1})=5^c(5^1+1)$ | $:5^c$

$\left(\frac{3}{5}\right)^c\left(\frac{2}{3}\right)=6$ | $:\left(\frac{2}{3}\right)$

$\left(\frac{3}{5}\right)^c=9$ | ln

$c\ln\left(\frac{3}{5}\right)=\ln 9$ | $:\ln\left(\frac{3}{5}\right)$

$c=\frac{\ln 9}{\ln\left(\frac{3}{5}\right)}\approx-4.3$

h) $\frac{2x}{5}+\frac{3+4x}{4}+\frac{3}{10}=-\frac{7}{4}$ | $\cdot 20$

$28x+21=-35$ | -21

$28x=-56$ | $:28$

$x=-2$

i) $\frac{\ln 3x^3}{\ln x+2}=2$ | $\cdot(\ln x+2)$

$\ln 3x^3=2\cdot(\ln x+2)$

$\ln 3x^3=2\ln x+4$ | $-2\ln x$

$\ln 3x^3 - 2\ln x = 4$ | s. Log. Regeln
$\ln 3x^3 - \ln x^2 = 4$ | s. Log. Regeln
$\ln\left(\frac{3x^3}{x^2}\right) = 4$ | kürzen

$\ln 3x = 4$ | $e^{(\bullet)}$
$e^{\ln 3x} = e^4$ | s. Log. Regeln
$3x = e^4$ | :3
$x = 18.20$

j) $-2\cdot(\sqrt{4x-6}-8) \leq 8$ | :(−2)
$\sqrt{4x-6}-8 \geq -4$ | +8
$\sqrt{4x-6} \geq 4$ | $(\bullet)^2$
$4x-6 \geq 16$ | +6
$4x \geq 22$ | :4
$x \geq 5.5$

k) $-3x-3 = \frac{15(x^2+3x+2)}{-5x-10}$ | $\cdot(-5x-10)$

$15x^2+45x+30 = 15x^2+45x+30$
$\mathbb{L} = \{\mathbb{R}\setminus -2\}$

l) $\sqrt{1+x} = \frac{(x+2)\cdot\sqrt{36+9x}}{3x+6} = \frac{(x+2)\cdot\sqrt{36+9x}}{3(x+2)}$ | $(\bullet)^2$

$1+x = \frac{36+9x}{9}$ | $\cdot 9$
$9+9x = 36+9x$ | $-9x$
$9 \neq 36$
$\mathbb{L} = \{\ \}$

6.4.8 Quadratische Gleichungen

a) $2x^2+4x-30=0$

Über die Mitternachtsformel

$a = 2; b = 4; c = -30$

$$x_{1/2} = \frac{-b \pm \sqrt{b^2-4ac}}{2a}$$

$$x_{1/2} = \frac{-4 \pm \sqrt{4^2-4\cdot 2\cdot(-30)}}{2\cdot 2} = \frac{-4 \pm \sqrt{4^2-4\cdot 2\cdot(-30)}}{2\cdot 2} = \frac{-4 \pm 16}{4}$$

$x_1 = \frac{12}{4} = 3$

$x_2 = \frac{-20}{4} = -5$

Bzw. mit der PQ-Formel
$2x^2+4x-30=0$ | :2

$2x^2 + 2x - 15 = 0$

$p = 2; q = -15$

$x_{1/2} = -\frac{p}{2} \pm \sqrt{\left(\frac{p}{2}\right)^2 - q}$

$x_{1/2} = -\frac{2}{2} \pm \sqrt{\left(\frac{2}{2}\right)^2 - (-15)} = -1 \pm 4 = \begin{cases} x_1 = 3 \\ x_2 = -5 \end{cases}$

b) $-1.5x^2 + 15x - 36 = 0$

$x_{1/2} = \frac{-15 \pm \sqrt{15^2 - 4 \cdot (-1.5) \cdot (-36)}}{2 \cdot (-1.5)} = \frac{-15 \pm 3}{-3} = \begin{cases} x_1 = 4 \\ x_2 = 6 \end{cases}$

c) $x^2 + 20x + 91 = 0$

$x_{1/2} = -\frac{20}{2} \pm \sqrt{\left(\frac{20}{2}\right)^2 - 91} = -10 \pm 3 = \begin{cases} x_1 = -7 \\ x_2 = -13 \end{cases}$

d) $4x^2 + 24x - 64 = 0$

$x_{1/2} = \frac{-24 \pm \sqrt{24^2 - 4 \cdot 4 \cdot (-64)}}{2 \cdot 4} = \frac{-24 \pm 40}{8} = \begin{cases} x_1 = 2 \\ x_2 = -8 \end{cases}$

e) Warum mit Kanonen auf Spatzen schießen?

$4x^2 - 8x + 4 = 0 \quad | :4$

$x^2 - 2x + 1 = 0 \quad$ |Binomische Formel

$(x-1)^2 = 0 \quad | \sqrt{x}$

$x - 1 = 0 \quad | +1$

$x = 1$

Literatur

Albrecht, P./R. Maurer (2008): Investment- und Risikomanagement, 3. Aufl., Stuttgart.

Kruschwitz, L. (2010): Finanzmathematik, 5. Aufl., München.

Lovelock, D./M. Mendel/A. L. Wright (2007): An Introduction to the Mathematics of Money, New York.

Norstrom, C. J. (1972): A Sufficient Condition for a Unique Nonnegative Internal Rate of Return, Journal of Financial and Quantitative Analysis 7, 1835–1839.

Pfeifer, A. (2009): Praktische Finanzmathematik, 5. Aufl., Frankfurt am Main.

Renger, K. (2011): Finanzmathematik mit Excel, 3. Aufl., Wiesbaden.

Tietze, J. (2013): Einführung in die Finanzmathematik, 11. Aufl., Wiesbaden.

Tietze, J. (2011): Übungsbuch zur Finanzmathematik, 7. Aufl., Wiesbaden.

Wüst, K. (2006): Finanzmathematik, Wiesbaden.

Sachregister